강홍립 장군 연구

진주강씨연구총서 1

강홍립 장군 연구

권혁래 · 허경진 편

보고사
BOGOSA

심하전역 400주년을 맞으며
강홍립 장군을 재조명합니다

17세기 초 누르하치가 후금을 건국하고 명을 위협하면서 1618년 명나라는 조선에 원군을 요청하였습니다. 조선 조정에서는 재조지은(再造之恩)을 들어 강홍립 장군을 도원수. 김경서를 부원수, 김응하를 좌영장으로 하여 1만 3천명을 파병했지만, 1619년 3월 4일(음력), 조명(朝明) 연합군은 중국 요녕성 부찰(富察) 평야에서 대패를 당하였습니다. 올해로 치면 4월 8일이 그날이고, 이후 강홍립 장군은 부하들과 함께 허투알라성에 갇혀 있었습니다.

조선군은 일시에 8천명이 궤멸당하고, 강홍립 장군과 5천 병사는 후금의 포로가 되어 허투알라성으로 잡혀간 것입니다. 명청 교체기, 변화하는 국제정세 속에서 일어난 이 참혹한 전쟁을 조선에서는 심하전역(深河戰役), 명나라에서는 사르후 전투[薩爾滸之戰]라고 합니다. 해외 파병사에서 유례없는 대군을 파병하고 참혹한 패배를 당한 이 전쟁을 우리는 결코 잊지 못할 것입니다.

심하전역에 관한 가장 직접적인 기록으로는 종사관 이민환이 지은 『책중일록(柵中日錄)』이 전하지만, 인조반정 뒤 친명배청(親明排淸)의 분위기 속에서 사인(士人)들은 고군분투하다 전사한 김응하만 영웅으로 기리고, 항장(降將) 강홍립은 명에 대한 은혜를 모르는 소인배요 무능한 패장으로 비난하였습니다.

심하전역의 패배를 어느 장수 한 명의 책임으로 돌리는 것이 타당한 일일까요? 반정(反正) 이후 국제정세를 제대로 파악하지 못한 인조는 결국 20년도 못되어 후금에게 항복하고 말았습니다. 그러나 우리는 온 나라를 들어 항복한 인조에게는 책임을 묻지 않고, 새로운 국제정세 속에서 남몰래 고민했던 강홍립 장군에게만 책임을 물어왔습니다.

심하전역이 일어난 지 400주년이 되는 2019년을 맞아, 열상고전연구회에서는 4월 12일 '심하전역과 강홍립 장군의 재조명'이라는 주제로 심하전역 400주년 기념학술대회를 개최하였습니다. 이 학술대회 발표에서 다루었던 『책중일록』, 『건주문견록』, 『충렬록』, 『김장군유사』, 『김영철전』, 『최척전』, 새로 발견된 『강홍립전』 등의 기록에는 강홍립-김경서-김응하-이민환-명장(明將) 교일기 등 다양한 인물들이 주체로 그려지거나 그들을 단서로 한 시각이 드러납니다. 400주년 기념 학술대회에서 발표된 이덕일, 권대광, 권혁래, 김일환, 이송희 선생님의 논문들을 통해서 여러 관련 텍스트를 살펴보며, 심하전투의 전말, 조선 내외의 정세, 강홍립 장군 및 조선군을 바라보는 시각 등을 다각적으로 고찰하였습니다. 이 책에는 다섯 편의 학술대회 발표논문 외에 예전에 관련 논문을 발표하신 신춘호·김재웅·계승범·안세현 선생님께도 부탁을 드려 옥고를 함께 수록하였습니다.

여러 저자 선생님들은 여러 해 전부터 강홍립 장군과 심하전역의 현장을 여러 차례 답사하면서 심하전역의 실체와 강홍립 장군의 숨겨진 행적을 찾아내기 위해 애썼습니다. 연구자들이 찍어온 현장 사진을 보고 흔쾌히 학술대회 지원을 해주신 『역사의 눈』 편찬위원회의 수암 강희설 회장님과 강정구, 강호흔 선생님께 감사드립니다. 조선후기 친명배청의 분위기 속에서 제대로 평가받지 못한 강홍립 장군의 잊혀진 행적을 찾아나선 다큐멘터리 작가 최세영 감독님께도 감사드립니다. 이분들은 강홍립 장군의 후손도 아닌데 역사의 진실을 밝히는 작업을 성원해주셨습니다. 이번 학술저서 출판을 계기로 강홍립 장군에 대한 인식이 새로워지기를 기대합니다.

2019년 7월 17일

열상고전연구회 회장 허경진

차례

내촌 강홍립의 신원과 복권 [이덕일]

심하전투 서사의 문학지리학적 고찰 [권혁래 · 신춘호 · 김재웅]

─ 문학지도와 경관, 서사 중심으로

편집의도

『강홍립 장군 연구』를 편집하면서

권혁래

2019년은 심하전역(深河戰役)이 일어난 지 400주년 되는 해이다. 오늘날 심하전역은 명청 교체기의 국제정세 속에서 부득이하게 대군을 파병했던 조선국의 처지와, 이국에서 참혹하게 죽거나 기약 없는 포로 생활을 하였던 1만 3천 명 개인들의 얼굴을 떠올리게 한다. 열상고전연구회에서 개최한 '심하전역과 강홍립의 재조명'이란 주제의 심하전역 400주년 기념학술대회에서 연구자들은 다양한 관점의 연구성과를 발표하였고, 토론자와 청중들께서는 한(恨) 비슷한 반응과 역사적 재평가의 요구를 표현하였다. 이때 발표된 다섯 편의 논문은 실기류『김장군전유사』, 『충렬록』, 『책중일록』과 소설『강로전』, 『최척전』, 『김영철전』 등을 텍스트로 하여 최근의 연구시각과 고찰의 산물을 반영한 성과이다. 이번에 출판하는『강홍립 장군 연구』에는 이덕일, 권대광, 김일환, 이송희 선생님 등의 논문과, 선행연구를 하셨던 선생님들께서 주신 세 편 원고까지, 총 여덟 편의 연구성과가 수록되어 있다.

이덕일은 「내촌(耐村) 강홍립의 신원과 복권」에서 강홍립이 서인 정권에 의해 부정적 인식이 유포되었다고 분석하고, 강홍립이 '애국자'로 재평가되어야 한다고 주장하였다. 강홍립이 부정적 형상으로 오늘날까지 전해지고 있는 것은 서인(노론) 정권이 조선 후기 내내 집권하면서 자신들의 정파적 이익을 위해 강홍립을 희생의 제물로 삼은 까닭임을 지적하였다. 한편으로 강홍립이 포로로 있으면서 광해군은 물론 인조에게도 청나라의 현실을 전달하면서 조선을 전화(戰禍)에서 벗어나게 하려고 노력한 점, 1627년의 정묘호란 때 후금군의 남하를 멈추도록 중재한 점을 강홍립의 공으로 평가하였다. 결론적으로, 저자는 강홍립이 "나라의 명으로 원치 않는 전쟁에 나가서 최선을 다했고, 패전 후에도 나라를 위해 모든 노력을 다한 애국자"임을 평가하였다.

권혁래·신춘호·김재웅의 「심하전투 서사의 문학지리학적 고찰—문학지도와 경관, 서사 중심으로」는 문학지리학적 연구방법론으로 『책중일록』, 『김영철전』, 『강로전』 등에 그려진 서사, 의미, 공간 등을 연구한 논문이다. 저자들은 문학 텍스트 및 현장답사를 통해 지명과 이동경로를 확인하고, 이러한 지리공간이 『김영철전』, 『최척전』, 『강로전』 등의 서사와 어떻게 결합되었는지를 고찰하였다. 이 연구는 현장답사를 통하여 파악한 정보와 이해를 바탕으로 시각적으로 문학공간을 재현하고, 공간과 서사의 관계를 새롭게 인식한 사례라는 점에서 흥미롭다.

안세현의 「심하 전역에 대한 기록과 해명」은 심하전역에 관련된 텍스트로서 이민환의 『책중일록』과 『건주문견록』의 가치를 가장 먼저 주목하고, 그 저술의도와 서술방식의 특징을 밝히고, 사료적·문학사적 가치를 평가한 논문이다. 심하전역에 종사관으로 참전하였다가 포로생활을 했던 이민환은 진중일기 『책중일록』에 1618년 4월 명나라의 징병에서부터 1620년 7월 압록강을 건너 만포에 도착할 때까지 심하전역의 시말을 일기 형식으로 기록하였다. 『건주문견록』을 통해서는 누르하치 통치하의 만주족 상황과 군사제도 등을 기록하고, 끝에 이들에 대한 방비책 6조를 건의하였다. 저자는 문학사적 면에서 『책중일록』은 피로체험의 실기문학적 측면에서, 『건주문견록』은 해외체험의 기록 측면에서 소중한 자료임을 평가하였다.

권대광은 「강홍립 이야기의 방어기제 연구」에서 '심리적 방어기제'를 키워드로 하여 심하전투를 전후로 하여 발생한 당대 조선 사대부들의 불안감과 공포가 『강로전』과 『김영철전』의 강홍립 형상에 투사되어 있는 흔적을 찾았다. 저자는 강홍립이 서사 속에서 패장, 항장, 오랑캐로 표상되고, 심하전투 및 정묘호란 등 후금에 대한 부정적 인식이 강홍립의 개인의 문제로 국한되는 점을 지적했으며, 이를 신경증적 방어기제의 산물로 보았다. 또한 강홍립 이야기를 신경증적 방어기제의 산물로 보는 입장에서 나아가, 치유적 기능을 수행한 측면에서 작품이 평가되어야 한다는 견해를 제시하였다.

김일환은 「명장 교일기(喬一琦)의 죽음으로 본 심하전역」에서 시점을 명장 교일기에 맞춰 심하전투를 조망하였다. 1619년 3월 4일 부찰 벌판에서의 전투가 조선군의 일방적인 패배로 끝나고 강홍립이 후금 군대와 강화 교섭에 나서자, 조선군 감시의 임무를 수행하기 위해 조선군 진영에 남아있던 명나라 장군 교일기는 스스로 목숨을 끊었다. 저자는 김응하와 조선군의 용맹함과 전투 의지를 확인시켜주는 '증인'이었던 교일기가 조선군의 투항으로 인해 희생당했다는 점을 재확인하고, 조선군을 감시·감독하던 '상국(上國)'의 장군에서, '스스로 목숨을 끊어 충절을 지킨 동정의 대상'이 되었다고 평가하였다.

권혁래의 「심하전투 전쟁포로 강홍립의 두 형상 – 『책중일록』과 『강로전』의 대비를 중심으로–」는 『책중일록』과 권칙의 『강로전』에 그려진 강홍립의 형상을 비교분석한 논문이다. 필자는 강홍립이 종사관 이민환이 기술한『책중일록』에 '잊힌 전쟁포로'로, 권칙의 소설『강로전』에는 '배덕자'로 형상화되었음을 분석하였다. 권칙은 심하전투의 패배 책임을 강홍립에게 돌리기 위해 사실을 왜곡하여 인물을 형상화하고, 한편으로 좌영장 김응하를 시대의 영웅으로 부각하였다. 저자는 강홍립이 군량부족과 불리한 전쟁상황 속에서 전쟁패배의 책임을 받아들이고 후금에게 항복함으로써 5,000명 군인의 목숨을 보호하였다고 서술하고, "장수로서의 명예를 지키고, 끝까지 살아남아 마침내 10년 만에 귀환한 전쟁포로"라는 점을 평가하였다.

　이송희의「『김장군유사』연구-김응하『충렬록』과의 관계를 중심으로」는 심하전투의 두 주역, 김경서와 김응하의 스토리가 문자화된 양상 및 상호관계를 고찰한 논문이다. 저자는 김경서를 현양한『김장군유사』(1738)가『충렬록』에서 김경서를 비판한 부분에 대해 방어적으로 서술하였고, 또한 김응하를 수식하는 레토릭들을 빌리기도 하면서 김경서를 충신으로 만들어갔으며, 상당 부분 성공을 거두었다고 하였다. 김응하를 현양하기 위해 기록한『충렬록』은 심하전투 서사의 중요한 하나의 축으로 존재하였는데, 저자는『김장군유사』가 항장 김경서를 변명하기 위해『충렬록』과의 관계를 의식하고 편찬된 과정을 고찰하였다.

　계승범의「역사소설로 본 조선후기 '역사 만들기'의 일면」은 조선후기에 등장한『강로전』(1630)과『북정일록』(18세기 전반)이 시도한 역사 만들기 작업의 결과가 상이하였음에 주목하되, 시점(타이밍)과 시대분위기의 차이라는 관점에서 비교·분석한 논문이다. 저자는 정묘호란 발생 3년 만에 저작된『강로전』이 사실과 위배되는 점이 너무 많아 동시대인들로부터 사료로 인정받지 못했고, 소설로도 크게 유행하지는 못했다고 평가하였다. 이에 비해, 『북정일록』은 민간에서 크게 유행하였고, 당시 유명한 학자들로부터 사료로 취급받아 역사 만들기 작업이 대성공을 거두었다고 하였다. 『강로전』에 한정한다면, 역사학자인 저자는 문학 텍스트로서의 『강로전』이 편벽된 시각에서 부정확한 사실을 기록한 까닭에 사료 및 소설로서 실패한 작품이라고 평가하였다.

이 책에 실린 여덟 편 논문들의 원 제목 및 출처는 다음과 같다.

이덕일, 「내촌(耐村) 강홍립의 신원과 복권」, 『열상고전연구』 68, 열상고전연구회, 2019, 123~153쪽.

권혁래·신춘호·김재웅, 「심하전투 서사의 문학지리학적 고찰 – 문학지도와 경관, 서사 중심으로」, 『우리어문연구』 51, 우리어문학회, 2015, 127~173쪽.

안세현, 「자암 이민환의 『책중일록』과 『건주문견록』에 대하여」, 『동방한문학』 34, 동방한문학회, 2008, 111~143쪽.

권대광, 「강홍립 이야기의 방어기제 연구」, 『열상고전연구』 68, 열상고전연구회, 2019, 155~185쪽.

김일환, 「명장 교일기(喬一琦)의 죽음으로 본 심하전역」, 『열상고전연구』 68, 열상고전연구회, 2019, 77~122쪽.

권혁래, 「심하전투 전쟁포로 강홍립의 두 형상 – 『책중일록』과 〈강로전〉의 대비를 중심으로 –」, 『열상고전연구』 68, 열상고전연구회, 2019, 41~75쪽.

이송희, 「『김장군유사』 연구 – 김응하 『충렬록』과의 관계를 중심으로」, 『열상고전연구』 68, 열상고전연구회, 2019, 13~39쪽.

계승범, 「역사소설로 본 조선후기 ‘역사 만들기’의 일면」, 『한국사학사학보』 38-1, 한국사학사학회, 2018, 315~339쪽.

본 연구를 통해 강홍립 장군에 대한 평가가 새롭게 이루어졌다. "장수로서의 명예를 지키고, 끝까지 살아남아 마침내 10년 만에 귀환한 전쟁포로", "나라의 명으로 원치 않는 전쟁에 나가서 최선을 다했고, 패전 후에도 나라를 위해 모든 노력을 다한 애국자" 등의 평가는 그 의미가 결코 작지 않을 것이다. 이 책의 발간을 통해 심하전역의 실상, 심하전역의 전장, 심하전역 서사의 주인공들인 강홍립, 김경서, 김응하, 교일기, 이민환, 권칙과 늙은 승려 등과 관련된 기록과 문학적 진실이, 그리고 인물들 간에 얽힌 관계가 종합적으로 조명될 수 있기를 기대한다.

내촌 강홍립의 신원과 복권

이덕일

1. 들어가는 글

내촌(耐村) 강홍립(姜弘立)에 대해서는 광해군 11년(1619) 조선과 후금이 싸운 심하전역[深河之役] 패전 후 항복한 인물로 인식되고 있다. 그런데 이는 광해군의 밀지에 따른 행위라는 것이었다. 광해군의 밀지운운은 서인들이 인조반정이란 쿠데타를 일으키는 명분 중의 하나였다. 인조반정에 대해 기록한『계해정사록(癸亥靖社錄)』은 쿠데타 이후 왕대비(인목대비)가「중외의 대소신료, 기로(耆老), 군민(軍民), 한량인(閑良人) 등에게 내린 교서」에서, "기미년 오랑캐(후금)를 정벌할 때 비밀히 수신(帥臣: 강홍립)에게 '그 형편을 보아 향배(向背)를 정하라'고 하교하여, 마침내 전 군사가 오랑캐에게 투항해 추함이 사방에 퍼지게 하였다."[1]고 비난하는 것이 이를 말해준다.

이는 강홍립에 대한 부정적 인식이 인조반정과 밀접한 관련이 있음을 말해준다. 그러나 강홍립에 대한 부정적 인식이 인조반정 이후에야 생긴 것은 아니었다. 광해군 재위 시에 군량 조달의 책임을 맡았던 평

---

1 "己未征虜之役。密敎帥臣。觀變向背。卒致全師投虜。流醜四方",『癸亥靖社錄』,「赦文」.

안감사 박엽(朴燁)이 조선군 패전 후 그 책임을 강홍립에게 돌리는 장계를 올린 것도 강홍립에 대한 부정적 인식이 퍼지게 하는 역할을 했다.[2] 박엽은 이 장계에서 심하전역에서 전사한 김응하와 대비되는 인물로 도원수 강홍립과 부원수 김경서(金景瑞)를 묘사해 강홍립에 대한 부정적 인식이 형성되는 데 큰 역할을 했다. 그러나 강홍립과 함께 항복했다가 탈출한 권칙이 『강로전(姜虜傳)』을 지어 강홍립이 명나라 유격과 조선군의 반대에도 불구하고 항복했다고 주장했음에도 큰 호응을 받지 못한 것처럼 강홍립에게 패전과 항복의 책임을 돌리는 것은 동시대 사람들에게도 받아들여지지 않았다[3] 강홍립이 불가피하게 출전했다는 사실을 모두 알고 있었을뿐만 아니라 인조반정 이후 조선이 정묘호란과 병자호란으로 거듭 패전한 상황에서 강홍립·김경서에게 그 책임을 돌리는 것은 그 설득력이 떨어지기 때문이었다.

그럼에도 불구하고 조선 후기 순조 24년(1824) 개성유수 김이재(金履載)가 편찬한 것을 철종 6년(1855) 개성유수 조병기(趙秉夔)가 다시 간행

---

2 이 장계는 『광해군일기(중초본)』, 11년 3월 12일자에 실려 있다.

3 『강로전(姜虜傳)』에 대한 연구는 국문학계에서 활발하다. 이에 대해서는 박희병의 「17세기 초의 崇明排胡論과 부정적 소설주인공의 등장 – 〈姜虜傳〉에 대한 고찰」(『한국고전소설과 서사문학』, 집문당, 1998)과 조현우, 「『강로전』에 나타난 전쟁의 기억과 욕망의 서사」(『민족문학사연구』 46권, 2011) 등의 연구논저가 있으며, 「강로전」의 여러 이본에 대해서는 소인호, 「강로전(姜虜傳) 이본 연구」(『우리어문연구 24』, 2005)를 참조할 수 있다. 심하전역에 참가했던 이민환의 『책중일록(柵中日錄)』은 전투에 직접 참여했던 당사자의 수기라는 점에서 중요한데, 중세사료강독회에서 번역하고 해제를 붙인 『책중일록』(서해문집, 2014)이 자세하다. 안세현은 이민환의 『책중일록』과 『건주견문록』에 대해 연구한 「자암(紫巖) 이민환의 「책중일록(柵中日錄)」과 「건주문견록(建州聞見錄)」에 대하여」(『동방한문학 34권』, 2008.3)를 서술했다. 역사학계에서는 계승범의 「역사소설로 본 조선후기 '역사 만들기'의 일면」(『韓國史學史學報 38-1』)를 비롯해서 몇 편의 논문이 있다.

한 『중경지(中京誌)』는 강홍립에 대해 '항로(降虜)'라고 비난하고 있다.[4] 그러나 이는 현실적으로는 청나라에 사대하면서도 정신적으로는 명나라를 사대했던 조선 후기의 사대부들, 특히 숭명반청(崇明反淸)을 명분으로 조선의 임금들을 제어하려 했던 집권 노론의 겉과 속이 다른 행태에서 비롯된 것이었다.

　본고는 강홍립이 심하전역에 차출되는 과정과 심하전역의 실상과 그 이후의 사정을 고찰함으로써 강홍립에 대한 조선 후기의 '항로(降虜)'라는 인식이 합당했는지를 살펴보려 한다. 특히 명나라를 임금의 나라로 높였던 조선 사대부들의 사대주의 인식이 당시는 물론 현재에도 정당성을 가질 수 있는지를 살펴보려 한다.

2. 중원의 정세 변화와 조선

1) 여진족의 흥기와 명의 파병요청

　서인들이 주도했던 쿠데타로 형성된 인조반정 체제는 조선 후기는 물론 현재까지도 많은 영향을 끼치고 있지만 신하들이 임금을 쫓아낸 명분에 대해서는 잘 알려지지 않고 있다. 인조반정 다음날인 인조 1년(1623) 3월 14일, 인목대비가 내린 광해군 폐위 교서는 인조반정이란 쿠데타의 논리를 잘 보여주고 있다.

　　"우리나라가 천조(天朝: 중국 조정)를 2백여 년 섬겼으니 의리로는 군신이며 은혜로는 부자와 같다. 임진년에 재조(再造)해 준 그 은혜는 만

---

[4] 『中京誌』 卷11, '姜弘立 降虜'.

세토록 잊을 수 없다. 선왕(선조)께서 40년 동안 재위하시면서 지성으로 사대하여 평생 서쪽을 등지고 앉지도 않으셨다. 광해는 은혜를 잊고 덕을 배신했으며, 천명을 두려워하지 않고 속으로 다른 뜻을 품고 종놈 오랑캐[奴夷]에게 돌아가 복종했으며, 기미년(광해군 11년, 1619) 오랑캐를 정벌할 때에는 몰래 수신(帥臣)을 시켜 그 변화를 관찰해 향배를 정하도록 해서 끝내 모든 군사가 오랑캐에게 투항해 추한 소문이 사해에 퍼졌다.(『인조실록』 재위 1년 3월 14일)"[5]

명나라를 임금의 나라이자 아버지의 나라로 보는 극도의 사대주의 의식이 잘 드러나 있다. 이 교서의 수신(帥臣)이 강홍립인데, '추한 소문'이란 광해군이 임금의 나라를 배신해서 짐승의 경지로 떨어졌다는 소문이 퍼졌다는 뜻이다. 인조반정은 광해군이 대북을 중심으로 국정을 운영하자 이에 반발한 서인들이 일으킨 쿠데타인데,[6] 주도 인물인 이귀, 김자점, 김류, 최명길, 이괄 등은 대부분 율곡 이이(李珥)와 우계 성혼(成渾)의 문하인 서인들이었다. 왕조국가에서 신하들이 임금을 내쫓는 반역(叛逆)을 뛰어넘는 논리가 숭명 사대주의였다. 명나라는 임금의 나라이고 조선은 신하의 나라이므로 광해군은 명나라의 신하라는 것이었다. 그런데 신하인 광해군이 명과 후금의 분쟁 때 전 국력을 들여서 명나라를 돕지 않고 중립을 지킨 것이 반역이며, 자신들의 쿠데타

---

5 "我國服事天朝, 二百餘載, 義卽君臣, 恩猶父子, 壬辰再造之惠, 萬世不可忘也。先王臨御四十年, 至誠事大, 平生未嘗背西而坐。光海忘恩背德, 罔畏天命, 陰懷二心, (輪款)[輪款] 奴夷, 己未征虜之役, 密敎帥臣, 觀變向背, 卒致全師投虜, 流醜四海"『인조실록』, 1년 3월 14일.

6 인조반정의 성격에 대해서는 이덕일, 『조선선비당쟁사』(인문서원, 2018), 103~117을 참조할 수 있다.

는 임금의 나라인 명나라에 대한 충성이라는 논리였다. 조선 후기 강홍
립에 대한 인식은 이런 큰 틀에서 만들어진 것이었다.

인조 3년 9월 비변사는 강홍립을 이릉(李陵)에 비유했는데[7], 이릉은
한(漢) 무제(武帝) 천한(天漢) 2년(서기전 99) 흉노정벌에 나섰다가 패하자
항복한 장수였다. 『사기(史記)』의 편찬자 사마천(司馬遷)은 이릉을 옹호
했다가 궁형을 받은 것으로 유명한데,[8] 이는 인조 정권이 청나라를 흉
노와 같은 오랑캐로 보고 있음을 뜻하는 것이다.

그러나 강홍립은 자발적으로 전쟁에 나간 장수가 아니었고, 일부러
항복한 장수도 아니었다. 이 무렵 명나라는 북방에서 새로 흥기하는
후금의 도전을 받고 있음에도 불구하고 크게 부패했다. 심지어 조선에
온 사신들까지 노골적으로 뇌물을 챙겼는데 선조 35년(1602)『선조실록』
사관은 이때의 정상을 이렇게 전하고 있다.

　"이때 천조(天朝: 명나라 조정)에는 탐욕스러운 풍조가 크게 떨쳐 뇌
물이 공공연히 행해졌다. 지난번 대군(大軍)이 오게 되자 (명나라의) 여
러 장수들은 모두들 은을 바쳐 차출되기를 도모했고, 우리나라에 도착
해서는 먼저 가렴주구를 일삼았다…이 때문에 서쪽 지방 백성들이 이들
을 응접하기에 피폐해서 고혈(膏血)이 다하고 토붕와해의 형세가 조석
간에 이르렀으니, 통탄함을 어찌 이기겠는가?…지난 번 천사(天使: 명
나라 사신) 고천준(顧天峻)은 한림학사(翰林學士)로서 천자의 명을 받
들고 외국에 왔는데도 공공연히 독촉해서 받은 은자(銀子)가 1천여 냥이

7 『인조실록』, 3년 9월 1일.
8 『사기(史記)』 삼가주석 중의 정의(正義)는 태사공(太史公: 사마천)에 대한 주석에서 "또
　말하기를 '태사공은 이릉의 화를 만났다'고 한다[又云「太史公遭李陵之禍」]"라고 설명했
　다. 『史記』 「五帝本紀」 帝舜 注釋.

나 되고 음식 그릇까지도 모두 은으로 바꿔 돌아가 외국인들로부터 더
럽다고 침뱉음을 당했으니 중국의 일을 알 만하다."[9]

　이런 상황에서 북방의 여진족이 흥기하고 있었다. 여진족은 흑룡강
과 연해주 유역의 야인(野人) 여진, 송화강 유역의 해서(海西) 여진, 목
단강 유역에서 백두산 일대의 건주(建州) 여진의 셋으로 나뉘어 있었는
데, 건주여진의 누루하치(努爾哈齊, 1559~1626)가 맹렬한 기세로 부족들
을 통일하고 있었다. 임란 직전 명나라 요동총병관(遼東總兵官)으로서
만주를 관할했던 이성량(李成梁)은 이여송(李如松)의 부친이었는데, 『명
사(明史)』 이성량 열전은 "그의 고조(高祖) 이영(李英)이 조선에서 내부
(內附)했는데, 대대로 철령위지휘첨사(鐵嶺衛指揮僉事)를 제수 받아 일가
를 이루었다"고 적고 있는 것처럼 조선 출신 집안이었다.[10] 이성량은
명 만력(萬曆) 11년(1583) 해서 여진의 아타이(阿台)가 명나라에 반기를
들자 건주 여진을 거느리고 토벌에 나섰다. 이때 이성량의 향도(嚮導)
로 나섰던 타쿠시(塔克世)와 교창가(覺昌安)가 명군의 오인 사격으로 사
망하는데, 이들이 바로 누루하치의 부친과 조부였다.

---

9 "是時天朝, 貪風大振, 賄賂公行, 頃年大軍之來, 諸將官, 皆納銀圖差, 及到我國, 先事誅
求…以此西路民生, 疲於應接, 膏血已盡, 土崩之勢, 在於朝夕。可勝痛哉?…頃日天使顧天
峻, 以翰林學士, 奉天子命, 來臨外國, 公然責受銀子千餘兩, 飮食器皿亦皆換銀而歸, 爲
外國人所唾鄙。中原之事, 可知矣" 『선조실록』, 35년 6월 14일.

10 "李成梁, 字汝契。高祖英自朝鮮內附, 授世鐵嶺衛指揮僉事, 遂家焉。"『明史』238권, '李
成梁 子如松 如柏 如楨 如樟 如梅열전', 명나라가 고려 우왕 14년(1388) 설치한 철령은
지금의 요녕성 심양 남쪽이었다. 고려가 반발하자 심양 북쪽 지금의 철령시로 이전했다.
현재 철령이 함경도 안변이라는 강단사학계의 주장은 조선총독부 이케우치 히로시(池內
宏)의 왜곡을 무비판적으로 추종하는 것에 불과하다. 이에 대해서는 이덕일, 『태조 이성
계』(다산북스, 2018)을 참조할 것.

그 5년 후인 1588년 경 누루하치는 건주 여진을 대부분 통일했고, 4년 후인 선조 25년(1592) 4월 임진왜란이 발생하자 누루하치(奴兒哈赤)는 군사를 보내주겠다고 자청하기에 이르렀다.[11] 누루하치는 선조 31년(1598) 1월에도 조선에 구원군을 보내주겠다고 자청했지만 조선은 거절했다. 그간 조선의 벼슬을 받기 위해 다투던 여진족이 대륙의 강자로 등장했음을 말해주는 사례였다.

광해군 8년(1616) 누루하치는 스스로 제위에 올라서 금(金)나라를 재건하고 연호를 천명(天命)이라고 선포했고, 패륵(貝勒)과 대신들은 영명(英明)황제라는 존호를 올렸다.[12] 2년 후인 광해군 10년(1618) 4월에는 "명나라가 내 조부와 부친을 죽였다" "명나라가 우리 민족을 탄압한다"는 등의 내용을 담은 '7대한(七大恨)'을 발표하면서 요녕성 무순(撫順)을 함락시켰다.[13] 충격에 휩싸인 명나라 경략(經略) 왕가수(汪可受)가 그해 윤4월 27일 광해군에게 수만 군사를 보내 여진족을 협공하는 것이 명나라에 보답하는 길이자 조선에도 복이 될 것이라면서 군사 파견을 요청했다.

그러나 광해군은 조명군(助明軍)을 보내고 싶은 생각이 없었다. 명이 임란 때 파병한 것은 명나라가 아닌 조선을 싸움터로 결정한 고육지책에 불과했다는 사실을 잘 알고 있었다. 광해군은 고민 끝에 그해 5월 1일 전교를 내렸는데 국경 넘어 군사를 보내는 대신 "급히 수천 군병을

11 『선조실록』 25년 9월 17일. 명나라 병부(兵部)에서 요동도사를 통해 보내온 자문에는 '누루하치 휘하에 마병(馬兵) 3~4만과 보병(步兵) 4~5만이 있는데 모두 용맹스런 정병(精兵)'이라고 말하고 있다.

12 『淸史稿』, 「太祖 努爾哈齊」, 天命一年.

13 『淸史稿』, 「太祖 努爾哈齊」, 天命三年.

뽑아 의주(義州) 등지에 대기시켜 놓고 기각(掎角: 앞뒤로 응해서 적을 견제함)처럼 성원하는 것이 지금의 상황에 적합할 듯하다."[14]라는 내용으로서 군사를 파견하지 않겠다는 뜻이었다.

2) 대북(大北)의 파견지지와 강홍립 선정

서인들은 광해군과 북인정권이 임금의 나라인 명나라를 배신했다는 것을 쿠데타 논리로 삼았다. 그러나 정작 이귀·김류·김자점·최명길 등의 서인들은 광해군 10년 명의 파병 요청 당시 폐비문제에 집중하느라 파병문제에 대해서는 거의 침묵했다. 명나라의 파견요청에 적극 호응한 당파는 집권당인 대북(大北)이었다. 승문원 관원들이 대북의 영수인 대제학 이이첨(李爾瞻)의 뜻으로 광해군에게 아뢴 글이 이를 잘 말해 준다.

> "군병을 징집하여 보내야 한다는 뜻을 조정에 가득한 여러 재신(宰臣)들이 이미 다 전달했습니다. … 신은 굳게 성상께서 염려하시는 뜻을 잘 알고 있습니다. 다만 생각건대 중국에 난리가 났을 때 제후가 들어가 구원하는 이것이 바로 『춘추(春秋)』의 대의요 변방을 지키는 직분입니다. 더구나 우리나라는 재조(再造)해준 은혜를 입어 오늘까지 이를 수 있었으니 추호라도 황제의 힘에 어떻게 보답해야 할지 알 수 없습니다."[15]

---

14 "寡君之意, 急抄累千軍兵, 整待于義州等處, 天朝近境之地, 以爲掎角聲援, 似合機宜矣." 『광해군일기(중초본)』, 10년 5월 1일.

15 "徵兵不可不送事, 滿朝諸宰, 陳達已盡。而今因一二臣獻議, 將送陳奏之使, 揆以事勢, 誠爲危急。臣固知聖慮之所在也。但念中國有難, 諸侯入援, 此《春秋》大義, 藩守職分。況本國再造, 得至今日, 秋毫帝力, 未知何報。"『광해군일기(중초본)』, 광해군 10년 5월 5일.

대북도 '재조' 운운하면서 파병을 적극 주창했다. 이이첨이 '조정에 가득한 재신들이 이미 다 진달'했다는 말처럼 모든 당파, 모든 벼슬아치들이 모두 파병을 주장했다. 광해군의 처남 유희분(柳希奮)까지도 파병을 강력히 주장했으니 광해군이 모든 당파의 주청을 물리치고 끝내 파병하지 않기는 어려웠다.

그러나 도원수로 지명된 강홍립은 전쟁에 나가고 싶지 않았다. 강홍립은 광해군 10년(1618) 윤4월 23일 도원수로 임명받고, 6월 8일 다시 도원수로 임명받자 나흘 후 사직상소를 올렸다. 강홍립은 "신의 성명도 원수로 의망해서 천거한 명단에 끼어있다고 하였으므로 신은 혼자 웃으면서 '당당한 대국(大國)에 어찌 인재가 부족해 나 같이 허술한 사람까지도 장수 선발 대상에 끼어들었단 말인가.'라고 마음 속으로 중얼거렸다"면서 사양했다.[16] 강홍립은 재차 상소해 사양했으나 광해군은 "내 뜻은 이미 다 유시(諭示)했으니 사면해 달라고 청원하지 말라."[17]고 물리쳤다. 의정부 좌참찬 강홍립이 제수된 것은 광해군이 "비국(備局: 비변사)에서도 모두 경을 천거했으므로 내가 마음속으로 흡족하게 생각하고 있다."고 말한 것처럼 비변사의 추천이었다. 강홍립은 선조 30년(1597) 알성문과(謁聖文科)에 급제한 문관이면서도 선조 39년에는 어전통사(御前通事)를 수행할 정도로 중국어에 능했는데, 이 때문에 도원수로 선발되었을 것이다. 그러나 강홍립은 전쟁에 나가고 싶지 않았다. 이는 기본적으로 조선의 전쟁이 아니라 명과 후금의 전쟁이었기 때문

---

16 "臣之姓名, 亦參於元帥擬薦之中, 臣竊自笑, 心語於口曰: '堂堂大國, 豈乏人才而如我空疎無似者, 亦參將選乎?', 『광해군일기(중초본)』, 광해군 10년 6월 12일.

17 "子意諭之, 已盡, 勿爲控辭", 『광해군일기(중초본)』, 광해군 10년 6월 15일.

이다. 그러나 강홍립의 운명은 자신의 의지와는 다르게 결정되었다.

3. 심하전역

1) 조선군의 월경과 전투

명나라 군문(軍門) 왕가수(王可守)는 4만 명의 병력을 요구했지만 요동경략(遼東經略) 양호(楊鎬)가 '조선군이 군사가 적다는 것을 알고 있다'면서 숫자를 감해주어 총수(銃手) 1만 명이 징집되었다.[18] 조선이 경략 양호에게 보낸 문서에 따르면 조선군 지휘부는 도원수 의정부 좌참찬 강홍립(姜弘立), 중군관 원임절도사 이계선(李繼先), 총령대장 부원수 평안도절도사 김경서(金景瑞), 중군관 우후 안여눌(安汝訥), 분령 편비(分領編裨) 방어사 문희성(文希聖), 좌조방장 김응하(金應河), 우조방장 이일원(李一元)이었는데, 강홍립만 문관이었고, 나머지는 모두 무관이었다.[19] 군사구성은 삼수병(三手兵) 중 포수(砲手) 3천 5백, 사수(射手) 3천 5백, 살수(殺手) 1천 명이었다[20]. 세 번의 사양 상소가 모두 거부되면서 강홍립은 광해군 11년(1619) 2월 21 부원수 김경서와 1만 3천 군사를 거느리고 창성(昌城)에서 압록강을 건넜다.[21] 강홍립이 이끄는 조선군 1만 3천 명은 중국 장수와 압록강 북쪽 대미동(大尾洞)에서 만났는데, 『광해군일기』는 "그곳은 바로 중국과 조선의 경계이다"라고 말하고 있다.[22] 압록강이 조

---

18 이민환(李民寏), 『책중일록(柵中日錄)』, 『자암집(紫巖集)』 권5.

19 『광해군일기(중초본)』, 10년 7월 4일.

20 『광해군일기(중초본)』, 10년 7월 4일.

21 『광해군일기(중초본)』, 11년 2월 21일.

선과 명의 국경이 아니라 강 건너 북쪽 대미동이 국경이었다.

　명의 유격장 교일기(喬一琦)가 조선군과 함께 행군했는데, 광해군은 후금의 반발이 우려되었다. 광해군은 강홍립에게 "우리나라 군병이 비록 한 명의 로(虜: 후금군)를 보지 못하고 돌아오더라도 저 적은 우리 군이 이미 국경에 들어간 사실을 반드시 알 것이니 이후로 기미(羈縻) 할 길은 영원히 끊어지고 원한을 돋우는 화는 필시 깊어질 것이다."라고 우려했다.[23] 광해군은 여진족들을 관직 등으로 회유해 북방의 안정을 꾀하는 대상으로 보았다. 광해군은 강홍립에게, "경은 각별히 신칙하여 변고에 대비함으로써 오랑캐의 기병이 틈을 타서 되돌아 공격하는 근심이 없게 하라."[24]고 명령했다. 광해군의 가장 큰 걱정은 후금의 보복전으로서 재조지은(再造之恩) 운운하는 사대주의 유학자들과는 다른 관점이었다.

　강홍립이 이끄는 조선군은 도강 직후부터 고난의 연속이었다. 강홍립은 2월 26일 "큰 눈보라 속을 행군하느라 각 영(營) 병사들이 가진 군장과 의복이 모두 젖었습니다"로 시작되는 장계를 보내는데, 여기에서 명군의 상태를 부정적으로 기술했다. 강홍립이 명군 도독 유정(劉綎)의 군사가 적은 것을 보고 '왜 군대를 요청하지 않느냐'고 물었더니, "양(楊) 대인(大人)과 나는 전부터 사이가 좋지 않았으므로 반드시 내가 죽기를 바랄 것이다."라고 답했다고 보고했다[25]. 임란에도 참전했던 명

22　"會天將于大尾洞, 卽華夷界也", 『광해군일기(중초본)』, 11년 2월 21일

23　"我國軍兵, 雖不見一虜而還, 伊賊必知我軍已入其境, 此後羈縻之路永絶, 而挑怨之禍必 深矣", 『광해군일기(중초본)』, 11년 2월 2일.

24　"卿其各別申飭待變, 致(令)免虜騎乘虛反噬之患", 『광해군일기(중초본)』, 11년 2월 2일.

25　『광해군일기(중초본)』, 11년 2월 26일.

나라 총사령관 요동경략 양호(楊鎬)와 도독 유정 사이의 지휘부 분열이 심각한 상황이었다. 강홍립은 '명군 진영에 나가 보니 기계가 허술하고 대포와 대기(大器)도 없었으며, 오직 우리 군사들을 믿고 있을 뿐'이라고 보고했다.[26]

조선군도 문제가 심각하기는 마찬가지였는데, 가장 큰 문제는 군량 보급이었다. 강홍립은 하루 뒤인 2월 27일 "또 가지고 온 군량은 이미 다 떨어져가는 데 군량과 건초가 아직 후송되지 않고 있으니, 앞으로의 일이 매우 염려스럽습니다."[27]라고 보고했고, 다음날에는 "창성에서 강을 건너던 날에 군사들은 제각기 10일치 양식을 가지고 출발했는데 지금 거의 다 되어 양식이 떨어질 날이 눈앞에 닥쳤습니다."[28]라는 장계를 올렸다. 군량이 떨어진 강홍립은 명의 유격(遊擊) 교일기(喬一琦)에게 요청해 겨우 소미(小米) 10포와 마두(馬頭) 2포를 우영(右營)에 나누어 주고는, "화가 눈앞에 닥쳤는데 어떻게 해야 할지 모르겠습니다."[29]라고 호소했다. 『광해군일기』의 사관은 "박엽(朴燁)과 윤수겸(尹守謙)이 군량 길을 끊어서 강홍립 등이 큰 곤경에 빠진 것"[30]이라고 덧붙이고 있다. 평안감사 박엽과 분호조참판 윤수겸이 군량 호송을 제때 하지 않는 바람에 조선군은 굶주린 채 후금군과 싸워야 하는 상황이었다.

종사관으로 함께 종군했던 이민환(李民寏)은 『책중일록(柵中日錄)』에서 조선군은 3월 2일 심하에서 처음으로 만난 후금군 600여 명을 격퇴

---

26 『광해군일기(중초본)』, 11년 2월 26일.
27 『광해군일기(중초본)』, 11년 2월 27일.
28 『광해군일기(중초본)』, 11년 2월 28일.
29 『광해군일기(중초본)』, 11년 2월 28일.
30 『광해군일기(중초본)』, 11년 2월 28일.

했다고 적고 있다. 그러나 승리한 조선군은 승전의 기쁨 대신 양식을 찾아 헤매야 했다. 여진족 부락에서 약간의 곡식을 찾아 죽을 끓여 허기를 속인 조선군이 후금의 주력부대와 맞닥뜨린 것은 3월 4일이었다. 공명심에 눈이 먼 명의 총병(總兵) 두송(杜松)이 계획보다 하루 일찍 출발했다가 복병을 만나 전멸했고, 그 부대가 강홍립과 함께 진군했던 도독 유정의 선봉부대까지 전멸시켰다. 조선군 중 이들과 맞선 것은 선천부사 김응하(金應河)가 이끄는 좌영이었다. 조선군은 화포를 쏘아 후금의 기병을 격퇴시켰으나 갑자기 서북풍이 거세게 불면서 화약을 잴 수 없는 상태가 되었을 때, 후금의 철기군이 휘몰아쳐 패전하고 말았다. 후금은 통역관을 보내 항복을 종용했고, 강홍립은 전세를 돌이킬 수 없음을 알고 부원수 김경서와 상의해 항복했다. 이후 이 항복 조치를 두고 수많은 논란이 일게 되었다.

2) 조선군의 패전과 평안감사 박엽의 장계

강홍립의 항복에 대한 특정 인식이 형성되는데 중요한 두 자료는 평안감사 박엽(朴燁)의 장계와 이민환(李民寏)의 『책중일록(柵中日錄)』이다. 박엽의 장계가 의도적 항복설의 첫 진원지라면 이민환의 『책중일록』은 그에 대한 구체적 반박이었다.

먼저 박엽에 대해 알아보자. 광해군 7년(1615) 9월 사헌부는 의주부윤 박엽의 삭탈관작을 청했다. 박엽이 백성들의 목숨을 초개처럼 여겨서 무고하게 피살된 사람의 숫자를 알 수 없을 정도라는 것이다. 아전과 백성들이 서로 도주해 중요한 방어지가 날로 비어가고 있으며, 부(府)의 여종들을 간음하는 것은 남은 일에 불과하다고 비판했다.[31] 광해군은 먼저 추고(推考: 사실관계를 조사함)하게 했는데, 사헌부는 같은 해

10월 17일 박엽이 궁마술이 뛰어난 의주부 별감 이춘발(李春發)의 아들을 곤장을 쳐서 죽였으며, 어떤 호장리(戶長吏)는 박엽이 곤장을 치려 한다는 말을 듣고 관문(官門)에서 목을 맸으며, 그 외에 곤장을 맞다가 죽은 자가 얼마인지 알 수 없다면서 다시 탄핵했다.[32] 광해군이 받아들이지 않자 다음 날에는 대사간 유인길이 "박엽이 살인한 죄는 목숨으로 갚아야 한다"[33]면서 스스로 사퇴했고, 그 다음날에도 사간원에서 박엽이 가는 곳마다 살인을 했는데 그 수가 얼마인지 알 수 없을 정도라고 탄핵했지만 광해군은 따르지 않았다. 박엽은 광해군 8년 7월 14일 성천부사로 이임시켰지만 사헌부와 사간원은 수십 차례나 계속해서 박엽의 삭탈관작을 청했다. 그러나 광해군은 재위 10년 8월 14일 비변사에서 박엽이 의주성을 완성하는데 공을 세웠다는 이유로 가자를 청하자 받아들였고[34], 같은 해 9월 28일에는 평안도 감사로 승진시켰다. 그해 12월 16일 승정원은 평안감사 박엽이 수령의 고과를 잘못 평가했다면서 추고를 요청했으며, 순안 어사 이창정(李昌廷)도 박엽이 사람을 많이 죽였다고 탄핵했다.[35] 이때 박엽은 해명하는 상소에서 "내가 장살한 것은 5명뿐이 아니다", "이미 도마 위에 올랐지만 칼날을 받지 않았다"라고 말해서 믿는 곳이 있다는 비판을 받았다.[36] 『광해군일기』의 사관은

---

31 "義州府尹朴燁, 爲人暴虐, 視民命如草芥, 到處居官, 以殺人爲能事。 近授本州, 益肆其毒, 無辜被殺, 不知其數, 吏民驚駭, 相繼流散, 關防重地, 日就空虛。 至如剝割聚斂, 淫奸府婢, 乃其餘事。 如此之人, 不可尋常治之。 請命削奪官爵", 『광해군일기(중초본)』, 7년 9월 24일.

32 『광해군일기(중초본)』, 7년 10월 17일.

33 『광해군일기(중초본)』, 7년 10월 18.

34 『광해군일기(중초본)』, 10년 8월 14일.

35 『광해군일기(중초본)』, 11년 1월 11일.

박엽은 일을 처리하는 능력은 있었지만 성품이 잔학하고 탐욕스러웠으며, 중국어를 할 줄 알고 유덕신(柳德新)의 사위로서 궁액(宮掖)과 통했다고 비판[37]했는데, 유덕신은 광해군의 장인 문양부원군 유자신과 동기간으로 광해군의 처삼촌이었다. 광해군이 숱한 물의에도 박엽을 체차시키지 않은 이유는 왕비 유씨의 외척이기 때문이라는 비판이었다.

강홍립이 만주로 들어간 광해군 11년 3월 7일 비변사는 박엽이 2월 20일 창성으로 가라는 명을 받고도 아직 본영(평양)에 머물러 있다고 비판했다.[38] 다음 날에도 비변사는 "군량이 떨어지게 한 죄는 전적으로 박엽에게 있다"[39]면서 추고를 요청했다. 이민환의『책중일록』은 조선군의 가장 큰 어려움이 굶주림이었다고 자세히 묘사하고 있다. 남의 전쟁에 동원된 군사가 굶주리기까지 했으니 사기가 오르지 않을 것은 명약관화한 일이었다.

조정이 조선군의 패전사실을 알게 된 것은 3월 12일 평안감사 박엽의 치계에 의한 것이었다. 이 치계에서 박엽은 정확하지 않은 사실을 여럿 보고했다. 명나라 "도독 이하 장관(將官)등은 화약포 위에 불을 질러 자살했다"[40]고 보고했으며, 좌영장 김응하(金應河)가 고립된 상태에서 분전하고 있는데, "우영의 군대는 미처 진을 치기도 전에 모두 섬멸되었고, 원수(강홍립)는 중영을 거느리고 산으로 올라가 험준한 곳에 의

36 "巣敢以'杖殺不但五人', 示無所忌, 又以'已登組上, 特未受刃', 示有所恃",『광해군일기(중초본)』, 11년 1월 11일.
37 『광해군일기(중초본)』, 11년 1월 11일.
38 『광해군일기(중초본)』, 11년 3월 7일.
39 "今此乏糧之罪, 專在於朴燁",『광해군일기(중초본)』, 11년 3월 8일.
40 "都督等 以下將官坐於火藥包上, 放火自殺",『광해군일기(중초본)』, 11년 3월 12일.

거했다"[41]고 보고했다. "형세가 고립되고 약한데다 병졸들은 이틀 동안 먹지 못한 상태였다"[42]는 말도 덧붙였지만 좌영이 고립되어 싸우는데 강홍립이 직접 이끄는 중군이 산으로 도망 가 구경만 하고 있었던 것처럼 서술한 것이다. 조정에서 강홍립에 대한 여론이 악화되게 한 것은 다음 구절이었다.

> 「호남(湖南) 무사로서 백(白)씨 성을 가진 사람이 이민환(李民寏)에게 말하기를 "원수가 항복할 뜻을 이미 정했는데, 공(이민환)은 막부의 계책에 참여했으면서 왜 즉시 군막으로 가서 대의(大義)로써 꾸짖지 않았습니까? 그렇게 두 원수(강홍립·김경서)를 목 베어 삼군을 격려해서 한번 싸우다가 죽는 것이 종의 조정에 무릎꿇어 천하 만세의 욕이 되는 것보다 낫지 않겠습니까?"라고 했지만 이민환은 따르지 않았습니다.」[43]

도원수 강홍립과 부원수 김경서가 화의하려고 하자 백씨 성의 무사가 종사관 이민환에게 두 원수의 목을 베고 계속 싸우자고 했지만 이민환이 거부했다는 것이었다. 이민환은 『책중일록』에서 화의한다는 말을 듣고 부원수 김경서에게 항의했지만 받아들여지지 않자 자결하려 했는데, 둘째 조카와 노복이 막아서 실행하지 못했다고 말하고 있을 뿐[44] 백씨 성의 무사 운운하는 이야기는 하지 않고 있다. 박엽은 적이

---

41 "右營兵未及排陣, 俱被殲滅, 元帥將中營, 登山據險", 『광해군일기(중초본)』, 11년 3월 12일.

42 "形孤勢弱, 士卒不食, 已兩日", 『광해군일기(중초본)』, 11년 3월 12일.

43 湖南武士白姓人, 言于李民寏曰: '元帥降意已定, 公旣參幕籌, 何不卽帳下責以大義? 斬兩元帥, 激勵三軍, 一戰而死, 不猶愈於屈膝 奴 庭爲天下萬世戮耶? 民寏不從.' 『광해군일기(중초본)』, 11년 3월 12일.

44 『柵中日錄』 3월 초4일. 『紫巖集』 권5.

포위해 오자 조선군이 반드시 죽게 되리라는 것을 알고 분개해서 싸우려 했다[45]고 말했지만 이민환은 "화의에 대한 이야기가 진중에 전해지자 군졸들이 몹시 좋아해서 대오가 회복되지 않았다"[46]라고 달리 말하고 있다. 박엽은 군량수송 태만의 책임을 강홍립·김경서와 종사관 이민환 등에게 돌리기 위한 목적으로 장계를 쓴 것이다. 박엽은 명나라 유격 교일기가 조선군에 와서 몸을 숨겼다가 조선이 화의를 맺으려는 것을 보고 태도가 변해 유서를 아들에게 전해달라고 하고는 활시위로 목을 매었는데 조선 장수가 구해주자 낭떠러지로 몸을 던져 죽었다[47]고 썼지만 이민환은 조선 군대가 후금에게 핍박을 당하는 것을 보고 죽음을 각오하고 유서를 전달하고는 즉시 절벽에서 투신했다[48]고 달리 기록하고 있다. 『책중일록』에는 교일기가 아들에게 전해달라던 유서 내용까지 적고 있는 것으로 봐서 『책중일록』의 신빙성이 높다. 그러나 박엽의 장계에 의해 강홍립이 더 싸울 수 있었는데도 항복했다는 인식이 형성되었고, 4월 2일 비변사는 명나라 사신이 와서 물을 경우 어떻게 하겠느냐면서 강홍립의 작명 삭제와 그 가족의 구금을 청했고, 광해군은 작명만 삭제하라고 말했다[49]

3) 광해군의 밀지는 존재했는가?

강홍립이 비난받은 이유 중의 하나는 광해군의 밀지를 받고 의도적

---

45 "賊悉衆合圍, 士卒知必死, 慎慨欲戰", 『광해군일기(중초본)』, 11년 3월 12일.

46 "此時約解之說。來報陣中。軍卒喜躍。無復部伍", 『柵中日錄』 3월 초4일. 『紫巖集』 권5.

47 『광해군일기(중초본)』, 11년 3월 12일.

48 『柵中日錄』 3월 초4일. 『紫巖集』 권5.

49 『광해군일기(중초본)』, 11년 4월 2일.

으로 항복했다는 혐의 때문이었다. 그러나 광해군의 밀지의 출처는 『광해군일기』를 편찬한 사관들이었다.

> "이에 앞서 왕이 비밀리에 회령부(會寧府)의 시장 상인 호족(胡族: 여진족)에게 이 일을 통보하게 하였는데, 그 상인이 미처 돌아가기도 전에 하서국(河瑞國: 조선 역관)이 먼저 오랑캐의 소굴로 들어갔으므로 노추가 의심하여 감금하였다. 얼마 후 회령의 통보가 이르자 마침내 하서국을 석방하고 강홍립을 불러들이게 하였다. 강홍립의 투항은 대개 미리 예정된 계획이었다."[50]

광해군이 한 여진족 상인에게 조선군이 항복할 것이라는 국가 대사를 비밀리에 통보했다는 이야기로서 신빙성이 없다. 박엽의 장계도 "(조선군이) 싸우려 하였는데, 적이 우리나라의 오랑캐말 역관인 하서국(河瑞國)을 불러 강화를 하고 무장을 풀자는 뜻으로 말하였습니다."[51]라고 후금이 먼저 강화를 요청했다고 전하고 있다. 광해군의 밀지설은 모두 『광해군일기』 본문이 아니라 사관의 평으로 주장하고 있는 것도 그 신빙성이 의심되는 대목이다. 『광해군일기』 4월 8일자에도 사관이 "(광해군이) 강홍립에게 비밀리에 하유하여 노혈(虜穴)과 몰래 통하게 했기 때문에 심하(深河)의 싸움에서 오랑캐 진중에서 먼저 통사를 부르자 강홍립이 때를 맞추어 투항한 것이다."[52]라고 주장했다. 광해군이 강홍립에게 비밀리에 후금과 통하게 했다고 주장했지만 이 역시 물증이 없

---

50 『광해군일기(중초본)』, 11년 4월 2일.
51 『광해군일기(중초본)』, 11년 4월 2일.
52 『광해군일기(중초본)』, 11년 4월 8일.

는 사관의 일방적 주장에 불과하다.

광해군이 강홍립에게 독자적인 판단을 요구한 사실은 있다. 광해군
11년(1619) 2월 1일 명나라 도독(都督)이 유정(劉綎)이 포수(砲手) 5천명의
징발을 요구[53]하자 강홍립이 응했는데, 광해군은 이틀 후 "중국 장수의
말을 그대로 따르지만 말고 오직 자립해서 패하지 않을 길에 힘쓰라."[54]
고 말했다. 조선군은 명나라 도독 유정의 휘하에 배속된 군대였다. 그
래서 교유격이 조선군을 통솔하는 임무를 맡았던 것이다. 그러나 광해
군은 도원수 강홍립에게 조선군의 보존을 최우선적 가치로 두라고 말
한 것이다. 심하전투 현장에 있었던 종사관 이민환의『책중일록』도 투
항이 우발적이었음을 말해주고 있다.

「때마침 군졸 한 명이 양(兩) 진영에서 몸을 빼내 와서, "적의 기병이
먼저 진 앞에 도착해서 연달아 통사(通事: 통역관)를 찾았지만 답을 하
지 못했습니다"라고 말하자 두 원수가 즉시 통사 황연해(黃連海)를 보내
응답하게 했다. 노(虜: 후금)가 보고를 듣고 즉시 와서 묻기를, "우리가
당인(唐人: 중국인)과는 원한이 있어서 서로 전쟁하지만 너희 나라와는
본래 원한이 없다. 그런데 어찌 와서 치는가?"라고 묻자 통사가 답하기
를 "두 나라 사이에는 전부터 원한이 없었다. 이렇게 온 것은 부득이한
것이다. 너희 나라는 어찌 이를 알지 못하느냐"라고 했다. 호장(胡將:
후금 장수)이 번호(藩胡) 한 명을 보내서 진영 앞으로 와서 말하기를 "너
희 나라의 뜻은 우리나라도 또한 알고 있다"라고 하고 마침내 화해하자
는 뜻을 주고 받았다.」[55]

---

53 『광해군일기(중초본)』, 11년 2월 1일.
54 "毋徒一從天將之言, 而唯以自立於不敗之地爲務", 『광해군일기(중초본)』, 11년 2월 3일.
55 "適有一卒。自兩營得脫來言。賊騎先到陣前。連呼通事。而營中無通事。不得答。兩帥卽

이민환은 『책중일록』에서 "두 원수는 서로 상의해서 '일이 이 지경에 이르렀으니 한번 죽으면 그만이지만 만일 한 차례 화해해서 퇴각한다면 3000~4000명 군졸의 생명이 살아날 수 있을 것이고, 목전의 변방상의 충돌 우려도 조금은 해소될 것이라고 여기고"[56] 화해에 응했다고 말하고 있다.

『책중일록』의 시각도 먼저 화의를 요구한 것은 후금이라는 것이다. 강홍립과 김경서는 3~4천여 명의 목숨을 살리고, 또 조선에서 우려하는 변방의 충돌 문제도 해소하기 위해서 강화에 응했다는 것이다. 이처럼 강홍립·김경서의 투항은 후금과 조선의 이해가 맞아 떨어졌기 때문이었다. 후금은 조선군을 전멸시켜 조선이 후금에 극도의 원한을 갖게 되거나 명과 다시 연합하는 것을 원치 않았다. 조선이 전력을 다해 명군과 연합하면 전세가 어떻게 될지 알 수 없었다. 조선은 명나라의 요청 때문에 군사를 보냈지만 후금을 적국으로 돌릴 필요가 없었다. 두 나라의 이해가 맞아떨어졌고, 후금이 화의를 제의했기 때문에 두 원수는 투항을 선택했던 것이다.

3월 4일 밤, 항복과 결사항전을 논의하는 와중에 포위망을 뚫자는 견해도 나왔지만 아무도 응하지 않았다. 춥고 배고픈 조선군은 전의를 상실했다. 강홍립과 김경서는 항복해서 전력을 보존했고 3월 5일 흥경(興京)으로 들어가 후금 국왕 누르하치를 만났다. 강홍립·김경서는 흥

令通事黃連海出應。虜卽報答而來問曰。我與唐人有怨。故相戰。汝國則本無仇怨。何爲來伐乎。通事答稱。兩國自前無怨。今此入來。迫不得已。汝國豈不知之乎。胡將遣一藩胡。來到陣前。曰。汝國之意。我國亦知之矣。遂與往復和解之事", 『책중일록』, 3월 4일.

56 "兩帥相議。事至於此。不過一死。而萬一交解而退。則三四千軍卒之命。可以生活。目前邊上衝突之虞。可以少紓矣。" 『책중일록』, 3월 4일.

경에 억류되었고, 일부 장수들은 조선으로 송환되었다. 이로써 기나긴 8년 동안의 억류생활이 시작되었다.

4) 강홍립의 밀서와 정묘호란

『연려실기술』은 평안감사 박엽이 강홍립의 가족을 체포했다고 전하고 있다. 박엽이 장계로 "도원수 이하가 이미 적에게 항복하여 신하의 절개를 잃었으니 각각 그 가속(家屬)을 모아다가 도내에 나누어 가두고, 조정의 처리를 기다리고 있으며, 또 강홍립의 첩의 아들 강숙(姜璹)은 삭주로 옮겨 가두었습니다."라고 보고했다는 것이다.[57] 이에 대해 광해군은, "이들은 항복한 것에 비교할 것이 아니니 그 가족은 속히 석방하여 서울로 보내어 안접(安接)하게 하라."고 명령했다고 전하고 있다.[58] 광해군은 밀지를 보내지는 않았지만 강홍립의 처신을 타당한 것으로 여겼다. 3~4천 조선군의 목숨을 구하고, 파병이 조선의 뜻이 아님을 후금에 전한 것에 만족했던 것이다. 그러나 앞서 말한 것처럼 박엽은 군량 수송에 태만했던 자신의 과오를 합리화하기 위해 전사한 김응하를 높이고, 강홍립·김경서가 일부러 투항한 것처럼 보고해[59] 강홍립에 대한 비난 여론이한 일게 했다. 여기에 명나라 신종(神宗)이 이듬해 김응하를 요동백(遼東伯)으로 봉하고 처자에게 백금을 하사했는데, 이것이 사대주의 유학자들이 김응하를 더욱 떠받들고 강홍립을 비난하는

---

57 이긍익, 『연려실기술』「폐주 광해군 고사본말」, '심하지역(深河之役)'.
58 이때 광해군은 "이는 투항한 것에 비교할 수 없다(此非投降之比)"는 표현을 썼다고 전한다. 이긍익, 『연려실기술』「폐주 광해군 고사본말」, '심하지역(深河之役)'.
59 『광해군일기(중초본)』, 11년 3월 12일자 보고가 이를 말해준다.

계기가 되었다. 『연려실기술』은 "저 두 천한 자(二竪: 강홍립·김경서)는 '밀지(密旨)가 있다.'고 일컫고 역적들에게 항복해서 우리 예의의 나라를 금수의 땅으로 떨어뜨렸으니 만약 김응하의 한 번 죽음이 없었다면 장차 천하 후세에 무슨 말을 하였겠는가"라는 김응하의 묘비명을 전하고 있다.[60]

　조선 사대부들은 명나라를 임금의 나라로 떠받들면서 명나라를 배신하는 것을 금수라고 보는 사대주의 세계관을 갖고 있었다. 그러나 명나라는 임란 때 조선과 일본이 연합군을 조직해서 명나라를 침략하지 않을까 의심한 것처럼 조선군이 일부러 항복하지 않았는가 의심했다. 명의 우승은(于承恩)은 강홍립이 계획적으로 항복한 것으로 의심해 조카를 창성(昌城)으로 보내 강홍립의 가속을 구금했는지 탐문까지 했다.[61] 조선 사대부들을 명나라를 임금의 나라라고 떠받들었지만 명나라는 조선과 후금을 같은 오랑캐라고 의심했다. 강홍립의 가족을 구금하자는 주장에 대해 광해군은, "경들은 이 적을 어떻게 보는가? 우리나라의 병력을 가지고 추호라도 막을 형세가 있다고 여기는가?"[62]라고 일갈하면서 거부했다.

　억류된 강홍립은 비밀 장계를 써서 종이 노끈 등을 만들어 보냈는데, '화친을 맺어 병화를 늦추자는 뜻'을 담은 내용들이었다. 광해군은 이런 밀서 덕분에 후금에 대한 생생한 정보를 입수하고 명과 후금 사이에 등거리 외교를 수행할 수 있었다. 이는 조선을 전란에 휩싸이지 않게 하는 최선의 방책이었다.

그러나 광해군 15년(1623)의 인조반정으로 광해군이 쫓겨나고 인조
와 서인들이 집권하자 상황은 일변한다. 인조정권에게 강홍립의 동향
은 큰 관심거리였다. 강홍립이 광해군의 복위를 주장하며 후금군을 이
끌고 남진할 경우 이를 막을 군사력이 없기 때문이다. 쿠데타 직후 인
조 1년(1623) 윤10월 경연에서 특진관 박정현(朴鼎賢)은 '강홍립과 김경
서가 호병(胡兵) 4만을 거느리고 얼음이 얼기를 기다려서 나올 것이라
고 합니다'[63]라고 말했다. 숭명반청(崇明反淸)을 명분으로 쿠데타를 일
으켰던 인조정권 세력에게 가장 두려운 것은 광해군의 복위였다. 그러
나 인조는 오히려 이런 말을 믿지 않았다. 인조는 "강홍립은 본국을 배
반할 것 같지도 않고 얼음이 언 뒤에 나온다는 말도 믿을 수 없다."[64]라
고 일축했다.

인조 4년(1626)에는 이괄과 함께 봉기했다 죽임을 당한 한명련(韓明
璉)의 아들 한윤(韓潤)이 후금으로 망명해 인조정권이 강홍립의 노모와
처자를 죽였다고 무고했다는 소문이 돌면서 다시 긴장했으나 다른 일
은 없었다. 같은 해 평안 감사 윤훤(尹暄)은 "도원수 강홍립은 아직 머
리를 깎지 않았기 때문에 달녀(㺚女: 여진족 여성)를 주지 않고 한녀(漢
女: 명나라 여성)를 아내로 주어 아들을 낳았다"[65]는 치계를 전했다. 그러
나 중국측 자료에는 청 태종 황태극의 형인 예열친왕(禮烈親王) 대선(代
善)의 양녀가 강홍립의 부인이 되었다고 말하고 있다[66].

---

63 "且言姜弘立、金景瑞領胡兵四萬, 將待合氷出來云矣", 『인조실록』, 1년 윤10월 25일.

64 "上曰, '姜弘立似不當叛本國, 氷合出來之說, 亦不可信'", 『인조실록』, 1년 윤10월 25일.

65 『인조실록』, 4년 6월 25일.

66 중국의 維基百科는 예열친왕 대선이 청 태조 누루하치의 둘째 아들이자 청 태종의 형으로

정묘호란과 병자호란은 인조정권이 광해군의 외교정책을 계승했다면 일어나지 않았을 전쟁이었다. 이민환의 『책중일록(柵中日錄)』에는 당시 후금이 조선에 원하는 바가 명확하게 기록되어 있다.

"(조선의) 회답서에는 많은 말이 필요 없이 다시는 명나라를 돕는 군사를 보내지 않고, 화약을 맺은 이후에는 자자손손 영원히 한 촉의 화살도 쏘는 일이 없을 것이라고 쓰기만 하면 된다"[67]

그러나 숭명반청이란 허황한 이념을 쿠데타 명분으로 삼은 인조정권에게 이는 쿠데타 명분의 부정이었다. 인조는 쿠데타 석 달 후 "(김응하가) 목숨을 버리고 의에 죽음으로써 혼자서 3백년 강상(綱常)을 붙들었다"면서 "우리나라가 금수의 지역을 면한 것이 어찌 이 사람의 힘이 아니겠느냐?"[68]라면서 그 아내와 아들에게 은 3백냥을 내렸다. 인조가 말하는 '의' '강상' 등은 모두 임금의 나라인 명에 충성함으로써 조선이 금수의 지역을 면했다는 뜻이다. 한 나라의 임금이 스스로 타국의 신하를 자처한 것이었다. 광해군 때의 집권 대북이 파병에 찬성한데서 알 수 있는 것처럼 이런 명분을 따라도 인조반정은 객관적인 반역이었다. 그래서 인조정권은 광해군의 밀지 운운하는 이야기를 만들어 쿠데타를 합리화했던 것이다.

예친왕 왕작(王爵)을 계속 세습하게 되어 있었으며, 그에게 여덟 명의 왕자가 있었고, 양녀가 강홍립에게 시집갔다고 전하고 있다.

67 "而回書中不必多言。只說不復助兵。而和好之後。子子孫孫。永無一鏃之相加而已",『柵中日錄』, 己未, 7월 1일자.

68 "捐生殉義, 獨扶三百年綱常, 雖古昔忠義之士, 無以加此。我國之得免禽獸之域, 豈非此人之力乎!",『인조실록』, 1년 7월 12일.

조선이 향명배금 정책으로 선회하자 후금은 인조 5년(1627) 1월 압록강을 건너 조선을 침략했다. 이것이 정묘호란인데 조선은 장만(張晩)을 도체찰사로 삼아 막게 했으나 역부족이어서 후금군은 안주와 평양을 거쳐 황주까지 남하했다. 인조는 부랴부랴 강화도로, 소현세자는 전주로 피신했으나 평산까지 남하했던 후금군은 더 이상 내려오지 않았는데, 그 배경에는 강홍립이 있었다. 당초 후금군이 남하하자 조선의 삼공은 인조에게 강홍립의 아들을 엄한 형벌로 가두고 나머지 자질(子姪)들도 법에 따라 처치하자고 청했지만 인조는 강홍립이 온 것은 분명치 않다는 말로 거절했다.[69] 그 후 강홍립이 후금을 움직여 화의를 주창한다는 사실이 알려지자 다음 달 비변사는 태도를 바꿔 "강홍립과 박난영 등은 적에게 함몰당한 지 10년이 되도록 신하의 절개를 잃지 않았으며 지금은 또 화친하는 일을 강력히 주장하고 있으니, 종국(宗國)을 잊지 아니한 그의 마음을 이에 의거하여 알 수 있습니다"[70]라고 칭찬했다. 후금군의 남하에 속수무책으로 당하던 인조정권에게 강홍립이 구세주가 되었던 것이다. 강홍립은 후금의 남하를 저지하면서 화의를 맺도록 종용했는데, 정묘호란 때 부원수를 지낸 정충신(鄭忠信)이 "영감께서 화의를 담당해서 혀로써 수만의 후금군을 물리쳤으니 한 나라의 크고 작은 생령(生靈) 중 누가 그 덕에 감사하지 않겠습니까?"[71]라는 편지를 보낸 데서도 정묘호란 화의에 강홍립의 힘이 얼마나 컸는지를 잘 말해준다. 두 나라는 형제의 의를 맺는 화약을 맺었고, 강홍립도 오랜 억류생

활을 끝내고 석방되었다.

그러나 이후에도 서인정권은 '향명배금(向明排金)'정책을 바꿀 생각을 하지 않았다. 명나라 모문룡(毛文龍)의 군사가 철산(鐵山)의 가도(假島)에 주둔해 온갖 횡포를 부리는 것을 속수무책으로 바라보았다.[72]

강홍립은 고국에 정착하자 긴장이 풀렸던 탓인지, 그해(인조 5년, 1627) 7월 27일 예순 여덟의 나이로 병사하고 말았다. 인조가 그의 관작을 회복시키고 장례물품도 지급하게 하자 승정원에서 강홍립은 "기쁜 마음으로 오랑캐에 항복했고 적을 이끌고 나라를 침범해 바라지 못할 것에 뜻을 두었다[意在非望]"[73]면서 반대했다. '바라지 못할 것에 뜻을 두었다'는 것은 임금이 되려했다는 것이었다. 물론 승정원이라고 이것이 날조된 혐의라는 사실을 알지 못했던 것은 아니었다. 다만 강홍립의 관작을 회복시킨다면 자신들의 쿠데타 명분이 송두리째 부인되므로 반대할 수밖에 없었던 것이다. 인조가 대신들과 의논해서 시행하게 했는데, 영중추부사 이원익, 해창군 윤방, 좌의정 오윤겸 등이 모두 반대하자 관작 복구 명령은 취소될 수밖에 없었다.[74] 강홍립의 신산스런 삶에서 아무 교훈을 얻지 못한 조선은 여전히 친명 사대주의 명분론이 우세했고, 이는 10년 후인 인조 14년(1636)에 정묘호란보다 훨씬 뼈아픈 병자호란으로 되돌아왔다. 그때는 중재에 나설 강홍립도 이미 이 세상 사람이 아니었다. 인조는 청 태종 앞에 세 번 절하고 아홉 번 머리를 조아리는 삼궤구고두의 치욕스런 예를 행할 수밖에 없었다.

---

72 『인조실록』 5년 10월 4일자에는 모문룡에게 휘하군사들의 폐단을 엄금해 달라고 요구하는 재자관(賷咨官) 이경(李坰)의 치계가 실려 있다.

73 "甘心降虜, 引賊犯國, 意在非望,"『인조실록』 5년 7월 27일.

74 『인조실록』 5년 7월 27일.

4. 나가는 글

광해군 11년(1619)의 심하지역(深河之役)에 강홍립이 나가게 된 것은 자의가 아니었다. 광해군 또한 자의로 보낸 군대가 아니었다. 집권 북인들까지 명나라의 재조지은(再造之恩) 운운하며 파병을 적극 주장하는 바람에 할 수 없이 출정하게 된 군대였다. 명나라는 이미 망해가는 중이었고, 명군(明軍)은 후금군과 싸우기도 전에 지휘부의 내전으로 내홍을 겪고 있었다. 첫 번째 전투에서 승리했던 조선군은 두 번째 전투에서 패전하고 1만 3천 군사 중 70% 가까운 병사를 잃고 말았다. 강홍립에게 남은 길은 둘 뿐이었다. 전 군사와 함께 결사항전 하다가 죽는 것과 후금에 항복해 남은 전력을 보존하는 길이었다. 그러나 후금군은 조선군이 죽음을 선택하면서까지 싸울 이유가 없는 군대였다. 또한 후금과 협상하는 것이 조선의 변경 방어에도 유리했다.

무엇보다 화의를 먼저 제의한 것은 후금이었다. 그래서 강홍립은 남은 군사들과 항복해서 남은 전력을 보존하는 길을 택했다. 조선군에 대한 군량지원을 맡았던 평안감사 박엽은 패전의 책임을 강홍립에게 돌려 전사한 김응하와 강홍립을 비교하는 장계를 올렸다. 인조반정을 일으킨 쿠데타 세력들이 자신들의 쿠데타 명분을 정당화하기 위해 ‘강홍립이 광해군의 밀지를 받고 일부러 항복했다’는 논리를 만들어 강홍립에게 뒤집어 씌웠다. 강홍립이 김응하의 좌영이 후금군과 싸울 때 중영에 있으면서 일부러 돕지 않았는데, 이는 항복하기 위한 것이었다는 비난도 있었지만, 이는 『책중일록』의 저자인 이민환(李民寏)이 『월강후추록(越江後追錄)』에서 “전후의 허망한 이야기는 두 사람의 유감에서 시작되었고, 이응복에게서 격화되었으며, 이이첨에게서 완성되었다.[75]고 말한 것처럼 박엽이나 도주한 자들의 무고에 불과했다.

인조정권은 쿠데타 후 향명배금 정책으로 전환했지만 정작 전쟁에 아무런 대비가 되어있지 않아서 인조 5년의 정묘호란 때 속수무책으로 당했다. 그나마 이때는 강홍립이 중재에 나서 화의를 주창했기에 큰 화를 입지는 않았다. 그러나 이후에도 인조정권은 향명배금이란 비현실적 정책을 계속 추진했고, 그 결과 인조 14년의 병자호란을 맞았다. 이때는 중재할 강홍립도 존재하지 않았으므로 인조는 청나라 진영에 나가서 삼궤구복의 치욕을 당해야 했다. 정묘호란 때 비변사에서 '종국(宗國)을 잊지 아니한 강홍립의 마음을 알 수 있다'라고 말한 것처럼 강홍립은 이미 인조정권에 의해서도 그 충절이 인정되었다. 다만 인조반정 세력을 중심으로 조선의 사대부들이 겉으로는 청나라에 사대하면서도 속으로는 망한 명나라를 섬기는 이중의 행보를 유지하면서, 강홍립이 노추(虜酋)에 항복했고, 이는 광해군의 밀지에 의한 것이라고 비난하는 것으로 자신들의 쿠데타와 무능을 합리화했을 뿐이다. 그럼에도 불구하고 이런 그릇된 인식이 현대인들의 뇌리에도 영향을 끼치고 있는 상황을 종결시킬 때가 된 것이다.

참고문헌

『癸亥靖社錄』.
『선조실록』.
『광해군일기(중초본)』.

---

75 "大槩前後虛妄之說。唱於二憾。激於應福。成於爾瞻。遞相傳說。愈往愈奇", 『紫巖集』 卷6, 「越江後追錄」.

『인조실록』.
『史記』「五帝本紀」帝舜 注釋.
『明史』238卷, '李成梁 子如松 如柏 如楨 如樟 如梅列傳.
이긍익, 『연려실기술』「폐주 광해군 고사본말」, '심하지역(深河之役)'.
이민환 지음, 중세사료강독회 옮김, 『책중일록』, 서해문집, 2014.
『維基百科(中國)』.
『紫巖集』.
『中京誌』.
『淸史稿』, 「太祖 努爾哈齊」.

계승범, 「역사소설로 본 조선후기 '역사 만들기'의 일면」, 『韓國史學史學報 38-1』, 2018.
박희병, 「17세기 초의 崇明排胡論과 부정적 소설주인공의 등장 -〈姜虜傳〉에 대한 고찰」, 『한국고전소설과 서사문학』, 집문당, 1998.
소인호, 「강로전(姜虜傳) 이본 연구」, 『우리어문연구 24』, 2005.
안세현, 「자암(紫巖) 이민환의 「책중일록(柵中日錄)」과 「건주문견록(建州聞見錄)」에 대하여」, 『동방한문학 34권』, 2008.3.
이덕일, 『조선선비당쟁사』, 인문서원, 2018.
_____, 『태조 이성계』, 다산북스, 2018.
조현우, 「『강로전』에 나타난 전쟁의 기억과 욕망의 서사」, 『민족문학사연구』 46권, 2011.

심하전투 서사의 문학지리학적 고찰

─문학지도와 경관, 서사 중심으로─

권혁래·신춘호·김재웅

1. 머리말

심하(深河)전투는 1619년 2월부터 3월5일까지 강홍립 휘하 1만 3천 명의 조선병사들이 유정이 이끄는 명 동로군(東路軍) 1만 명과 연합하여 중국 遼寧省 本溪市 桓仁縣 釜山村 등지에서 누르하치(努爾哈赤)가 이 끄는 후금군과 싸운 전투를 말한다. 중국에서 호칭하는 '사르후 전투 [薩爾滸之戰]'는 이보다 범위가 넓어 1619년 명군과 조선군, 여진족까지 포함한 연합군 10만 명이 遼寧省 撫順市 鐵背山 일대와 新賓縣, 本溪市 桓仁縣 등지에서 후금군 3만 명과 싸운 전투를 말한다. 명군의 총대장 인 요동경략(遼東經略) 양호(楊鎬)는 1619년 2월 요양(遼陽)성에서 출정 식을 가지고 10만 대군을 4개 부대로 나눠 당시 후금의 도성인 허투알 라를 향해 진격시켰다. 하지만 이 전투에서 명 토벌군은 후금의 누르하 치가 이끄는 신속한 기동 작전에 크게 패하여 5만 명 가까운 군사를 잃었다. 1618년 撫順城과 淸河城을 함락한 후금이 사르후 전투까지 승 리하게 됨으로써 누르하치는 중원을 도모하는 기점을 마련하였다. 조 선군 부대는 3월 4일 전투에서 8천여 명을 잃었고 강홍립은 남은 5천

명을 이끌고 투항함으로써 전쟁이 종결되었다.[1] 심하전투에 종사관으로 참전한 이민환은 전투의 전후사를 진중일기『책중일록』에 기록하였고, 심하전투를 플롯과 배경으로 하여 조위한은 1621년 〈최척전〉을, 권칙은 1630년 〈강로전〉을, 김응원은 1659년 〈김영철전〉의 원작[2]을 창작하였다. 위 작품들에 대한 문학연구는 주로 작가론, 이본 및 서지적 연구, 작품의 서사적 분석과 주제적 의미 파악, 작품의 공간에 대한 연구 등으로 진행되어 왔다.[3]

본 연구 팀은 문학지리학의 방법론을 연구방법으로 채택하여, 위 작품들의 서사와 의미를 공간 배경과 직접적으로 연관하여 고찰하고자 한다. 문학지리학은 '텍스트'를 넘어 문학의 '탄생 공간' 및 '배경 공간'을 주목하면서 문학작품을 공간 중심으로 사고하고 시각적 재현 위주로 탐구하는 연구방법이다. 본 연구는 1619년의 심하전투 기간 동안 진중의 일을 기록한 『책중일록』과, 심하전투를 모티브로 하여 재구한 〈최척전〉, 〈강로전〉, 〈김영철전〉 등의 소설 작품을 통해 문학지리학의 공간적 사고와 시각적 재현이라는 연구방법론을 재현하고자 하였다.

---

1 심하전투와 사르후 전투의 전개 및 역사적 배경에 대해서는, 유지원, 「사르후전투와 누르하치」(『명청사연구』 13, 명청사연구회, 2000), 黃斌·劉厚生·黃群, 『后金國史話』 (長春: 吉林人民出版社, 2004), 王漢衛, 『淸朝開國60年』(濟南: 濟魯書社, 2009), 한명기, 『임진왜란과 한중관계』(역사비평사, 2001), 고윤수, 「광해군대 조선의 요동정책과 조선군 포로」(『동방학지』 123, 연세대 국학연구원, 2004), 계승범, 『조선시대 해외파병과 한중관계』(푸른역사, 2009) 등을 참조하였음.

2 이에 대해선, 권혁래, 「〈김영철전〉의 작가와 작가의식」(『고소설연구』 22, 한국고소설학회, 2006), 96~109쪽, 송하준, 「새로 발견된 한문필사본 〈김영철전〉의 자료적 가치」(『고소설연구』 35, 한국고소설학회, 2013), 247~253쪽을 참조할 것.

3 위 작품들에 대한 문학연구는 양질 면에서 상당한 수준으로 진행되어 왔는데, 주요 연구 목록은 참고문헌에 제시한다.

문학공간은 행위를 통하여 시간적으로 움직이는 인물, 인물과 인물
의 행동들이 결합된 플롯과 함께[4], 인물과 플롯에 현실감과 공간 좌표
를 제공하는 소설 구성의 한 요소다. 본 연구 팀은 〈김영철전〉, 〈최척
전〉, 〈강로전〉, 『책중일록』 등에 그려진 심하전투의 서사와 공간배경
을 원천자료로 삼아 '심하전투 문학지도(the map of literature of Simha
Battle)'를 작성하고자 한다. 문학지도란 문학 텍스트에 구현된 공간 배
경의 역사·지리적 정보, 인물의 이동경로, 해당 공간에서 인물의 활동
사항, 지명의 변천, 지역의 경관 및 풍속 등 특정 지역의 문학적 정보를
바탕지도 위에 구현한 것을 말한다. 이 문학지도 제작을 중심으로 사진
기록과 이미지, 좌표 기록, 텍스트 서술의 방법을 활용하여 본 연구의
목적을 성취할 것이다. 이 연구에서는 구체적으로 두 가지 작업을 할
것이다.

첫째, 문학 텍스트 및 지도 분석과 현장 답사를 통하여 심하전투 노정
에 나타난 현 지명과 이동 경로를 확인하고 비정할 것이다.[5] 〈김영철
전〉[6]과 〈최척전〉[7], 〈강로전〉[8]에는 1619년의 심하(深河)전투에 참여했던

---

4 조정래·나병철, 『소설이란 무엇인가』, 평민사, 1991, 12쪽, 32쪽.
5 심하전투의 현장에 관한 선행 연구로는 이승수의 「심하전투의 현장 답사 연구」(『한국학
논집』 41집, 한양대 한국학연구소, 2007)가 선구적이며 자세하다.
6 〈김영철전〉은 조선조 광해군 대 평안도 영유현에 살던 김영철이라는 인물이 1619년 2월
심하전투에 출전하였다가 포로가 되어 건주에 종살이를 하고, 1625년 8월 건주를 탈출하
여 산동성 등주로 갔다가 그곳에서 5년여를 살다가 1631년 등주에 정박한 조선 사행선을
타고 귀국한 사연을 그린 작품이다. 본 논문에서는 홍세태본과 박재연본을 텍스트로
삼아 내용을 살폈다.
7 〈최척전〉은 1621년 남원에 우거하고 있던 조위한이 지은 한문소설이다. 본 논문에서는
서울대본, 고려대본, 천리대본을 텍스트로 삼아 내용을 살폈다.
8 〈강로전(姜虜傳)〉은 강홍립의 일대기를 중심으로, 1618년 요동출병의 사건부터 정묘호
란까지의 역사적 상황을 그린 작품이다. 이 작품은 1630년 권칙(權侙, 1599~1667)에

주인공들의 활약 및 이동경로를 중심으로 심하전투의 개략적 양상이 그려져 있다. 전투에 종사관으로 직접 참여했던 이민환의 진중일기 『책중일록(柵中日錄)』에서는 좀 더 자세한 심하전투의 기록을 살펴볼 수 있다. 이 텍스트들을 참고하고, 심하전투의 현장을 답사한 결과를 바탕으로 실제 이동경로와 지명을 확인·비정할 것이다. 확인한 지명[9]과 노정은 GPS 좌표 기록 작업을 하여 문학지도로 나타낼 것이다. 이 문학지도와 GPS 좌표 기록, 기록사진이 이 연구의 일차 결과물이다.

둘째, 『책중일록』에 서술된 심하전투 노정을 따라 이동하면서 공간 배경의 분위기를 이해하고, 이러한 공간 배경이 〈김영철전〉, 〈최척전〉, 〈강로전〉의 서사와 어떻게 결합하는지 고찰할 것이다. 소설은 허구의 문학이다. 위 작품들은 심하전투를 소재로, 배경으로 한 작품들인데, 문학지도와 도표, 사진, 이미지 작업 결과를 활용하여 소설에서 심하전투 사건을 어떻게 허구화하였는지, 의미화되는 지점이 무엇인지 고찰할 것이다. 이는 17세기 역사소설 작품의 서사를 좀 더 심도 있게 이해하는 데 기여할 것이다.

의해 지어졌으며, 곧 국문으로 번역되어 민간에 전파되었다. 이건(李健, 1614~1662)은 이 국문본을 다시 한문으로 번역하였다.(박희병, 「17세기 초의 숭명배호론과 부정적 소설 주인공의 등장」, 간행위 편, 『한국고전소설과 서사문학』 상편, 집문당, 1998, 36쪽.) 국사편찬위원회 소장본 말미에는 저자 권칙의 후기가 붙어 있는데 그것에 의하면, 권칙이 묘향산으로 여행을 갔다가 그 곳의 승려로부터 강홍립의 이야기를 자세히 듣고 이 작품을 지었다고 했다. 그러나 단순히 무명의 승려로부터 들은 것으로만은 쓸 수 없는 지명, 인명, 역사적 사건의 전말 등이 상세한 것으로 보아 이는 가탁으로 여겨지며, 당대의 여러 기록을 참조하여 서술한 것으로 여겨진다. 본 논문에서는 동사잡록본을 텍스트로 삼아 내용을 살폈다.

9 중국의 지명은 현재 중국어 지명을 일관되게 표기하기 곤란하여 원칙적으로 한자를 노출시켜 표기하였다. 다른 한자어는 '한글(한자)'의 방식으로 표기하였다.

2. 심하전투의 문학지도와 경관, 서사

1) 전체 공간과 노정, 공간 정보

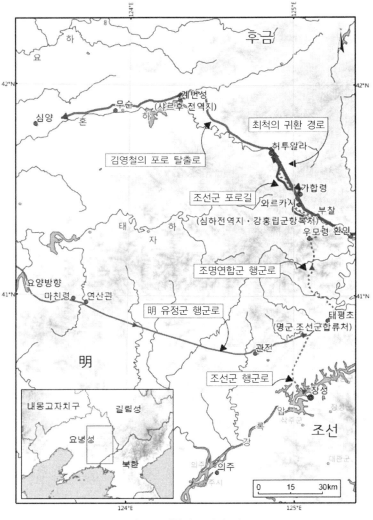

〈지도1〉 심하전투 전체 지도

〈그림1〉 사르후 전투 지역(대화방수고) 전경

이 장에서는 이민환(李民寏: 1573~1649)의 『책중일록』에 서술된 당시 지명과 거리를 바탕으로 심하전투의 공간과 노정을 지도와 도표, 경관 사진으로 표현할 것이다. 또한 〈김영철전〉, 〈최척전〉, 〈강로전〉의 심하 관련 서사를 공간적 특성과 연관하여 서술할 것이다.

〈지도1〉은 심하전투의 전체 경역과 조명 연합군의 진군로와 후금군 과의 전투 상황을 보여주는 지도다.

〈그림1〉은 1619년 3월 1일 후금군과 두송이 이끄는 서로군이 맞서 싸웠던 사르후 전투 지역을 찍은 사진이다. 옛 전장이 지금은 거대한 호수 밑에 잠겨 있다.

『책중일록』에 의하면, 1618년(광해10) 10월에 이미 도원수 강홍립은 창성에 가서 머물렀다. 당시 제독 유정은 관전에 진을 치고 있었다. 관 전은 창성에서 80리 거리에 있다. 1619년(광해11) 정월, 누르하치의 침 략에 경략 양호는 양마전에 진을 쳤다가 물러났다.

<지도2> 시간적 순서에 따른 조선군과 명군의 이동 경로

2월 21일, 양호가 요동에서 회의를 열어 서로군은 두송과 마림이,
중로군은 이여백이, 동로군은 유정이 지휘를 맡기로 하고, 3월 1일 허

투알라 성에서 집결하기로 하였다. 조선군은 도원수 강홍립, 우영장 김경서, 좌영장 김응하 휘하의 1만 3천 명으로 구성되었는데, 1618년 10월 창성에 집결, 1619년 2월 18일 창성 묘동을 출발하여 압록강을 건너기 시작한다. 2월 28일 우모령을 넘어 3월 1일 마가채에 주둔하고, 3월 4일 富察 평야에서 김응하의 좌영과 김경서의 우영은 후금군의 급습을 받고 전멸을 당한다. 산 위에 올라 있던 강홍립과 중영 군사들은 3월 5일 후금군에 투항하고 포로가 되어 와르카시, 家哈嶺을 넘어 3월 6일 허투알라 성에 도착, 분산·수감된다. 뒤에 포로가 된 조선군 병사들은 귀국 시 婆提江 → 萬遮嶺 → 九郎哈谷 → 萬浦 길을 이용하였다. 〈최척전〉의 주인공 최척도 이 길을 이용하였을 것이다.

　　이상 조선군과 명군의 이동경로 및 전투지역을 시간의 순서에 따라 그린 것이 〈지도2〉다.

　　다음으로, 주요 공간의 정보를 표로 옮기면 다음과 같다.

〈표1〉 심하전투의 주요 장소 정보

고지명	현재 지명	GPS 좌표	조선군 이동일시	노정과 현재 위치, 장소의 의미
昌城 廟洞		미확인 지점	2.18.	
唎咧泊		미확인 지점	2.23.	昌城에서 25리. 압록강 수몰 지구
鴛兒溝		미확인 지점	2.24.	唎咧泊에서 20리. 요녕성 지역. 이하 동일.
湇水嶺		미확인 지점	2.25.	
亮馬佃	太平哨鎭	N40 52.293 E125 09.806	2.25.	鴛兒溝에서 50리. 丹東市 寬甸县 太平哨鎭 부근
榛子頭		미확인 지점	2.26.	亮馬佃에서 20리. 太平哨 서북쪽의 부락
拜東葛嶺	砍川岭 정상	N41 05.500	2.27.	榛子頭에서 50리. 寬甸縣과 桓仁縣 경

		E125 06.022		계. 本溪市 桓仁滿族自治縣 普樂堡鎮 大靑沟村 小國子
牛毛嶺	牛毛大山 옛길	N41 15.462 E125 09.871	2.28.	本溪市 桓仁滿族自治縣 普樂堡鎮 冰湖沟村과 大甸子村 사이의 산. 해발 1,320m
牛毛寨	牛毛大甸子村	N41 19.134 E125 09.913	2.28~29.	拜東葛嶺에서 80리. 本溪市 桓仁滿族自治縣 普樂堡鎮 大甸子村
馬家寨	大元村(추정)	N41 20.068 E125 10.778	3.1.	牛毛寨에서 40리. 本溪市 桓仁滿族自治縣 桓仁鎮 四道河子鄕 大元村
馬鞍山	鬱狼山(추정)	N41 20.686 E125 12.182		
深河	六道河	N41 21.718 E125 09.063	3.2-3.	馬家寨에서 20리. 本溪市 桓仁滿族自治縣 桓仁鎮 六道河子村
富察 언덕	釜山村	N41 22.478 E125 05.662	3.4.	강홍립 중군 주둔처. 해발 411m. 本溪市 桓仁滿族自治縣 華來鎮 二戶來鄕 釜山村
富察 평야		N41 22.757 E125 05.577	3.4.	조선군 좌영, 우영군 궤멸 장소. 해발 345m. 本溪市 桓仁滿族自治縣 華來鎮 二戶來鄕 釜山村
半截溝	半截溝 戰場遺蹟地	N41 24.174 E125 03.021	3.5.	명 동로군 절강병 전몰지. 本溪市 桓仁滿族自治縣 華來鎮 紅塘石村
日可時	洼子沟, 또는 瓦爾喀什 로도 표기	N41 26.264 E125 02.280	3.5.	富察에서 20리. 유정의 동로군 주력 부대 궤멸 장소. 本溪市 桓仁滿族自治縣 華來鎮 洼子沟村
家哈嶺	嘉哈嶺	N41 28.528 E125 03.353	3.6.	日可時에서 40리. 포로길. 해발 628m. 撫順市 新賓滿族自治縣 紅廟子鄕 查家村
赫图阿拉城	赫图阿拉故城 北門	N41 42.177 E124 51.384	3.6.	(興京)奴城이라고도 함. 撫順市 新賓滿族自治縣 永陵鎮 赫图阿拉故城
薩爾滸	大伙房水庫	N41 56.002 E124 15.315	3.1.	명 두송의 서로군 패배지. 撫順市 大伙房水庫 안에 수몰.
界蕃城	大伙房水庫		8.11~	鐵背山 중턱 위치. 강홍립 등 포로 이감 장소. 현재 撫順市 大伙房水庫 안에 수몰.

　〈표1〉은 현장 답사하면서 채록하고 정리한 심하전투 주요 공간의 정보를 표로 정리한 것이다. 고 지명과 현 지명, GPS 좌표, 각 장소간 거리와 현재 위치, 이동일시, 장소의 의미 등의 정보를 표에 넣었다. 각 장소 간 거리는 이민환의『책중일록』기록에 의거하였다. 각 장소의 GPS 좌표는 이후 답사나 영상 기록, 지리학적 활용에 긴요할 것으로 생각한다.

3. 압록강 도강과 조명 연합군의 합류
－ 昌城 廟洞 － 唎咧泊 － 太平哨 구간

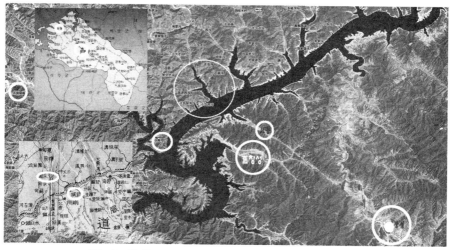

〈지도3〉 함경북도 昌城 廟洞 - 압록강 맞은 편(唎咧泊 추정지)

　강홍립의 조선군은 1619년 2월 19일 창성 묘동을 출발하여 압록강을 건너기 시작한다. 위 〈지도3〉에서 흰 원 안에 있는 곳은 창성, 묘동,

〈그림2〉 태평초진 원경

그리고 그 맞은 편 咧咧泊이다. 묘동과 팔렬박은 지금은 댐 수몰지역
이 되어 확인할 수가 없다. 2월 22일에야 좌영, 우영, 중영, 삼영의 모
두 1만 3천 병사가 모두 강을 건넜다.

2월 26일 제독 유정이 이끄는 동로군은 관전에서 양마전을 거쳐 榛
子頭에 이르렀다. 이날 조선군 삼영(三營)은 양마전에서 20리 떨어진
곳에 연합 진을 쳤다. 양마전은 지금의 太平哨鎭으로 비정되는 곳이다.
강홍립이 榛子頭의 유정에게 가서 군량미 오기를 기다렸다가 떠나려
한다고 보고하였으나, 유정은 일정을 서두르라고 독촉하였다.

太平哨 가는 길은 지금도 지형이 몹시 험하다. 太平哨鎭에 도착하여
촌로에게 탐문하니 官道沟를 이용하여 창성 다녀온 사람이 있다고 하
였다. 半拉江을 건너 釣魚臺村에 가서 창성 가는 옛길을 다시 확인하였
는데, 그 곳의 촌로 역시 官道沟를 통한 그 길이 조선으로 가는 길이라
고 하였다. 압록강 건너 太平哨鎭까지 이르는 길을 현재 지명으로 보면
다음과 같다.

鴨綠江邊 – 官道溝 – 腰岺子 – 杉松 – 南吊 – 和平 – 釣魚臺 – 太平哨

촌로는 이 코스로 걸어서 하루면 창성 가까이까지 갈 수 있다며, 자신이 젊을 적 놀러갔다가 온 적이 있다고 말해주었다. 〈그림2〉의 사진에는 멀리 太平哨鎭의 넓은 개활지가 보인다. 1의 장소는 엄수령을 넘어 들어오는 길이며, 3의 장소는 평정산, 배동갈령으로 진군하는 방향이다. 2의 장소는 조선군이 숙영한 곳으로 추정되는 곳이다. 여기서 조선군 1만 3천 명, 유정군 1만 명, 도합 2만 3천 명이 이틀 동안 묵고, 半拉江에서 밥을 지어 먹었을 것이다.

4. 전투의 현장으로 가는 길
– 太平哨 – 普樂堡鎭 – 牛毛嶺 – 深河 구간

2월 27일 명군은 먼저 평정산 아래 도착하여 진을 쳤다. 조선군은 배동갈령을 넘어 10리쯤 지난 아래에 주둔하니, 그곳은 명군으로부터 50리 떨어진 곳이었다. 이때 이미 삼영에 휴대한 군량미가 떨어졌으나 보급식량이 아직 도착하지 않아, 병사들이 심히 굶주리고 지쳐 있었다.

현재 태평초를 출발하면 영안령을 넘어 小雅河(雅儿河)를 지나 배동갈령으로 올라간다. 조선군은 그곳 골짜기로 올라 산 입구에서 투숙하였고, 명군은 좀 더 가서 묵었다. 배동갈령 밑은 개울이 흐르고 개활지가 있다. 이곳의 현 지명은 "普樂堡鎭 大靑溝村 小國子"이다.

2월 28일 새벽, 강홍립은 말을 달려 평정산에 가서 유 제독을 만난 뒤, 삼영을 재촉하여 아침 8시 경부터 우모령을 넘는데, 지척을 분간할 수 없을 정도로 수목이 짙게 우거졌고, 적들은 큰 나무를 베어 길을 막아 놓아 산을 넘는데 무진 애를 썼을 것이다. 우모산 정상의 높이는 해발 1,320미터로, 그 부근에서는 가장 높은 산이다. 군량미를 제때 지급받지 못하여 굶주림에 시달린 조선 병사들이 산을 넘느라 얼마나 수고로웠을지 실제 우모산을 넘으며 절절이 체감할 수 있었다. 병사들은 날이 저물어서야 우모채에 이르렀고, 그 곳에서 명군과 연합하여 이틀을 주둔하였다.

현재 臥坊村에서 한참을 들어가면 우모령 남쪽 진입로가 나타난다. 현재 우모산에는 풍력발전소가 설치되어 있어 차로가 닦여 있으나 내려가는 길은 험하기 그지없다. 우모산 입구에서부터 산 중간쯤에서 등산로를 타면 건너편 출구까지 사람에 따라 3시간 또는 4시간 정도 걸린다고 하나 실제로는 6~7시간 걸리는 거리이다. 우모산을 북쪽 출구로 통해 빠져나오면 첫 번째 나타나는 마을이 "牛毛大甸子村", 또는 "大甸子村"으로 불리는 곳이다. 이곳이 우모채로 추정되는 곳이다.

이민환은 桓仁鎭 六度河 상류의 '깊은 물'을 심하라고 불렀다. 이민환은 이쪽 지리를 잘 몰랐고, 강 이름을 물어볼 사람도 없어 '심하'라고 한 것이다. 왕종안은 이 지역의 깊은 물이 六度河밖에 없으므로 '六度河'를 '심하'라 비정하였다.[10] 조선군들은 심하에서 후금군들과 소규모 전투를 벌였고, 富察에 가서 다 전멸당하거나 포로가 되었다.

현장을 답사하며 노정을 따라간 결과, 현 大元村이 馬家寨로 추정되는 곳임을 알 수 있었다. 조선군은 현재의 牛毛大甸子村(牛毛寨)에서 大元村(馬家寨)를 거쳐 심하로 갔다. 『책중일록』에는 평안도에서 군사를

---

10 王從安, 「桓仁滿族自治縣境內最大的古戰場－世說薩爾滸大戰的東線之戰」(http://tieba. baidu.com/f?kz=114461515).

모집할 때, 면천(노비), 허통(서얼), 면역(평민)의 조건을 걸었다고 했는데. 이를 3통이라고도 한다. 이러한 3통의 조건으로 모집된 군사들이기에 이들은 제대로 훈련된 병사들이 아니었을 것이다. 명군 약 1만명, 조선군 1만 3천 명, 총 2만 3천여 명이 우모령을 넘어 심하까지 좁은 산길을 행군해왔을 것이다.

후금의 도발과 조명 연합군의 출병 부분에 대해선 〈강로전〉의 서사가 자세하다. 〈강로전〉은 요동출병 패배의 유감과 패장 강홍립의 소인성을 서사화한 작품이다. 이 작품은 요동출병과 후금에서의 억류 생활, 정묘호란에 이르는 역사 공간을 배경으로 주인공 강홍립이 전쟁에 소극적으로 임하다가 투항하고 마침내 변절해버리는 과정을 중심적으로 그리면서, 그와 한편이 되는 호왕 및 한윤과의 유착 과정, 그와 대립되는 김응하 등의 충절형 장수와의 갈등 관계를 그리고 있다. 동사잡록본[11] 〈강로전〉의 초반부에는 심하전투가 다음과 같이 서사화되어 있다.

①1618년 후금 오랑캐가 군사를 일으켜 요양의 여러 진을 함락시키니 명 황제가 양호를 경략으로 삼아 군사를 내고, 명 황제의 요청을 받고 조선에서 강홍립을 원수로 2만 명을 군사를 뽑아 요양으로 보내다.
②1618년 8월 강홍립이 모친 정씨에게 하직 인사를 올리다.
③강홍립이 대동강을 건너 관서지방으로 가면서 술판을 벌이고 군무를 돌보지 않아 이민환이 간을 올리다. 강홍립이 밀지(密旨)를 이야기하며 회피하고, 김응하에게 5천 명을 주어 좌영이라 하고, 선봉으로 삼다. 이일원은 우영장, 강홍립과 김경서는 중영을 맡고 의주로 나아가 주둔

---

11 〈강로전〉의 텍스트는 신해진의 『권칙과 한문소설』(보고사, 2008, 109~199쪽)에 실려 있는 동사잡록본의 번역본으로 하였다.

하다.

④1619년, 양호 경략이 격문을 보내어 2월 25일 경마전(曝馬田)에서 합류
하라고 통보하다. 홍립이 통군정에서 군사들을 지휘하고, 경마전에 김응
하가 먼저 가 유정 도독을 만나다. 홍립은 군사들이 굶주려 있다며 전진하
기를 꺼리니 유정이 홍립을 소인배로 보고 김응하를 영웅으로 보다.

①은 역사적 기록에 충실한 서술이고, ②는 소설 주인공의 가족사를
풀어가는 이야기다. ③은 강홍립이 출정 전부터 군무를 돌보지 않고
술판을 벌여 그의 서기 이민환이 간을 올렸다고 하여 장수의 자질을
갖추지 못했음을 말했다. ④는 유정이 강홍립을 소인배로, 김응하를
영웅으로 평가하였다는 기사를 소개함으로써 강홍립을 부정적으로 평
가하는 내용이다. ③과 ④는 그 근거를 찾기 힘든 기사로서, 작가가
강홍립에 패전의 혐의를 두고 부정적으로 바라보는 시선을 볼 수 있다.

5. 전투의 현장
- 釜山 - 富察 평야 - 半截溝 구간

3월 4일, 이민환은 『책중일록』에 이날 심하전투의 현장을 소상히 기
록하였는데, 대강의 내용을 기록하면 다음과 같다.

원수가 종사관 이경남으로 유태섬을 대신하여 군사를 거느리고 가 군
량을 맞아오게 했다. 진시에 군대가 출발하다. 명 장수[강응건]이 먼저
떠나고 조선군은 좌영, 중영, 우영이 이어서 나아갔다. 길은 평탄한데,
산골짝이 이어져 있어 복병을 염려하다. 수십 리를 가서 부차에 이르다.
적의 본거지[허투알라 성]로부터 60리 떨어진 곳이다. 대포 소리가 잇

<지도4> 후금군의 이동경로와 전투지점

달아 세 번 들리니, 원수가 길 왼쪽 높은 언덕으로 달려 올라가다. 갑자기 회오리바람이 일어나 연기와 먼지가 하늘에 자욱하니 적의 징조다. 즉시 좌영을 앞쪽 높은 언덕에 진치고, 중영은 원수가 오른 언덕[여기가

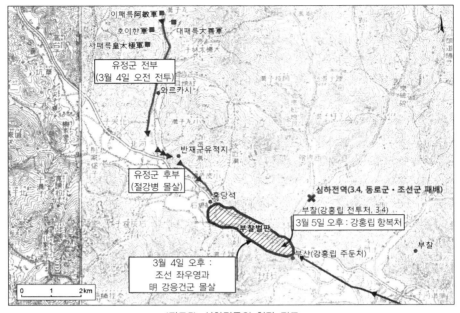

이패륵阿敕軍
호이한軍
사패륵皇大極軍
대패륵大善軍

유정군 전부
(3월 4일 오전 전투)

와르카시

반재균유적지

유정군 후부
(절강병 몰살)

홍당석

심하전역(3.4, 동로군·조선군 패배)

부찰(강홍립 전투처, 3.4)
3월 5일 오후 : 강홍립 항복처

부찰벌판

부산(강홍립 주둔처)

부찰

3월 4일 오후 :
조선 좌우영과
明 강응건군 몰살

0 1 2km

〈지도5〉 심하전투의 현장 지도

지금의 釜山이다]에 진을 치며, 우영은 남쪽 언덕에 진치도록 하다. 원
수는 별장 박난영으로 하여금 좌영으로 달려가 높은 언덕으로 옮기게
했지만, 적의 기병이 진 앞에 닥쳐와 진을 옮기기가 어려웠다.

위 내용을 보면 3월 4일 진시(아침 7시)에 심하(현 六道河子村)를 출발한
조선군은 강을 건너지 않고 남쪽으로 이동하여 釜山과 富察 평야를 좌영,
중영, 우영 순으로 통과하고 있었다. 그곳에서 적의 급습을 보고 받은
강홍립은 급히 삼영의 장수들에게 각각 가까운 언덕에 올라 피하도록
했으나, 중영만이 釜山 언덕에 올랐고, 나머지 두 영은 비등하와 육도하
가 만나는 지점의 평지에서 적을 맞이하였다. 이때가 3월 4일 오후다.

〈지도4〉처럼 후금군은 3월 1일 사르후 전투에서 두송이 이끄는 서로 군을, 3월 2일에는 상간하다 전투에서 마림이 이끄는 북로군을 몰살하였고, 3월 3일에는 밤새 嘉哈嶺을 넘어 달려와 3월 4일 아침에 와르카시와 半截溝에서 유정이 이끄는 동로군 전부(前部)를 몰살하였고, 오후에는 富察 평야에서 명의 강응건과 조선군 좌영, 우영을 패퇴시켰다.

〈지도5〉를 보면 3월 4일 오전과 오후에 대패륵 代善軍을 비롯하여 이패륵 阿敏軍, 사패륵 黃太極軍, 호이한군이 공격하는 경로와 조명 연합군의 이동 동선과, 전투 현장인 釜山과 富察 평야, 半截溝 유적지, 와르카시 등의 지점이 표시되어 있다.

조선군의 좌우영이 공격받고 있을 때 잠시 후 교유격 등이 단기로 도착하였다. 이들은 명군이 몰살당하였으며, 제독 유정도 전사했다는 소식을 전해 왔다. 명군은 嘉哈嶺 너머는 걱정할 것이 없다는 정탐의 말을 믿고 수십 리를 먼저 가 민가의 양식을 수색·약탈하느라 대오를 갖추지 못했다. 이때 귀영가가 3만여 기병을 이끌고 서쪽으로부터 밤새 달려와 새벽에 嘉哈嶺을 지나 와르카시 골짝에 숨어 있다가 갑자기 나타나 대오의 앞뒤를 끊어 버린 것이다. 유정의 군대는 아포달리 언덕에 진치려고 했으나, 이미 후금 代善이 이끄는 부대가 먼저 차지해 내리막길로 쳐내려오니 몰살당할 수밖에 없었다.

『책중일록』에서 강홍립은 조선 진영에 온 교일기에게 활과 화살, 칼을 주며 함께 하기로 약속하였다. 또한 전투의 와중에 좌영의 군관이 달려 와서 고립된 상황을 보고하니 강홍립은 우영을 보내 구원케 하고, 군사들을 독려하여 좌영과 연합진을 펼치게 하였다. 이러한 기록은 〈강로전〉, 〈김장군전〉의 서술과는 사뭇 다르다는 점과, 또 이민환이 강홍립과 자신에게 유리하도록 기록한 결과로 이해할 수도 있다는 점

<그림3> 강홍립의 중군이 3월 4일 숙영한 것으로 추정되는 釜山 전경

을 인식할 필요가 있다.

　<그림3>은 강홍립의 중군이 3월 4일 숙영하였던 것으로 추정되는 釜山 전경이다.[12] 부산과 부찰 평야의 실제 위치를 비정하고 소개하는 것은 이 논문이 최초이다. 3의 장소는 강홍립이 富察 평야에서 천 걸음 떨어진 곳에서 내려다 본 곳으로 추정되는 지점이고, 2의 장소는 중영군 5천 명이 오글거리며 밤새 숙영한 곳이었으며, 1의 장소는 유격 장군 교일기가 절벽에서 떨어져 자살하였다고 추정되는 곳이다. 3의 고도는 해발 411m(GPS 고도계 기준. 이하 동일)이고, 富察평야의 고도는 해발 345m다. 높이 60m밖에 안 되는 언덕 정도의 산이 釜山이다. 그러나 이 언덕이 있어 중영군 5천 명은 목숨을 부지할 수 있었다.

　<그림4>는 釜山의 오른쪽 정상에서 내려다 본 富察 평야의 원경이다. '富察', '富車' 등으로 표기되는 이 벌판은 현재 鏵尖子鎭 東堡村에서 紅塘石村을 거쳐 다시 二戶來鎭 釜山村 머리에 이르는 넓은 개활지다. 장소 1은 강홍립과 장졸들이 富察 벌판을 내려다 본 지점의 바로

12　청나라에서는 강홍립군의 중영이 있던 산봉우리를 '굴라쿠(gulaku)'라고 부르고 있다. 고려대 민족문화연구원 만주학센터 만주실록역주회 역, 『만주실록 역주』, 소명출판, 2014, 265쪽.

〈그림4〉 釜山의 오른쪽 정상에서 내려다 본 富察 평야

밑이며, 장소 2와 3은 좌영군과 우영군 8천여 명이 몰살당한 곳이다. 장소 4의 지점쯤에서 이튿날 강홍립이 귀영가에게 투항하였을 것이다.

『책중일록』의 3월 4일자 기록을 보면, 적기 3만 명이 일제히 돌진하는데, 좌영의 군사들이 대포와 총을 한번 발사한 뒤 다시 장전하지 못하는 틈에 적진이 들어왔다. 중영도 나가 싸우려 했지만, 순식간에 좌우영이 무너졌다. 이렇게 김응하 등 좌우영 8천 병사들이 몰살 당하였다.[13] 釜山 위에 진을 치고 있던 중영에서 富察 벌판의 좌우영은 천 걸음도 되지 않은 거리였지만, 일이 창졸간에 벌어져 구해줄 겨를이 없었다고 이민환은 기록하였다. 〈그림3〉에서도 볼 수 있듯이, 釜山은 富察 부근의 넓은 개활지에 달랑 솟은 언덕이다. 그리 높고 크지 않은 산이어서 좁기가 그지없었고 사람과 말은 한데 엉겨 비비적거렸다. 이민환은 우영장 이일원이 전장에서 달아나 釜山의 중영으로 왔고, 강홍립과

---

13 『황청개국방략(皇淸開國方略)』 6권 기사에선 명의 2만 군대가 섬멸되고, 강응건이 달아났다고 기술하였다.

중영의 장졸들은 적들이 유린하는 모습을 천 걸음 밖에서 보는데, 혼백이 달아나서 무기를 버리고 앉아서 꼼짝 않는 자들도 있었으며, 장수들은 화약 상자를 두고 자폭하려고 하였다고 기록하였다.

이때 적기가 조선의 통사를 부르니 강홍립은 통사 황연해를 보내어 응답하였다. 호장은 조선군과 후금이 원한 없음을 확인하고 강홍립을 만나 화해를 논의하자고 하였다. 강홍립이 마침내 다음날 화의를 논의하기로 하니, 조선의 장졸들은 화의 논의에 매우 기뻐하였다. 이때 중영에는 교일기와 함께 절강성 병사 7,8명이 와 있었는데, 군졸들이 소리를 지르며 쫓아내려고 하였다. 강홍립은 교유격에게 조선의 의복과 전립을 주어 갈아입도록 하였다. 하지만 교일기는 끝내 이곳 釜山의 왼쪽 절벽에서 떨어져 죽고 말았다.[14]

본 연구 팀은 2014년 3월 말, 강홍립이 조선병사들과 함께 우모령을 넘어 富察 평야 끄트머리에 외롭게 솟아 있는 釜山에 올라 그 현장을 확인하였다. 釜山은 솥처럼 생겼다 하여 붙은 명칭인데, 조선군들은 산 가운데 움푹한 분지에서 밤새 추위에 떨면서 밤을 새고, 이튿날 땅을 파고 화살과 칼, 무기들을 묻어 두고 이튿날 후금군에 투항하였다. 그 유물들이 350년 뒤에 출토되어 지역 박물관에 소장되어 있다. 釜山 바로 밑에 사는 朱全明(66세) 씨는 자신이 여덟, 아홉 살 때 釜山 중간 지점에서 조선군의 화살촉과 칼 등의 유물들이 출토된 것을 보았다고 증언하였다.

---

14 만주실록역주회 역, 앞의 책, 266쪽. 교일기의 죽음에 대해 『만주실록』은 "대명의 유격 교일기는 목을 매 죽었다."라고 기록하고 있어 당시의 전황에 대한 기록물들이 다소 차이를 보이고 있다.

본 연구 팀은 한중 양국의 문헌기록과 연구성과를 검토한 뒤 현장을 답사하여 조명 연합군이 富察 지역에서 후금군에 완패한 이유를 찾아보았다. 여러 가지 이유가 있겠지만, 가장 명확한 이유는 조명 연합군이 해발 1,320m의 우모령을 힘겹게 넘은 뒤 굶주린 상태에 있었고, 후금군의 정황을 전혀 모르는 상태에서 평지를 이동하다가 후금군의 갑작스런 기동·기습 작전에 속수무책으로 당한 것이 가장 큰 이유가 아닌가 한다. 사르후 전투 전체적으로 보면, 후금 장졸들은 누르하치의 리더십 아래 빼어난 전략과 빠르고 일사불란한 기동력 및 전투수행능력을 발휘하여 승리한 반면, 명군 수뇌부들(양호, 유정, 교일기 등)은 서로를 의심하며 책임을 미루는 리더십을 보여주었다. 그리고 명군은 오합지졸인데다가, 멀리 절강성, 사천성 등지로부터 수천 리 행군을 한 병사들이 적지 않아 이미 요양을 출발할 때부터 많이 지쳐 있었던 상태였다.[15] 명과 조선의 병사들은 군량미가 없어 굶주리다가 무기를 버리고 행군할 정도였으며, 민가가 보이자 땅을 파고 식량을 찾느라 대오를 잃을 정도로 지리멸렬했다. 이민환은 압록강을 넘은 지 사흘 뒤부터 군량미가 보급되지 않아 병사들이 진군할 수 없을 정도로 굶주렸다고 매일같이 기록하였다.

조선군은 화기병이 5천 명이나 되었는데, 이들이 지녔던 총은 구식 화승총이라 총을 쏘고 다시 화약을 장전하는 데 일정한 시간을 필요로 하였다. 富察 평야에서 조선 화기병들은 갑자기 앞에서 나타난 적을 향해 일차 총을 쏜 다음에 총을 장전하는데, 그 사이에 적들이 밀고 들어와서는 일거에 몰살시킨 것으로 보인다.

---

15 명군의 상황에 대해선 한명기의 앞의 책, 261~263쪽에 자세하게 분석되어 있다.

이런 점을 생각한다면, 강홍립이 좌영장 김응하를 일부러 구원하지 못하게 했다든지, 미리 광해군의 밀지를 내세워 전투를 기피했다는 말은 심하 전장의 상황과 공간적 특징을 전혀 모르는 상태에서 지어낸 말임이 분명하다. 설사 중영의 지휘부에서 결전을 치르자고 결정했더라도 이미 눈앞에서 두 영이 무너지는 참상을 목도한 데다, 굶주림에 지쳐 전의를 잃은 병사들을 거느리고 적들의 포위망을 뚫기란 현실적으로 불가능했을 것이다.

한편 〈김영철전〉에서는 심하에서의 전투를 다음과 같이 서술하였다.

①김응하가 강홍립에게 원병을 요청하였으나, 강홍립은 산 위에서 지켜만 보다. 김경서가 홀로 싸우다 돌아와 구원을 요청하나, 강홍립이 밀지를 내보이며 거절하다.
②귀영가가 조선군을 삼면으로 공격해 김응하 전사하고, 조선군은 참패하다. 영철은 부상당하여 밤에 산기슭을 타고 도원수 군중에 귀환하다.
③강홍립이 역관 하서도를 보내 후금에 화친을 요청하고 항복하다. 조선군 좌영 5천 명 중 100여 명만 생환하다.

위 이야기에서 흥미로운 것은 '밀지' 건과 전투 장면의 형상화 양상이다. 이른바 '광해군의 친서' 건은 심하전투 관련 기록 중 〈강로전〉, 〈김영철전〉에서 발견된다. 〈강로전〉에선 밀지를 거론하는 상황 자체가 강홍립에게 악의적으로 설정되어 있다. 〈김영철전〉에서는 ①에서, 김경서가 김응하의 좌영을 돕자고 할 때 강홍립은 광해군의 친서를 내밀며 거부한다. 이 부분은 허구일 가능성이 크다. 특히 전장의 상황을 고려하면 더욱 그러하다. ②와 ③은 사실적 기록에 바탕한 서술인데, ②에서는 사실적 기록 위에 소설 주인공의 이야기를 끼워넣었다. 김응

하의 절사 사건에서 김응하는 영웅화되고, 강홍립은 소인배로 그려진
다. 심하전투 당시 김영철은 김응하의 좌영에 속해 있었는데, 좌영 5천
명 중 생환자는 100여 명뿐이었다. 〈김영철전〉의 작가는 김영철이 김
응하가 이끄는 좌영군과 귀영가의 3만 기병과의 맹렬한 전투의 와중에
서 부상을 입었으나 용케 목숨을 건지어 밤에 산기슭을 타고 도원수
군중으로 귀환한 것으로 서사화하였다.

〈최척전〉에 그려진 심하전투 관련 서사는 다음과 같다.

①1618년 누르하치가 후금국을 세우고 무순과 청하를 공격하여 함락시
키자 명나라가 군사를 일으키고 이때 최척이 교유격 휘하 오세영의 서
기가 되어 출전하게 되다.
②최척이 배속된 명군이 요양에 이르다.
③수백 리를 더 가 조선군대와 합류하여 우모령에 진을 치다.
④명군이 후금군에 몰살당하고, 유격 장군 교일기와 함께 최척이 탈출
하여 강홍립 휘하의 조선군에 합류하다.

최척은 베트남 호이안(會安) 항구에서 옥영을 만나,[16] 1600년 봄 항주
에 정착하여 20년 가까이 살았다. 1618년 누르하치가 군사를 일으키
자, 그는 오세영의 서기로 명 토벌군의 일원이 되어 사르후 전투에 출
전하였다. 유정의 동로군에는 절강병 4천 명이 배속되어 있었다고 했
는데, 최척은 이들 중 하나였다. 절강병들은 3월 4일과 5일 전투에서
괴멸 당하다시피 하였는데, 조위한은 최척이 3월 4일 밤 교유격과 함

16 이에 대해선, 권혁래, 「〈최척전〉의 문학지리학적 해석과 소설교육」(『새국어교육』 81,
한국국어교육학회, 2009), 33~36쪽을 참조할 것.

께 탈출하여 조선군진으로 오고, 거기서 조선군 행세를 하고 조선옷으로 갈아입었기에 살아남을 수 있었다고 서술하였다. 이 부분은 『책중일록』에서 3월 4일 교일기와 명군 병사 7, 8명이 살아남아 조선군 중영에 들어온 것, 그 명군들이 조선 옷으로 갈아입었다는 기록, 이튿날 절강병 병사 수천 명이 半截溝에서 몰살당한 기록 등과 절묘하게 맞아 떨어진다. 〈최척전〉의 작가 조위한은 최척이 바로 명군 1만 명이 몰살당한 와중에 용케 살아남은 몇 명 안 되는 절강병 중 한 명이었으며, 그가 조선 군영에 와서 조선 옷을 갈아입고 목숨 건진 사실로 재구하여 기가 막히게 소설화한 것이다. 조위한이 심하전투가 발생한 때로부터 2년이 안된 시점에 이 작품을 쓴 점을 생각해볼 때, 이러한 서사는 그가 심하전투의 현장상황에 대한 정확한 기록을 구득하지 않았다면 도저히 엮어내기 힘든 허구가 아닐까 한다.

〈최척전〉의 내용에서 흥미로운 점은 교유격이 조선 진중으로 와 조선 병사의 옷을 달라고 요청했을 때, 강홍립과 이민환의 상반된 반응이다. 조위한은 강홍립이 교일기에게 조선옷을 주어 죽음을 면하게 하려 했으나, 종사관 이민환은 누르하치의 뜻을 거슬렀다가 훗날 문제가 될 것이 두려워 그 옷을 빼앗고 명나라 병사들을 붙잡아 적진으로 보냈다고 서술하였다. 〈김영철전〉과 〈강로전〉에서는 강홍립을 '밀지' 사건과 더불어 부정적으로 묘사했는데, 〈최척전〉만은 '밀지'의 존재를 거론하지도 않았지만, 교일기의 죽음과 관련해서는 강홍립이 아닌 이민환을 부정적으로 서술한 점이 특이하다. 이민환이 조선으로 돌아온 것이 1620년 7월 17일이다. 이민환은 화친을 종용하는 누르하치의 외교문서를 지참하였는데, 이 때문인지 귀국 후 평양감사 박엽(朴燁)의 무고로 4년 동안 관서 지방에서 숨어 지내야 했다고 한다. 박엽이 이민환을 부정적으로 인식하였다는 추정이 가능한 대목이다. 조위한이 〈최척전〉을 지은 해는 1621년이다. 경과를 생각해보면, 남원에 우거하고 있던 조위한이 서북지방에 있는 이민환으로부터 후금의 이야기를 직접 들었으리라고는 생각하기 어렵다. 기록을 보면, 1619년 3월 4일의 전투경과는 3월 12일 평안감사 박엽의 치계(馳啓)에 의해 처음 조정에 알려졌다. 조위한이 이민환에 대한 부정적 정보를 얻었다면, 그것은 아마도 박엽의 치계가 가장 유력한 정보원이 아닐까 추정해본다. 이민환이 교일기에게서 조선옷을 빼앗았다는 이 서술로 말미암아 뒤에 이민환의 형 이민성(李民宬: 1570~1629)은 〈제최척전후(題崔陟傳後)〉라는 시를 지어 이 소설이 황탄하다고 혹독하게 비난했다.[17]

〈강로전〉의 해당 부분을 보면, 다음과 같다.

①조선군이 행군한 지 3일째 우모령에 도착한다. 강홍립이 유정에게 군량미가 도착하지 않아 병사들이 굶주리고 떨고 있다고 하며 유진(留陣)을 청하니, 교유격은 강홍립을 군량미를 핑계로 행군을 지체한다며 비난한다.
②홍립이 여진 통역관 하서국을 불러 봉서를 주며 누르하치의 장남 귀영가에게 강화의 뜻을 전한다. 귀영가가 봉서를 받고, 명군의 네 길 공격 중에서 조선군이 근심스러웠는데 안도한다. 누르하치가 귀영가에게 철기병 3만을 주고 명나라 군대를 먼저 물리치고, 그 후에 조선군의 항

---

17 "괴이하구나! 〈최척전〉이여, 누가 지었는지도 모르겠구나. (중략) 교 유격을 결박해 넘겼다고 내 동생을 연루시켰는데, 최척이 생환하여 증언했다고 말을 퍼뜨렸네. (중략) 〈최척전〉의 의도를 살펴보면, 바로 부처에게 아첨하기 위한 것이네. 부처를 믿을 수 있다면 (저자는) 마땅히 무간지옥에 떨어지리."(怪哉崔陟傳 不知誰所作…中略…其中縛喬段 牽連因敍及 以陟之生還 立證爲駕說…中略…觀其立傳意 乃在於佞佛 佛果如可信 應墮 無間獄. 李民宬, 『敬亭集』; 영인표점 한국문집총간 76, 민족문화추진회, 1991, 252쪽.)

복을 받으라고 명령하다.

③강홍립이 마가채에서 오랑캐 기병을 만나자 호병을 죽이지 못하도록 하다. 마가채에서 심하까지의 4,50리 길에 좌영군은 호병들을 만나 몰살하나, 중영, 우영군은 관망만 하다.

④3월 4일, 교유격, 강부총, 조참군이 선두에 서고, 유 도독, 장독사가 뒤를 이어 행군하다. 20리를 행군하여 富車에 도착, 산기슭에 촌락이 보이니 명군은 부락을 약탈하느라 대오를 잃다. 이때 귀영가의 3만 철기병이 산골짜기에서 나타나 급습하자 명군이 일시에 붕괴되다. 김응하는 진을 치고 기다리고 홍립의 구원을 기다리나, 홍립은 김응하를 꾸짖고 중군, 우영군을 산꼭대기에 올라 진 치게 하고 관망하도록 하다. 잠시 후 교유격이 패잔병 10여 명을 이끌고 중군에 들어와 패전 소식을 전하다.

⑤귀영가가 호병을 이끌고 좌영을 공격, 김응하가 장렬하게 싸우다 죽다.(묘사가 자세함)

⑥귀영가가 산기슭으로 진영을 옮기고 기병을 보내 통사를 불러 동맹을 맺자고 하다.

①과 ④, ⑥의 서술은 『책중일록』의 기록과 유사하다. ②, ③은 허구적 내용이거나 근거를 확인할 수 없는 부분이다. ⑤의 김응하 절사 장면은 『책중일록』 기록보다 묘사와 정보가 상세하다. 해당 원문을 인용하면 다음과 같다.

그리고 오랑캐의 대규모 군대가 곧장 좌영으로 달려들자, 응하가 군사들을 격려하며 오랑캐들을 맞아 혈전을 벌이는 것이 보였다. (중략) 마치 위세의 진동함은 곤양성이 공격당하던 날과 같았고, 공로의 기이함은 손권이 화공전을 할 때와 같았다. 오랑캐의 선봉은 좌영군의 탄환과 화살에 맞아서 쓰러진 시체가 마치 즐비하게 쓰러진 삼대와 같았다. 우리 좌영의 군사력이 부족하여 진영의 최전방이 이미 무너지니 칼에 베이고 창에 찔려 죽을 수밖에 없었지만 어느 한 사람 흩어져 달아나는 자가 없었고, 어느 한 사람 헛되이 죽은 자가 없었다. (중략) 응하는 전세가 이미 기울었음을 알고도 버드나무 밑에 기대어 서서 화살을 뽑아 쏘니, 활시위를 놓을 때마다 오랑캐가 고꾸라졌다. 영가의 동생까지 화살을 맞고 쓰러지자, 오랑캐들은 모두 기세가 꺾여 감히 달려들지를 못했다. 한낮부터 싸워서 해가 저물 무렵, 응하는 300여 개의 화살이 모두 떨어지자 맨주먹을 불끈 쥐며 소리소리 질렀다. 이에 오랑캐의 화살이 비 쏟아지듯 그의 몸에 박히니, 하늘과 땅이 무너진 듯 장사는 엎어져 죽었다. 죽어서도 왼손에는 창을 쥐고 오른손에는 칼을 잡은 채 산 사람처럼 눈을 부릅뜨고 있으니, 한참 동안 오랑캐들은 감히 접근하지 못했다.[18]

위 인용문에서 김응하는 영웅처럼 싸운다. 마지막에는 버드나무에 기대어 화살 300여 개를 다 쏜 뒤 적들의 화살을 온몸에 맞은 채 엎어져 죽었다. 이 부분은 김응하의 전투 장면을 묘사한 여러 기록들 중에 가장 영웅적인 장면일 것이다. 〈강로전〉의 작가 권칙은 시종일관 강홍립을 폄하하고 김응하를 영웅화하는 시각을 취하였는데, 이 부분이 김응하의 영웅적 묘사 중에서 가장 압권일 것이다.[19] 이에 반하여 강홍립

---

18 신해진 저, 앞의 책, 120~121쪽.

19 김응하의 영웅적인 행적은 그의 죽음 직후 〈김장군전〉(1619), 〈충렬록〉(1621) 등으로 입전되어 널리 읽혔다. 〈강로전〉에 그려진 김응하의 활약에 대한 서술은 〈김장군전〉과 〈충렬록〉의 내용과 대부분 일치한다. 이러한 작품들의 형성은 권력의 통제를 받는 문학의 모습을 보여주는 것으로, 단순히 김응하 일 개인에 대한 기림을 넘어, 조선정부의 대내외적인 숭명반청 의식의 발현과정으로 이해된다. 김응하의 영웅화 과정에 대해서는 이승수의 「심하 전역과 김장군전」(『한국문학연구』 26집, 동국대 한국문학연구소, 2003, 27~43쪽)을 참조할 것.

은 명에 대한 의리라고는 전혀 없는 부정적 인물로 폄하된다. 물론 두 인물의 이러한 모습은 실상과는 거리가 멀다. 두 인물에 대한 윤색과 조작은 당시 사대부들의 존명의식(尊明意識)과 오랑캐에 대한 멸시감으로 인해 이루어졌을 것이다.[20]

작가 권칙은 강홍립이 광해군의 밀지(密旨)를 핑계로 군대를 움직이지 않고, 심지어 좌영 5천 명의 죽음조차도 개의치 않았다며, 강홍립의 형상을 사실과 다르게 왜곡하였다. 〈강로전〉이 인조와 서인 정권이 존명사대(尊明事大)와 척화론(斥和論)의 깃발을 내건 시대적 분위기에서 창작되었다는 점을 고려할 때[21], 이러한 강홍립 상은 광해군과 대북 세력의 실용주의 또는 현실주의적 외교노선을 비판하고 대명의리론(對明義理論)의 관점을 설파하려는 작가의식의 표현이다. 그럼에도 불구하고 작가가 전황을 상세히 인용, 묘사함으로써 청군의 위세·질서정연함·기동력과 명의 무기력함을 대비하였다는 점을 주목할 필요가 있다.

6. 포로길과 탈출로
- 瓦爾喀什 - 嘉哈嶺 - 赫圖阿拉 - 撫順 구간

〈지도6〉은 嘉哈嶺을 넘어 허투알라 성까지 이어지는 포로길을 지도 위에 그린 것이다. 좀 더 구체적으로 현 홍당석 3거리에서 우측으로 가서 半截溝, 瓦爾喀什를 거쳐 嘉哈嶺을 넘어 大靑溝村, 査家村, 陡岺

---

20 박희병, 「17세기 초의 崇明排胡論과 부정적 소설주인공의 등장」, 이상택 편, 『한국 고전 소설과 서사문학(上)』, 집문당, 1998, 50쪽.

21 위의 논문, 같은 곳.

〈지도6〉 嘉哈嶺부터 허투알라 성까지의 포로길

林場, 허투알라 성에 이르는 길은 3월 5일 富察 평야에서 투항한 조선
군 5,000명의 포로길이다. 옛길의 흔적이 남아 있는 陡峇林場 길은 지
금도 꽤 고즈넉하다.

　3월 5일 조선군 포로들은 富察에서 길을 떠나면서, 전날 패주한 절
강병사 수천 명이 산 위에 진을 치고 있다가 후금군에 의해 남김없이
학살당하는 참혹한 장면을 지켜보았다. 그곳이 현재의 半截溝다. 이를
지나서 와르카시라고 불리는 지역에서는 전날 유정과 명군 주력 부대
가 몰살 당하였다. 길가에 쌓인 명군의 수많은 시신들을 보면서 조선군
포로들은 길을 떠났다.

　와르카시의 현 지명은 洼子沟인데, 마을 초입 이정표에는 '瓦爾喀
什'로 표기되어 있다. 瓦爾喀什가 중국어로 '와얼커시, 또는 왈커스'로

① 嘉哈嶺 너머 마도구 옛길

② 査家村 삼거리 옛길

③ 비아라성(만족 첫 흥기처) 초입 표석

④ 허투알라성 남변 옛길(포로이동로 추정)

⑤ 허투알라성 남문 옛터

⑥ 허투알라성 서쪽 성벽

⑦ 허투알라성 북문 옛터

⑧ 허투알라성 조감도

⑨ 허투알라성내 엣 감옥(西獄) 터

⑩ 소자하에서 말 먹이는 농부

〈그림6〉 포로길의 주요 지점 기록 사진

발음되기 때문에 日可時로도 표기한 것으로 생각된다. 와르카시는 남
북으로 길게 15리 뻗은 골짜기로, 가장 넓은 곳은 3리에 이르며, 그 안
에 10여 개의 대소 갈림길이 있다. 와르카시 이후로 嘉哈嶺까지 길이
이어지며, 고개를 넘어 내리막길이 大靑溝村, 査家村까지 길고 완만하
게 이어진다.

　〈그림6〉은 포로길의 주요 지점을 기록 사진 형식으로 모은 것이다.
〈6-1〉, 〈6-2〉는 嘉哈嶺을 넘어와 마도구 옛길을 거쳐 査家村 삼거리
에서 허투알라(赫圖阿拉) 성으로 가는 옛길을 보여준다. 여기서 왼쪽 허

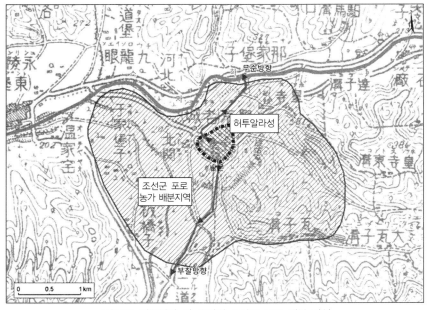

<지도7> 허투알라 성 주위의 조선군 포로 배분 지역

투알라 방향으로 가다보면 〈6-3〉의 비아라 성터가 발견되는데, 이곳
은 누르하치가 첫 번째로 도읍을 정한 성이다. 강홍립과 김경서는 허투
알라 성 남문으로 들어가 누르하치를 만나 투항하였다. 〈6-4〉, 〈6-5〉
사진을 보면, 허투알라 성 남문 옛터와, 남쪽 멀리 와르카시에서 嘉哈
嶺을 넘어 왔을 조선군의 포로길이 보인다. 김영철과 최척도 강홍립과
함께 그 길을 넘어 왔을 것이다. 〈6-6〉 사진은 높게 쌓인 성 서벽 아래
로 달구지를 모는 촌로의 모습이다. 남문에서 서쪽 성벽을 끼고 돌아
북쪽으로 향하면, 〈6-7〉의 북문이 나온다. 〈6-8〉은 허투알라 성의 복
원조감도이다. 〈6-9〉는 성내의 옛 감옥이 있던 자리로, 복원되기 이전
의 옛 터가 그대로 남아 있다. 강홍립과 김경서 등이 한때 수감된 것으

로 추정되는 장소이다.

3월 6일 조선군 포로들은 한낮에 허투알라 성 10리 지점에 도착했다. 누르하치는 도원수 강홍립과 부원수 김경서만을 성 안으로 불러들였다. 〈지도7〉에 그린 것처럼, 누르하치는 강홍립과 이민환 등에게는 내성 밖 가까운 곳에 거처를 마련해 주었고, 거기에 부하 장수들과 노복들이 함께 거주하였다. 나머지 5,000명의 조선군 포로들은 허투알라 성 주변의 농가에 분산 감금되었다.[22]

허투알라 성 뒤로 동에서 서로 흐르는 소자하 강은 뒷날 후금 장수 아라나의 가노가 된 김영철이 말을 기르며 세월을 보내던 그 강이다. 〈6-10〉 사진은 그 소자하에서 촌로가 소와 말을 키우고 있는 현재의 모습을 보여준다.

포로가 된 이후 강홍립 일행과 조선병사들이 한가한 생활을 보낸 건 결코 아니다. 강홍립과 김경서, 이민환 등은 조선 정부와 후금 정부 사이에서 끊임없이 강화 교섭, 포로 귀환 협상을 해야 했다. 얼마 뒤, 성 밖 민가에서 묵고 있던 조선군 포로들이 탈출하면서 주인집 여자를 살해하였고, 호녀를 강간한 자가 있었고, 몇몇 양반들은 자루에 호인의 수급 세 개를 감춰둔 것이 들통났다. 누르하치는 이 소식을 듣고 3월 23일 양반 출신을 다 죽이라고 명령하였는데, 귀영가가 다소 무마시킨 결과 이날 양반들 4,5백 명이 죽었다고 했다. 〈김영철전〉과 〈강로전〉에서는 이 날의 사건을 상세하게 묘사하였는데, 조선 양반 학살이 300여 항왜인들의 반란 시도에서부터 시작되었음을 말하였다. 이 부분은 『책중일록』에서는 전혀 거론된 바 없는 것이라서 그 진위와 경위에 대

---

22 『광해군일기』 11년 7월 8일 조.

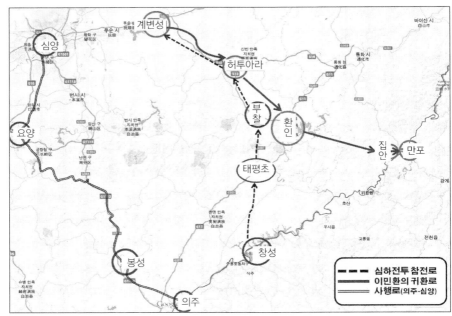

<지도8> 이민환의 귀환로

해 궁금증을 유발시킨다. 또 〈김영철전〉에서는 양반들이 죽음을 당할 때 호장 아라나가 김영철의 목숨을 구해주는 방식으로 소설 주인공의 인생사를 풀어나갔다. 이후에도 강홍립 등의 조선군 수뇌부들은 허투알라 성에 수용되어 있으면서 어려운 외교 교섭을 해야 했고, 그 와중에 군사들이 몇 차례 달아나면서 감시가 심해졌다.

8월 11일 누르하치의 명령에 의해 강홍립과 수십 명 일행은 한밤중에 界蕃城[23]으로 이감된다. 후금군들은 포로 일행의 처소 둘레에 목책을 꽂고 밤낮으로 지켰다. '柵中日錄'의 '柵'은 바로 여기서 나온 것이

---

23 이민환은 이를 岩片城이라 기록하였다.

다. 『책중일록』의 기록들을 보면, 누르하치는 강홍립 일행들을 끊임없이 의심하고 감시하며 적대적 태도를 보였다. 중간에 그들을 나름 보호해 준 인물은 富察에서 조선군을 급습한 장수 귀영가(貴盈哥)였다. 1620년 7월 4일 누르하치는 일곱 명의 포로를 송환해주기로 결정하고 제비 뽑도록 한다. 그 결과, 이민환과 문희성 등 장수 셋과 군관 넷이 뽑혔다. 이들은 7월 11일 통사와 함께 허투알라 성을 거쳐, 15일 婆提江[24]을 건너 3식(息)[25] 거리를 가 萬遮嶺 아래에서 노숙했다. 16일 만차령을 넘어 70리를 가 九郎哈谷[26]에서 노숙하고, 17일 거기서 50리 거리인 皇城을 지나 압록강을 건너, 드디어 만포(萬浦)에 도착했다. 이 노정을 표시한 것이 〈지도8〉이다. 이민환 일행이 떠난 뒤 界蕃城 목책 처소에 있던 조선인들은 강홍립, 김경서, 오신남, 박난영, 통사, 노복 다섯, 이렇게 모두 열 명이었다. 이들은 이후 6년 넘게 후금 진영에 머물다가 1627년 정월, 정묘호란 때 후금의 군대와 함께 들어올 수 있었다.

　이민환의 『건주문견록(建州聞見錄)』을 보면, 창성에서 허투알라 성까지는 4백여 리지만, 그 사이의 배동갈령과 우모령은 매우 험준하면서도 길었다. 반면, 만포에서 허투알라 성까지는 440여 리지만, 만포에서 오른쪽에 있는 별도의 길을 따라 첫 부락에 이르면, 만차령을 넘지 않으며 길이 평탄하다고 했다.[27] 이렇게 만포길이 평탄하였기에 많은

24　심하전역 구간을 현장 답사한 이승수는 이 강을 渾江, 또는 佟佳江으로 추정하였는데, 정확한 위치는 알 수 없다. 이승수, 「심하전역의 현장 답사 연구」, 앞의 책, 356쪽.
25　1식은 30리 거리로서, 3식이면 90리를 의미한다.
26　이승수는 만차령을 넘어 이어지는 구간을 현 桓仁과 集安으로 추정하였다. 위의 논문, 354쪽.
27　이민환, 〈建州聞見錄〉. 自昌城至奴城四百餘里 其間拜東葛嶺 牛毛嶺 極高峻阻長. 自滿浦至奴城四百四十餘里 其間有萬遮嶺 婆提江 聞自滿浦由率右別路 抵初部落 則不踰萬遮

포로들이 이 길을 이용하였을 것으로 보인다. 婆提江, 萬遮嶺, 九郎哈谷 등의 현 위치를 정확히 알 수 없어 환인부터 집안까지 대강의 귀환로만 추정할 뿐이다.

〈최척전〉의 주인공 최척은 농가의 감옥에 수감되어 있다가 조선에 두고 온 첫째 아들 몽석을 만났고, 조선 출신 후금 간수의 도움으로 조선으로 탈주하였다. 그들도 이민환과 수천여 조선병사들이 탈출했을 그 길을 이용하였을 것이다.

3월 6일 이후의 포로 생활에 대해선 〈김영철전〉, 〈최척전〉, 〈강로전〉 등에 자세히 묘사되어 있다. 〈김영철전〉에서는 항왜 300명의 도발 시도와 처형 장면과 김영철의 종살이를 서사화하였다. 조선군 중의 항왜 300명은 허투알라 성 포로살이 때 누르하치 암살을 시도했다가 죽고, 조선 군중에서 청병의 목이 발각되어 조선군 양반장교들이 처형될 때 영철의 종조, 영화도 죽었다. 이때 호장 아라나는 자신의 죽은 동생과 닮았다는 이유로 영철을 살려주고, 영철은 한인 5명과 함께 아라나의 노비가 되어 건주에서 살았다. 영철은 마구간에서 말을 키우며 생활하였으나, 고국을 그리워하여 두 번이나 탈출을 감행하였다. 그때마다 붙잡혀 오고 벌을 받는다. 뒤에 건주 여인과 결혼하여 아들 둘을 낳고 정착할 수 있었으나, 그는 끝내 건주를 탈출하고 만다.

허투알라 성 밖에 무순 방향으로는 1619년 3월 1일 명의 서로군이 패배한 사르후 지역이 있다. 현재 이 길은 고속도로로 이어지는데, 허투알라 성에서 무순, 심양 쪽으로 향하여 달려가다가 남사목 출구로 나가면 鐵背山이 나타난다. 鐵背山 밑으로 界蕃城이 있고, 그 밑으로 사르후

道里平坦云.

전장이 보인다. 현재 界蕃城과 사르후 전투 지역은 撫順市 大伙房水庫 호수 밑에 잠겨 있다. 이 지역에서 두송의 서로군이 몰살 당하였다.

사르후에서 撫順, 沈陽으로 가는 길은 김영철의 탈출로다. 이 길의 반대 방향은 당 태종이 고구려를 치기 위해 군대를 몰고 왔던 옛길이기도 하다. 작품에 의하면, 영철은 1625년 8월경 명군 출신 10명과 함께 남쪽을 향해 탈출을 감행하는데, 허투알라를 출발하여 무순, 심양을 거쳐 금주, 영원성까지 가서 명나라 군에 투항했고, 거기서 산해관을 거쳐 북경으로 조사받기 위해 갔다. 그리고 조사를 받은 후 이듬해 북경을 출발해 제주, 청주, 내주 등의 길을 거쳐 등주에 왔을 것이다. 북경에서 등주에 이르는 길은 해로사행단의 육로에 해당된다. 그리고 보면 김영철의 탈출로는 사행로와 대부분 일치한다.

이민환은 자신이 조선에 다시 돌아온 날, 다음과 같이 기록하며 진중일기를 끝맺는다.

> 17일. 50리를 가서 황성을 지나 압록강을 건너 만포에 도착했다. 처음에는 사로잡힌 군졸이 4천 명이었는데, 두 차례에 걸쳐 죽임을 당한 군사가 5,6백 명이다. 지금 들으니 그 사이 도망쳐 나온 자의 수가 2,700명이라고 한다. 주회인(走回人)들의 말을 들으면, 지나는 산골마다 그때 굶주려 죽은 사람들의 수를 헤아릴 수 없다고 한다.[28]

위 기록에 의하면, 많은 군졸들이 후금의 감시가 소홀해진 틈을 타

---

28 十七日. 行五十里. 過皇城渡鴨綠. 到滿浦. 當初被陷軍卒. 幾至四千名. 再次屠殺可五六百名. 今聞前後走回者二千七百餘名. 聞走回人之說. 則所經山谷間. 我國人餓殍者. 不可勝數云云.

탈출하였는데, 이민환이 돌아온 1620년 7월까지 탈출하여 돌아온 포로
는 2,700여 명에 달하였다. 하지만 그들의 탈출경로에는 달아나다가
굶주려 죽은 조선군 시신이 즐비했으며, 포로로 잡혀 있다가 죽은 병사
도 5-6백 명에 달했다고 한다. 1,000-1,500명은 돌아오지 못하고 가
노나 농노가 되어 목마(牧馬)와 농업 등의 일에 종사하였다고 한다.[29]
김영철, 최척과 같은 전쟁포로들의 목숨을 건 탈출기와 이국 체험은
다양한 기록과 문학 작품으로 남아 오늘날 우리에게 전쟁과 포로, 가족
애, 나아가 인간 삶의 문제를 심각하게 제기하고 있다.

　〈강로전〉은 심하전투가 시작되기 전부터 강홍립이 후금군과 내통해
투항하려 했다고 서술하였다. 그리고 3월 4일 전투에서 패하자, 강홍
립은 이튿날 호진으로 가 동맹을 맺는다. 조선진에서 교유격을 호진에
보내라고 하자, 교유격은 편지를 집에 보내고 칼 위에 엎어져 죽는다.
허투알라 성에서 누르하치를 만나자 홍립은 그의 앞으로 기어가 목숨
을 구걸하고, 귀영가는 그를 일으켜 세운다. 홍립은 누르하치에게 네
번 절하고, 누르하치가 홍립을 꾸짖고 홍립은 화친이 옳음을 말한다.
홍립은 조정에 서신을 보내 화친을 주장하지만 일이 성사되지 않았다.

　〈강로전〉의 작가 권칙은 강홍립과 김경서 등의 포로 생활을 길게 서
사화한다. 누르하치는 이후 홍립을 신뢰하여 매사 자문을 구하고 집과
재물을 풍성하게 주며 대우한다. 그 뒤로도 항왜 300명이 반란을 일으
켜 누르하치를 암살하려다가 모두 참수당하고, 이를 빌미로 조선군의

29 권혁래, 「최척전에 그려진 유랑의 의미」(『국어국문학』 150, 2008), 222~223쪽; 이승수,
앞의 논문, 353~354쪽; 김용욱, 「한국역사에 있어 전쟁 피로자·피납자의 송환문제」(『국
제정치논총』 44집 1호, 2004), 130쪽.

양반 출신 400명도 함께 처단되는데 강홍립은 이를 묵인하였다. 강홍립은 요동성 함락에도 나서고, 함락 후에는 소학사의 딸을 아내로 삼아 즐거움을 누리다가 정묘호란 때 주동이 되어 나섰다가 나중에 자신의 잘못을 뉘우치고 조선에 남아 쓸쓸히 죽는 장면까지 그려진다.

앞서 『책중일록』에서 누르하치가 조선정부와의 외교문서 교환 문제로 끊임없이 신경을 쓰고, 조선군에 무슨 문제가 생길 때마다 강홍립을 핍박했던 기록들, 그리고 1619년 8월 11일 밤 누르하치의 명으로 界蕃城으로 이감되어 이후로 목책 안에서 매우 한정된 생활을 한 것을 보면, 〈강로전〉에서 누르하치가 강홍립을 심히 후대하고, 소학사의 딸을 아내로 맞이하게 했다는 등의 이야기는 그 근거가 무엇인지 알 수가 없다. 1619년 3월 4일의 전투경과는 3월 12일 평안감사 박엽(朴燁)이 올린 보고서에 의해 조정에 알려졌다. 이 보고서에 좌영장 김응하의 영웅적인 활약과 죽음이 소개되었고, 이해관계가 일치한 광해군 및 신료들은 서둘러 김응하 추모사업을 진행하였다.[30] 당시 조정에서는 심하전투의 전말이 알려지기 시작하자마자 김응하를 영웅화하였고, 얼마 지나지 않아 강홍립은 숭명반청론에 반하는 인물로 평가하여 근거도 없이 폄하하였다. 권칙은 정묘호란을 겪은 직후 〈강로전〉을 집필하여 강홍립을 청군보다 더 잔인하게 동족을 살육한 것으로 그려 강홍립의 부정적 형상을 유포하였다.

소설이 인생과 세계의 진실을 표현한다고들 하지만, 그 반대로 그릇된 신념과 거짓을 표현하는 경우도 엄연히 존재한다. 특히 숭명반청, 존명의리론 관념이 조정과 사대부들의 뇌리를 장악하기 시작하는 17,

---

30 이승수, 앞의 논문, 351쪽.

18세기의 경우, 역사와 시대의식의 문제를 형상화하는 문학 작품들은 의리와 명분에 휩쓸려 사실과 진실을 멀리하는 사례가 허다하였다. 본 연구 팀이 심하전투 서사를 문학지리학적 관점에 의해 고찰한 결과, 각각의 텍스트가 각기 다른 방식과 양상으로 문학적 진실과 왜곡된 신념을 표현하였음을 발견할 수 있었다.

전투현장의 일상사를 매일같이 글로 옮긴 『책중일록』은 심하전투의 실상을 알리는 데 가장 큰 기여를 했으나, 저자 자신이 관찰할 수 있는 범위와 주관적 시각에 의해 사실을 변주할 수 있으며, 또 자신을 변호하기 위한 부분이 있음을 발견하였다. 〈강로전〉은 창작의 의도가 매우 분명한 것으로서, 실상에 바탕하여 적지 않은 내용을 집필하였지만, 강홍립과 김응하에 대한 엇갈린 시각에 의해 사실 왜곡 또한 광범위하게 행하여졌음을 발견하였다. 〈최척전〉과 〈김영철전〉은 역사적 사실 및 공간에 바탕하여 주인공의 인생사를 자유롭게 재구하는 방향을 취하였다. 흥미로운 것은 두 작품 모두 역사적 사실 및 공간을 비교적 충실하게 재현한 바탕 위에서 주인공의 인생사를 매우 현실감 있게 재현하였다는 점이다. 이로 말미암아 전란 중 '유랑'과 '가족애'(〈최척전〉), '생존'과 '국가의 보상'(〈김영철전〉)과 같은 시대진실을 형상화하고 또 문제제기하는 성과를 거두었다.

7. 맺음말

본 연구 팀은 이 논문에서 '텍스트'를 넘어 문학작품을 공간 중심으로 사고하고 시각적 재현 위주로 탐구하는 문학지리학의 방법론을 연구방법으로 채택, 위 작품들의 서사와 의미를 공간 배경과 직접적으로 연관하여 고찰했다. 또한 서사문학, 역사지리학, 문화콘텐츠학의 연구 방법론을 융합하여 연구를 수행했다.

　본 연구 팀은 17세기 전란을 배경으로 한 〈김영철전〉, 〈최척전〉, 〈강로전〉, 『책중일록』 등에 그려진 심하전투의 서사와 공간 배경을 원천 자료로 삼아 문학지도(the map of literature)를 제작하고, 경관 사진과 GPS 좌표의 활용, 텍스트 분석 및 해석 방식을 겸하여 문학 탄생현장의 분위기를 재현하고자 하였다. 2장 '심하전투의 문학지도와 경관, 서사'에서는 심하전투의 노정을 전체 공간과 노정, 압록강 도강, 조명 연합군의 합류, 전투의 현장, 포로길 등으로 구분하여 고찰하였다. 구체적으로, 첫째, 문학 텍스트 및 현장 답사를 통하여 현 지명과 이동 경로를 확인하고 비정하였다. 둘째, 심하전투 노정을 따라 이동하면서 공간 배경의 분위기를 이해하고, 이러한 공간 배경이 〈김영철전〉, 〈최척전〉, 〈강로전〉의 서사와 어떻게 결합하는지를 고찰하였다. 이러한 연구가 시각적 인문학(Visual Humanities)의 관점에서 일정한 역할을 하리라 생각한다.[31]

　본 연구 팀은 심하전투 서사의 현장을 수차례 답사하며 강홍립의 조선군의 노정을 파악하고 富察 평야의 전투 현장에 접근했다. 그리고 강홍립이 출전했던 시기에 맞춰 2014년 3월 말 우모령을 넘어 심하전투의 현장을 답사한 결과, 富察 평야에 주둔했던 조선군의 군영의 위치

---

31 김현, 「시각적 인문학의 모색」, 역사학회 2014 하반기 학술대회 자료집, 2014.8.22, 39쪽. 김현은 시각적 인문학을 "인문지식을 시각적 형태로 전환하여 그 활용성을 높이려는 시도"라고 정의하였다. 이러한 관점은 인문학 연구의 새로운 방향을 제시한다는 점에서 흥미로운 시도라고 생각한다.

[釜山과 富察 평야]와 현장 상황을 정확하게 인식할 수 있었다. 이를 학계에 보고한 것은 이 논문이 처음일 것이다. 조선병사들은 굶주림과 낯선 지리적 환경에서 적의 급습을 받고 몰살당하였다. 강홍립과 5천 조선병사들이 포로의 신분으로 넘어갔던 嘉哈嶺 고개를 넘으며 그 심정을 짐작해보았다. 이러한 공간과 상황에서 〈김영철전〉, 〈최척전〉, 〈강로전〉, 『책중일록』은 저마다의 진실과 사연을 안고 탄생하였다. 이러한 현장 답사를 통하여 파악한 정보와 이해를 바탕으로 역사적 공간과 상상의 공간으로 남아 있던 해당지역을 지도로 제작하였다. 또한 역사지리학 및 영상기록 콘텐츠의 시각, 문학 연구의 방법을 결합하여 공간과 노정의 흐름을 일목요연하게 제시하고, 서사와의 관련성을 구체적으로 파악하는 성과를 거두었다. 이는 문학지리학적 연구를 통해서 공간과 서사의 관계를 새롭게 인식한 사례가 될 것이다.

문학지도 제작에 동북아역사재단 김현종 선생이 실질적 역할을 하였고, 본 팀의 공저자 신춘호와 권혁래가 문학지도의 초안을 디자인했다. 문학지도를 제작할 때, 바탕지도를 확보하고 그 위에 유용한 문학 정보를 표현하는 것이 예상 밖으로 어렵다는 사실을 알게 되었다. 문학지도 구현작업에 많은 공을 들였으나, 상상력과 표현방법에 한계를 느꼈으며, 정밀한 좌표 기록과 동선 표현 등 기술적인 부분을 좀 더 보완해야 할 필요성을 느꼈다. 학계 제현의 질정을 기대하며, 내용과 방법론의 보완을 기약한다.

참고문헌

〈姜虜傳〉(일본 天理大 소장 『東事雜錄』 수록본)
〈建州聞見錄〉, 〈柵中日錄〉(『紫巖集』 제5권, 6권)
『光海君日記』
〈金英哲傳〉(홍세태본, 박재연본)
〈崔陟傳〉(서울대본, 고려대본, 천리대본)
『皇淸開國方略』

계승범, 『조선시대 해외파병과 한중관계』, 푸른역사, 2009.
고려대 민족문화연구원 만주학센터 만주실록역주회 역, 『만주실록 역주』, 소명출판, 2014, 265~266쪽.
고윤수, 「광해군대 조선의 요동정책과 조선군 포로」, 『동방학지』 123, 연세대 국학연구원, 2004.
권혁래, 「〈최척전〉의 문학지리학적 해석과 소설교육」, 『새국어교육』 81, 한국국어교육학회, 2009, 33~36쪽.
권혁래, 「〈김영철전〉의 작가와 작가의식」, 『고소설연구』 22, 한국고소설학회, 2006, 96~109쪽.
_____, 「〈최척전〉에 그려진 유랑의 의미」, 『국어국문학』 150, 국어국문학회, 2008, 222~223쪽.
김용욱, 「한국역사에 있어 전쟁 피로자·피납자의 송환문제」, 『국제정치논총』 44-1, 한국구제정치학회, 2004, 130쪽.
김유진, 「죽음의 미화, 숭고의 미학-김응하 서사를 중심으로」, 『국문학연구』 25, 국문학회, 2012, 75~116쪽.
김태준·이승수·김일환, 『조선의 지식인들과 함께 문명의 연행길을 가다』, 푸른역사, 2005.
김 현, 「시각적 인문학의 모색」, 역사학회 2014 하반기 학술대회 자료집, 2014.8.22, 39쪽.
박양리, 「강홍립에 대한 문학적 형상화 양상 연구」, 『한국문학논총』 58, 한국문학회, 2011, 87~114쪽.
박희병, 「17세기 동아시아의 전란과 민중적 삶」, 김학성·최원식 외, 『한국근대문학사의 쟁점』, 창작과 비평사, 1996.
_____, 「17세기 초의 숭명배호론과 부정적 소설 주인공의 등장」, 간행위 편, 『한국고전소설과 서사문학』 상편, 집문당, 1998, 36쪽.
송하준, 「새로 발견된 한문필사본 〈김영철전〉의 자료적 가치」, 『고소설연구』 35, 한국고소설학회, 2013, 247~253쪽.

신해진, 『권칙과 한문소설』, 보고사, 2008, 109~199쪽.

안세현, 「자암 이민환의 〈책중일록〉과 〈건주문견록〉에 대하여」, 『동방한문학』 34, 동방한문학회, 2008, 111~143쪽.

양승민·박재연, 「원작 계열 〈김영철전〉의 발견과 그 자료적 가치」, 『고소설연구』 18, 한국고소설학회, 2004, 85~110쪽.

王從安, 「桓仁滿族自治縣境內最大的古戰場－世說薩爾滸大戰的東線之戰」 (http://tieba.baidu.com/f?kz=114461515)

王漢衛, 『淸朝開國60年』, 濟南: 濟魯書社, 2009.

유미나, 「심하전투의 명장 김응하와 『충렬록』 판화」, 『열린정신 인문학연구』 12, 원광대학교 인문학연구소, 2011, 97~147쪽.

유지원, 「사르후전투와 누르하치」, 『명청사연구』 13, 명청사연구회, 2000,

李民宬, 『敬亭集』; 영인표점 한국문집총간 76, 민족문화추진회, 1991, 252쪽.

이민희, 「기억과 망각의 서사로서의 만주 배경 17세기 전쟁 소재 역사소설 읽기」, 『만주연구』 11, 만주학회, 2011, 209~241쪽.

이승수, 「심하전투의 현장 답사 연구」, 『한국학논집』 41집, 한양대 한국학연구소, 2007, 337~360쪽.

_____, 「심하전역과 〈김장군전〉」, 『한국문학연구』 26, 동국대 한국문학연구소, 2002, 23~53쪽.

이종필, 「명청 교체기 전쟁 포로의 특수성과 〈김영철전〉」, 『한국어문학연구』 63, 한국어문학연구학회, 2014, 5~35쪽.

임완혁, 「명청 교체기 조선의 대응과 『충렬록』의 의미」, 『한문학보』 12, 우리한문학회, 2005, 179~217쪽.

임유경, 「〈김경서전〉연구－문제적 인물의 영웅화 과정－」, 『동방한문학』 45, 동방한문학회, 2010, 265~290쪽.

조정래·나병철, 『소설이란 무엇인가』, 평민사, 1991, 12쪽, 32쪽.

조현우, 「〈강로전〉』에 나타난 전쟁의 기억과 욕망의 서사」, 『민족문학사연구』 46, 민족문학사학회·민족문학사연구소, 2011, 55~84쪽.

최원오, 「17세기 서사문학에 나타난 월경(越境)의 양상과 초국적 공간의 출현」, 『고전문학연구』 36, 한국고전문학회, 2009, 189~224쪽.

한명기, 『임진왜란과 한중관계』, 역사비평사, 2001, 261~263쪽.

黃斌·劉厚生·黃群, 『后金國史話』, 長春: 吉林人民出版社, 2004.

심하 전역에 대한 기록과 해명

-자암 이민환의 「책중일록」과 「건주문견록」에 대하여-

안세현

1. 머리말

자암(紫巖) 이민환(李民寏, 1573~1649)은 1618년(광해군 10) 46세에 후금(後金)의 노추(奴酋, 누르하치)를 정벌하기 위한 명(明)의 징병 요구에 따라 출병한, 이른바 심하 전역(深河戰役, 사흐르 전투)에 도원수(都元帥) 강홍립(姜弘立, 1560~1627)의 종사관으로 선발되었다. 강홍립이 이끄는 조선군 1만 3천여 명은 이듬해 음력 2월 압록강을 건너 명나라 군대와 합세한 다음 노추가 있는 흥경노성(興京老城)을 향해 진군하였다. 음력 3월 4일 심하(深河)의 부차(富車)에서 귀영가(貴盈哥, 귀영개)가 이끄는 철기군을 만나 앞서가던 명나라 군대는 전멸을 하였고, 이어서 조선의 좌영(左營)과 우영(右營)이 연달아 무너지고 말았다. 이때 자암은 도원수 강홍립, 부원수 김경서(金景瑞, 1564~1624) 등과 함께 중영(中營)에 있었는데, 결국 중영만이 살아남아 화약(和約)을 맺고 노성으로 끌려가 구류(拘留)되었다. 이후 자암은 1620년 음력 7월 문희성(文希聖)·이일원(李一元) 등과 함께 책중(柵中)에서 풀려나 압록강을 건넘으로써, 17개월 동안의 피로생활(被虜生活)에서 벗어났다.

그러나 패전하고 살아서 돌아온 것으로 인해 '매국항적(賣國降賊)'의 낙인이 찍히게 되었고, 이이첨(李爾瞻, 1560~1623) 일파를 중심으로 처벌하라는 여론이 일어나 관로가 막히게 되었다. 1623년 인조반정이후 관직에 다시 기용되긴 하였지만, '오랑캐에게 항복했던 사람', '절의를 잃은 사람'을 관직에 임명해서는 안 된다는 사간원과 사헌부의 간언이 끊이지 않았다. 1620년 음력 8월에 자암을 비롯해 함께 풀려난 문희성, 이일원 등을 처벌하라는 요구가 있었고, 인조반정 이후 1627년 여헌(旅軒) 장현광(張顯光, 1554~1637)의 종사관으로 차출될 때, 1635년 홍원 현감으로 있을 때, 1644년 형조참판에 제수되었을 때에도 파직 요구가 계속되었다. 파직 요구의 이유는 단하나 오랑캐에게 항복하고 살아서 돌아왔다는 것이었다.[1] 이처럼 자암은 심하 전역에서 살아 돌아왔다는 이유로 관로가 막히는 등 순탄하지 않은 삶을 살았다.

그런데 당시 퍼져있었던 심하 전역 및 자암과 관련된 소문들은 사실에 부합하지 않은 것이 많았다. 특히 도원수 강홍립, 부원수 김경서, 종사관 이민환에 대한 평가는 좌영을 이끌다 전사한 김응하(金應河, 1580~1619)와 대비되면서 더욱 좋지 않았다. 이에 자암은 심하 전역의 실상과 자신을 둘러싼 유언비어에 대해 해명할 필요가 있었던 것이다.

현재 『자암집(紫巖集)』[2]에 전하는 심하 전역과 직접적으로 관련된 글

---

1 이에 대해서는 『광해군일기』 12년 8월 20일(을축), 『인조실록』 5년 2월 15일(임자), 『인조실록』 5년 6월 25일(경신), 『인조실록』 13년 4월 17일(병신), 『인조실록』 13년 8월 3일(경진), 『인조실록』 20년 6월 3일(신축), 『인조실록』 22년 5월 22일(기유), 『인조실록』 22년 6월 9일(을축) 참조.

2 초간본 『자암집』(7권 2책)의 편찬 연대에 대해서는 논란의 소지가 있다. 초간본에는 권수에 李瀷(1681~1763)과 李光庭(1674~1756)의 서문이 실려 있는데, 이익의 서문은 1745년에 쓴 것이고 이광정의 서문은 1741년에 쓴 것이다. 그리고 권말에 李秀泰(자암의

들은 「책중일록(柵中日錄)」과 「건주문견록(建州聞見錄)」을 비롯하여 「자

증손)의 부탁을 받고 柳升鉉(1680~1746)이 1740년에 쓴 後識가 있으며, '辛酉年四月, 茶井齋舍開刊'이라는 刊記가 있다. 이광정의 서문과 유승현의 후지 창작 연대를 고려해 볼 때, 간기의 신유년은 1741년으로 볼 수 있다. 그러나 이익의 서문 창작시기가 문제가 되며, 더욱이 자암의 外裔 金興洛이 지은 중간본『자암집』(8권 3책) 발문에는 초간본이 '純廟辛酉年(1801년)에 간행되었다.[七卷, 已經諸先輩勘校, 開刊於純廟辛酉.]'고 하였다. 요컨대 초간본 간기의 신유년이 1741년인지 1801년인지 애매한 것이다. 이에 대해 김성애는『자암집』의 존재가 정조 연간에 편찬이 완료된『鏤板考』와『增補文獻備考』에 실려 있고, 문집의 편찬 주체가 자암의 증손이라는 점을 고려할 때, 1741년이 더 설득력이 있으며 이익의 서문은 후에 追刻하여 덧붙인 것이고 중간본 발문의 내용은 후대의 착오로 추정하였다.(김성애, 「자암집해제」,『한국문집총간해제』3, 민족문화추진회, 1999, 151~152쪽.) 한편 규장각에는 필사본 7권 2책의『자암집』(想白古 814.53-y59j-v1·2)이 있는데, 필사년을 확증할 수 없으나 내용을 볼 때 초간본의 후기필사본으로 보인다. 그리고 권말의 刊記 옆에는 '辛酉: 英祖十七年也'(곧 1741년)라 되어 있는데, 필체가 필사본의 전체적인 필체와는 다르다. 고윤수는 이 追記가 문장부호인 쌍점을 사용한 것을 미루어 볼 때 근대 교육을 받은 자의 것으로 짐작하면서, 중간본 발문의 기록에 따라 초간본의 간행년을 1801년으로 확정하였다.(고윤수, 「李民寏의『紫巖集』과 17세기 조선의 遼東문제」,『북방사논총』9호, 고구려연구재단, 2006, 131~132쪽.) 필자는 김성애의 견해에 동의하며 몇 가지 방증을 첨부해 두고자 한다. 첫째, 김성애도 지적했듯이『증보문헌비고』권249, 「藝文考」8과『누판고』권6, 「別集類」에『자암집』초간본에 대한 기록이 실려 있다. 주지하다시피『증보문헌비고』는 1790년대에 기본 편찬 작업이 완료된『增訂東國文獻備考』(146권)를 대한제국 시기에 개찬한 것이며,『누판고』는 1778년 정조의 명에 의해 徐有榘 등이 편찬을 시작하여 1796년경에 완료된 것이다. 특히『누판고』권6의 「별집류」에 '紫巖集七卷'이라는 표제를 달고 말미에 '義城李氏家藏, 印紙四牒十二張'이라며 장판의 소장처와 인지수를 기록해 두었다.『누판고』가 정조연간까지 전국에서 편찬된 冊板의 목록집임을 고려해 볼 때, 7권 2책의 목판본『자암집』초간본은 적어도 1796년 이전에 간행되었다는 것이다. 둘째,『자암집』의 서문을 써 주었던 이익의『星湖僿說』곳곳에는 「책중일록」과 「건주문견록」이 여러차례 인용되고 있으며, 李肯翊(1736~1806)이 찬한『燃藜室記述』권21, 「廢主光海君故事本末」의 기미년(1619) 심하 전역 기사부분에서도 자암의 「책중일록」을 주요한 자료로 인용해 두고 있다.『성호사설』이 1680년경에 정리가 완료되었고,『연려실기술』의 傳寫本이 이긍익이 생존하고 있을 때부터 유행하기 시작하여 그 수효가 한 둘이 아닌 점을 고려해 보면,『자암집』초간본의 간행 시기는 1741년으로 보는 것이 온당할 것이다.『자암집』의 초간본 간행 연도를 이처럼 번다하게 재론하는 이유는『자암집』에 들어 있는 「책중일록」, 「건주문견록」 등이 심하 전역과 관련하여 가장 이른 시기의 기록 중 하나이기 때문이다.

건주환후진정소(自建州還後陳情疏)」, 「진건주문견록(進建州聞見錄)」, 「여분호조참판윤수겸서(與分戶曹參判尹守謙書)」, 「답상양형서(答上兩兄書)」, 「월강후추록(越江後追錄)」 등이다. 「자건주환후진정소」는 원정의 행로, 심하 전투의 상황, 투항의 경위, 구류 생활 등 심하 전역에 대한 전반적인 사정을 기록하여 자신의 결백함을 호소한 글이다. 「진건주문견록」은 「건주문견록」을 짓게 된 경위와 내용을 간략하게 소개하고, 자신이 직접 보고 들은 건주여진의 실상을 보고함으로써, 향후 이에 대비할 방책으로 삼을 것을 주청한 것이다.[3] 「월강후추록」도 「자건주환후진정소」와 마찬가지로 자신에게 씌워진 무고를 해명하기 위해 지은 것인데, 특히 평안감사 박엽(朴燁, 1570~1623)이 올린 1619년 3월 12일자 장계에 대한 논박이 주류를 이룬다. 현재 「월강후추록」은 『자암집』 권6의 「건주문견록」 뒤에 편차되어 있는데, 「월강후추록」의 말미에 일록(日錄)의 뒤에 대략 한두 가지를 부기한다고 한 것으로 보아 본래는 「책중일록」 뒤에 붙였던 것으로 보인다.[4]

본고에서 중점적으로 다루게 될 「책중일록」은 1618년 음력 4월 명나

---

3 「연보」에 따르면 자암은 1620년 음력 8월 평양에 도착하여 印信과 馬牌를 조정에 환납하고 '陳情疏', '建州文見錄', '備禦六條'를 올렸다고 한다. 자암은 이후 계속 평양에 구류되어 있다가 1621년 봄에 肅川으로 옮겼고 그해 음력 6월에야 고향으로 돌아갔다. 그러다가 1623년 인조반정 이후 다시 관로에 나가게 된다. 자암의 「연보」는 1741년 간행된 초간본에는 수록되어 있지 않으며, 1886년에 간행된 중간본의 권7에 수록되어 있다. 이후 자암의 생애에 대해서는 국립중앙도서관 소장의 중간본 『자암집』 권7의 연보를 참고하였으며 별도로 주를 달지 않기로 한다.

4 李民宬, 『紫巖集』 권6, 「越江後追錄」, 『韓國文集叢刊』 82, 140쪽. "噫! 走丸止於甌臾, 流言止於智者, 略附一二於「日錄」之末, 以竢知者." 본 영인본은 규장각 소장 초간본 『자암집』을 영인한 것인데, 앞으로 여기서 인용할 경우에는 권수, 편명, 면수만을 명기하기로 함.

라의 징병에서부터 1620년 음력 7월 압록강을 건너 만포에 도착할 때
까지를 기록한 일기이며, 「건주문견록」은 노추 통치하의 만주족 상황
과 군사제도 등을 기록하고 끝에 이들에 대한 방비책 6조를 건의한 것
이다.[5] 「여분호조참판윤수겸서」는 1619년 음력 3월 1일 마가채(馬家寨)
에서 분호조 참판 윤수겸에게 보낸 편지로 군량의 수송을 독촉한 글이
다. 「답상양형서」는 1619년 음력 7월 1일 노추가 차관(差官) 양간(梁諫)
이 돌아가는 길에 자암의 조카 제륙(齊陸)을 비롯한 10여 명을 풀어 돌
려보낼 때 조카 편에 두 형에게 보낸 편지로, 노추의 요동 공략 계획을
알리면서 향후 조선에 미칠 악영향에 우려를 나타내었다.

　이익과 이광정의 『자암집』 서문, 유승현의 초간본 후지에서 일관되
게 주장하는 문집 간행의 주된 이유는 바로 심하 전역에서 절의를 버렸
다는 세간의 비난을 변론하기 위한 것이었다. 그 핵심 증거가 되는 글
이 바로 「책중일록」과 「건주문견록」이다.[6] 곧 「책중일록」과 「건주문견

5　한편 국립중앙도서관에 『柵中日錄』(古3653~102)이란 책이 소장되어 있어 주목을 끈다.
　　본서는 不分卷 1冊(46장)의 등사본으로 본래 일본 천리도서관에 소장되어 있는 것을
　　복사한 것이다. 내용을 검토해 본 결과 자암의 「책중일록」, 「건주문견록」, 「월강후추록」
　　세 글이 '책중일록'이란 표제 하에 편차되어 있는 것인데, 『자암집』(초간본) 권5와 권6에
　　수록된 것과 동일하였다. 서지 목록에 '강홍립 등 編'으로 되어 있는 것은 오류이다.
　　본서의 맨 앞면에는 日文으로 된 筆寫記가 있는데, 수록 내용, 필사 경위, 자암의 인적사
　　항, 『자암집』의 소장처 등이 기록되어 있다. 이에 따르면 필사자는 일본 사람이며, 필사
　　년은 소화 8년(1933) 3월이다. 필사자는 경성제국대학 교수를 역임한 이마니시 류(今西
　　龍, 1875~1932)의 家藏 古寫 『책중일록』을 원 체제에 따라 행수와 자수를 그대로 등사하
　　였으며 확실히 오자라고 판단된 경우 교정하였다고 하였다. 다만 今西龍 家藏本 『책중일
　　록』의 현전 여부는 확인하지 못했다.
6　李光庭, 「紫巖集序」, 『紫巖集』, 66쪽. "當時事不可知, 意全軍陷敗, 其所傳說, 不過逃軍
　　敗卒之口不詳其本末, 而譁言於國. 聽者壯其死, 尤不能救, 以爲生者皆必降附於賊, 隨而
　　錄之, 不暇究其實也. 間者, 公之玄孫德龍氏以公遺卷, 示不佞, 亟取其 『柵中日錄』 而讀之.
　　於是益信吾疑之不妄, 而又恨是錄之晚出, 使世之不喜成人之美者, 猶得以信其詆誣也. …

록」은 자암의 생애와 문학을 구명하는 데에 있어서 가장 중요한 자료
라 하겠다. 따라서 본고에서는 「책중일록」과 「건주문견록」의 저술 의
도와 그 서술방식을 고찰해보고, 아울러 이들이 지니고 있는 사료로서
의 가치와 기록문학적 의의를 간략하게 언급하고자 한다.

2. 「책중일록」과 「건주문견록」의 저술 의도

1) 「책중일록」: 심하 전역의 실상 기록과 무고에 대한 해명

「책중일록」은 1618년 음력 4월 후금의 무순(撫順) 공략, 7월 청하(淸
河) 함락에 따른 명나라의 지원병 요청부터 시작하여 1620년 7월 17일
압록강을 건너 만포에 이르기까지 2년 3개월간의 심하 전역의 시말을
일기형식으로 기록한 것이다. 심하 전투와 이후 화약을 맺는 1619년
음력 3월의 기록이 전체 분량의 1/3이상을 차지할 정도로 가장 상세하
다. 이후 협박과 회유가 계속되는 구류 생활의 고충, 후금과 조선의 화
약(和約)을 위한 서신 왕복 과정에서 발생하는 오해에 대한 도원수 강홍
립의 변론, 요동지방에서 노추의 세력 확장 등이 비중 있게 기록되어
있다.

자암이 「책중일록」을 집필하게 된 목적은 심하 전역의 실상을 국내
에 사실대로 알리고, 이를 통해 자신을 비롯한 도원수 강홍립, 부원수
김경서 등에게 씌워진 무고를 해명하기 위해서였다. 대부분의 오해는

(中略)… 而公歸之日, 無爾瞻輩沮遏其間, 公「建州聞見錄」·「備禦六條」, 得徹於上. 畢用
其說, 銳爲陰雨之備, 則丁卯之亂, 必捍禦有方, 而丙子再跳, 奴不敢復生意矣."

음력 3월 4일 심하 부차에서의 전투 상황과 이후 화약의 맺는 과정에 대한 진실이 잘못 전해지면서 생긴 것이다. 1619년 3월의 기록을 가장 비중 있게 기록한 것은 바로 이런 이유 때문이다.

심하 전투의 패전 소식은 1619년 음력 3월 12일 평안감사 박엽에 의해서 처음으로 조정에 보고되었다. 박엽은 장계에서 김응하의 분전 상황을 상당히 구체적이고도 비중 있게 서술한 반면, 강홍립과 김경서를 비롯한 자암은 결사항전을 포기하고 휘하 장졸들을 데리고 적에게 항복하였다고 보고하였다. 특히 호남의 무사 백모가 자암에게 항복할 뜻을 굳힌 두 원수를 죽이고 결사항전하자고 제안했으나, 자암이 이를 따르지 않았다고 명기하였다. 이후 비변사는 투항한 강홍립 등의 직명을 삭제하고 가속을 구금시킬 것을 주청하였으며, 광해군은 먼저 그 직명을 삭제하라는 비답을 내린다. 반면 김응하는 자헌대부 겸 호조판서로 추증되었다.[7] 자암은 책중에 구류되어 있는 동안 이러한 국내 여론을 알고 있었다. 1619년 음력 7월 책중에서 강홍립·김경서·이민환 등의 이름으로 올린 장계를 보면 패전을 하고 전장에서 즉시 죽지 못한 것은 처벌을 받아 마땅한 일이지만, 자신들이 투항하였다는 것은 사실이 아님을 강변하였다.[8]

---

7 『광해군일기』 11년 3월 12일(을미), 3월 19일(임인), 4월 2일(을묘) 참조. 이후 광해군의 주도로 김응하에 대한 표창이 본격화되는데, 명나라 사신들이 왕래하는 길목에 김응하를 모시는 사당을 짓고, 김응하의 무공을 기리는 추모 시집 『忠烈錄』을 편찬하였다. 『충렬록』의 편찬에는 이정귀, 이이첨 등 당시 조정의 중신들이 참여하였고, 광해군은 이를 훈련도감에서 간행하여 널리 유포시켰다. 김응하의 선양 작업에는 정치적 의도가 다분히 깔려 있었던 것이다. 이에 대해서는 한명기, 『임진왜란과 한중관계』, 역사비평사, 1999, 273~274쪽과 이승수, 「深河戰役과 金將軍傳」, 『한국문학연구』 26집, 동국대학교 한국문학연구소, 2003, 23~56쪽 참조.

8 『광해군일기』 11년 7월 14일(을미).

심하 전역을 둘러싼 쟁점은 패전의 원인, 전투 상황, 화약의 경위 등이다. 패전의 원인이나 전투상황에 대한 역사학계의 견해는 대체로 일치한다. 다만 화약의 경위에 있어서 후금에서 먼저 통사를 보내 화의를 제의하였는지, 아니면 광해군이 강홍립에게 밀지를 보내 미리 항복하라고 지시했는지에 대한 논란이 남아 있다.[9] 「책중일록」을 비롯하여 심하 전역과 관련된 자암의 일련의 글들을 볼 때, 항복이 사전에 미리 계획된 것이 아님은 분명하다.

당시 자암에게 씌워진 무고는 전투 과정에서 결사항전을 독려하지 않았다는 것, 절의를 버리고 적에게 투항하여 화약을 맺었다는 것, 명나라 장수 유격(遊擊) 교일기(喬一琦)의 죽음에 관여하였다는 것, 책중에 구류되어 있으면서 노추에게 아부하여 풀려날 수 있었다는 것 등이었다. 이와 관련된 「책중일록」의 기록을 차례로 살펴보자.

연기와 먼지 속에서 바라보니 적의 기병이 크게 들이치는데, 양익(兩翼)을 만들어 멀리서 에워싸며 포위해 왔다. 좌영의 군관 조득렴(趙得廉)이 달려와 위급함을 고하니 원수는 좌영이 홀로 위태로워질까 걱정하여 우영에게 즉시 가서 도우라 명하고 전진하도록 독촉하였다. 우영이 좌영과 연합하여 진을 쳐서 겨우 대열을 이루자마자, 적의 기병이 일제히 돌격하니 그 기세가 마치 비바람과 같았다. 포와 총을 한 번 쏘고 나서 다시 장전하기도 전에 적의 기병은 벌써 진중으로 들이쳤다. 나는 이때에 중영에 있었는데 원수에게 병력을 합쳐서 싸울 것을 청하였으나 순식간에 두 진영이 모두 무너지고 말았다. …(중략)… 적의 기병

---

9 『광해군일기』에는 투항과 관련하여 상호 모순되는 강홍립의 장계가 모두 실려 있다. 이에 대해서는 한명기, 앞의 책, 256~264쪽 참조.

이 달려들며 중영을 포위하며 압박해 와서 온 산과 들을 덮었는데 무려 2~3만 기(騎)나 되었다.

나는 곧 원수에게 고하기를 "사태가 다급합니다. 진중을 돌며 독려하고자 하니 청컨대 영기(令旗) 하나를 내어주십시오."라고 하니, 원수가 곧 군뢰(軍牢) 한 사람에게 깃발을 가지고 따르라고 하였다. 그리고 나에게 말하기를 "사태가 이런 지경에까지 이르렀으니, 절대로 군령을 써서 군졸들의 마음을 놀라게 하지 마시오."라고 하였다. 나는 대답하기를 "저 또한 잘 압니다."라고 하였다. 마침내 여러 장수들과 진중을 두 차례 순행하며 사졸들을 격려하여 결사항전만이 살 수 있는 길임을 깨우쳤으나 백에 한 명도 호응하는 자가 없었다. 중영에서 두 영과의 거리가 불과 1천보밖에 되지 않았지만 그저 유린당하는 것을 보고 있을 뿐이었다. 모두 정신을 잃지 않을 수 없었으며, 심지어 무기를 버리고 주저앉아 미동도 하지 않는 자도 있었다. 군졸들은 여러 날 굶주린 데다 갈증까지 심해서 달아나려 해도 퇴로가 끊겼고 나아가 싸우려고 해도 사기가 무너져서 어찌할 수 없었다. 두 원수와 여러 장수들은 단지 화약 상자를 앞에 놓고 자폭하려고 하였다. 나는 다만 적을 죽이고 나서 죽고자 하여 별장 신홍수(申弘壽) 등과 함께 적을 쏘아 맞추려고 군진(軍陣)의 동편【적의 최전방 돌격처】에 서 있었다.[10]

---

10 『紫巖集』권5, 「柵中日錄」, 119쪽. "煙塵中望見, 賊騎大至, 爲兩翼, 遠遠圍抱. 左營軍官 趙得廉, 馳來告急. 元帥憫其孤危, 卽令右營赴援. 催督以進, 與左營聯陣, 纔得成列, 賊騎 齊突, 勢如風雨, 砲銃一放之後, 未及再藏, 賊騎已入陣中. 生時在中營, 言于元帥, 請合兵 力戰, 而瞬息間, 兩營皆覆. …(中略)… 賊騎奔馳, 圍迫中營者, 漫山蔽野, 亡慮數三萬騎. 生卽告元帥曰: '事急矣. 欲巡督陣上, 請得一令旗.' 元帥卽令軍牢一人持旗遣之, 仍謂生, '事已至此, 勿用軍令, 以駭軍心.' 生答曰: '生亦知之矣.' 遂與諸將巡行陣上, 至於再次. 激勵士卒, 諭以決一死戰, 可得生道之意, 則百無一應者. 自中營去兩營, 不過千步, 目視 跳躪, 無不喪魄, 至有抛棄器械, 坐而不動者. 屢日饑卒, 焦渴兼劇, 欲走則歸路斷絕, 欲戰 則士心崩潰, 無可奈何? 兩帥與諸將, 只取火藥櫃寘之前, 欲自焚. 生只欲殺賊而死, 與別 將申弘壽等約共射賊, 立於陣東偏.【蓋賊之最先衝突處也.】"【 】는 原註를 표시함. 「책중 일록」·「건주문견록」의 번역은 『책중일록: 1619년 심하 전쟁과 포로수용소 일기』(이민

음력 3월 4일 아침에 행군을 시작하여 명나라 군대가 앞에 가고 조선군은 좌영·중영·우영 순으로 뒤를 따랐다. 부차(富車)에 도착했을 때 갑자기 앞에서 대포 소리가 들리면서 연기와 먼지가 회오리바람에 날아들어 천지를 덮었다. 도원수 강홍립은 각 영에 명하여 진을 치고 적에 대비하게 하였다. 그러나 좌영만이 홀로 평원에 진을 쳐서 위태롭게 되자, 그는 높은 곳으로 이동할 것을 명했다. 미처 높은 곳으로 이동하기도 전에 귀영가(貴盈哥)가 이끄는 후금의 철기군이 순식간에 좌영을 향해 돌진하였다. 급히 우영을 보내 돕게 하였지만 역부족이었다. 당시 자암은 원수에게 건의하여 진중을 순시하며 사졸들의 결사항전을 독려하였고, 원수와 부원수가 자폭하려고 할 때 별장 신홍수와 함께 적과의 결전을 준비하고 있었다.

다음으로 귀영가와 화약을 맺는 과정에서 자암이 보인 태도를 보자. 앞의 인용문에 바로 이어지는 부분이다.

때마침 한 병졸이 두 영으로부터 탈출해 와서 말하기를 "적의 기병이 진 앞으로 먼저 와서 통사(통역관)를 계속 부르는데 영중에 통사가 없어서 대답할 수 없었습니다."라고 하였다. 원수와 부원수는 곧 통사 황연해(黃連海)에게 명하여 가서 응답하라고 하였다. …(중략)… 원수와 부원수가 서로 상의하기를 "일이 이런 지경에까지 이르렀으니 불과 한 번 죽을 뿐이다. 그러나 만에 하나 서로 화약을 맺어 군대를 풀어서 물러난다면 3~4천 명 군졸들의 목숨을 구할 수 있으며 목전의 변방 방어 문제도 조금은 해소될 수 있을 것이다."라고 하였다. 부원수는 갑주를 갖추고 검을 차고서 두 기병을 이끌고 적진으로 갔다. 이때 나는 진의 동쪽

환 지음, 중세사료강독회 옮김, 서해문집, 2014)를 참고하였다.

모퉁이에 있어서 화약에 대한 논의를 늦게야 듣고 원수와 부원수를 만나러 가려고 하였다. 거리가 겨우 백 보밖에 안 되었지만 사람과 말이 빽빽하게 서 있어서 지척인데도 소통이 되지 않아 도달하기가 매우 어려웠다. 때마침 부원수가 가는 것을 만났다. 내가 말하길 "이런 식으로 큰일을 처리하시는 것입니까?"라고 하니, 부원수가 말하길 "병법에는 기발한 계책이 있는 법이니, 종사관이 이를 어찌 알겠소?"라고 하였다. 나는 분개함을 이기지 못하여 큰 소리로 말하길 "공께서 어찌 임의대로 이렇게 하려는 것입니까?"라고 하고는 곧 절벽에서 뛰어내려 자결하려던 차에 조카와 종이 좌우에서 잡아 말리고 내가 차고 있던 칼도 빼앗겨서 자결하지 못했다.[11]

이를 통해 보면 화약은 먼저 후금 쪽에서 제의한 것임을 알 수 있다. 또한 화약의 과정에서 자암은 강력하게 반대를 하였으며 자신의 뜻이 관철되지 않자 자결을 시도하기까지 하였던 것이다.

당시 조선에서는 중영으로 도망쳐 온 명나라 유격 교일기의 최후에 자암이 관여했다는 소문까지 있었다. 1644년(인조 22) 자암은 병조의 낭관으로 천거를 받게 되는데, 사헌부에서는 자암이 심하 전투에서 교유격을 협박하여 죽음에 이르게 한 것을 이유로 들어 반대하였다.[12] 또

11 『紫巖集』 권5, 「柵中日錄」, 119~120쪽. "適有一卒, 自兩營得脫來言, 賊騎先到陣前, 連呼通事, 而營中無通事, 不得答. 兩帥卽令通事黃連海出應. …(中略)… 兩帥相議, 事至於此, 不過一死, 而萬一交解而退, 則三四千軍卒之命, 可以生活, 目前邊上衝突之虞, 可以少紓矣. 副元帥具甲冑佩劍, 率兩騎而出. 生時在陣東一角, 晚聞有議和之事, 欲往見兩帥, 則相去僅百步, 而人馬簇立, 咫尺不通, 艱難得達. 適値副帥出去. 生曰: '如此而了當大事乎?' 副帥曰: '兵有奇道, 從事何知乎?' 生不勝憤慨, 大言曰: '公其任意爲之?' 卽欲自裁墮崖次, 姪子及奴, 左右抱持, 所佩刀劍, 亦被奪取, 不得遂決."
12 『인조실록』 22년 6월 9일(을축). 이때 인조는 "이민환의 일은 그때에 전파된 말들이 모두가 사실이라는 것을 기필할 수 없으니, 너무 심한 논의는 하지 말라. 병조의 낭관을

한 조위한(趙緯韓, 1567~1649)이 지은 『최척전(崔陟傳)』에는 교 유격이
부하 10여 명을 이끌고 조선 군영으로 와서 의복을 구걸하자, 원수인
강홍립이 여분의 옷을 주어 죽음을 면하게 하려고 했으나, 종사관 이민
환이 노추의 뜻을 거역하는 것이 두려워 다시 의복을 빼앗고 적진으로
쫓아버렸다고 되어 있다.[13] 자암은 「책중일록」에서 교 유격이 자살하는
대목을 다음과 같이 기록해 두었다.

　　교 유격이 군관들에게 말하기를 "귀군이 적에게 이처럼 핍박을 받고
　있으니, 내가 비록 함께 가더라도 필시 죽음을 면하기는 어려울 것입니
　다."라고 하였다. 편지를 1통 써서 자식에게 전해주길 부탁하고는 곧바
　로 절벽으로 뛰어내려 죽었다.[14]

그리고 그 주(註)에 교 유격의 편지를 전재해 놓고 다음과 같이 말했다.

　　【지금 들으니 진중에서 교 유격을 잡아다가 적에게 넘겨주었다고 말
　하는 사람이 있다. 말이 어찌하여 이렇게 망측한 지경에까지 이르렀단
　말인가! 교 유격이 쓴 편지는 우리들이 삼가 가지고 왔다.】[15]

　미리 천거하는 일은 타당하지 못할 듯하니, 또한 번거롭게 논의하지 말라."는 비답을
　내린다.

13　趙緯韓, 『崔陟傳』, 『校勘本 韓國漢文小說(1): 傳奇小說』, 張孝鉉 外著, 高麗大學校 民族
　文化硏究院, 2007, 194쪽. "喬遊擊領敗卒十餘人, 投入鮮營, 乞着衣服, 元帥姜弘立, 給其
　餘衣, 將免死焉. 從事官李民寏, 懼其見忤於奴酋, 還奪其服, 執送敵陣."
14　『紫巖集』 권5, 「柵中日錄」, 120쪽. "喬遊擊謂軍官輩曰: '貴軍爲賊所迫如此, 我雖同去,
　必不得免.' 附一書, 使傳其子, 卽墮崖死."
15　『紫巖集』 권5, 「柵中日錄」, 120쪽. "【今聞, 有以陣上縛喬給賊爲言者. 言之罔極, 一至於
　此耶? 其手書, 生等謹藏以來矣.】"

자암은 책중에서 풀려날 때 가지고 온 교 유격의 편지를 직접 인용해
둠으로써 교 유격의 죽음과 관련된 소문이 거짓임을 증명해 보인 셈이
다. 자암의 중씨(仲氏)인 경정(敬亭) 이민성(李民宬, 1570~1629)도 「제최
척전후(題崔陟傳後)」란 시를 지어, 자암이 교 유격을 적에게 내주었다는
『최척전』의 내용이 허무맹랑한 것임을 지적하기도 하였다.[16]

마지막으로 자암이 후금의 협박과 회유에 굴복하지 않고 절의를 지
켰음은 「책중일록」 곳곳에 보인다. 노추가 무순에서 투항한 이장관이
부마에까지 이르렀다며 회유를 했을 때, 자암은 풀어주겠다고 하늘에
맹세를 해놓고 도리어 구류시킨 것은 잘못이라며 꾸짖었다.[17] 또한 책
중에서 구류 중이던 1620년 음력 4월 20일 『조문록(朝聞錄)』을 완성한
것도 절의를 지킨 것과 연관된다. 『조문록』은 중국인으로 호중(胡中)에
잡혀온 대해(大海)란 자가 조선 인본(印本) 『성리군서(性理群書)』, 『이정
전서(二程全書)』, 『명신언행록(名臣言行錄)』, 『황화집(皇華集)』 등의 책을
가지고 왔기에, 이 중에서 격언(格言)과 지론(至論)을 뽑아 필사본 3권으
로 엮은 것이다.[18] 자암은 「조문록서(朝聞錄序)」에서 언제 죽을지 모르

16 李民宬, 『敬亭集』 권4, 「題崔陟傳」, 『한국문집총간』 76, 252쪽. "怪哉崔陟傳, 不知誰所
作. 事之有與亡, 文之工與拙. 今姑不暇論, 略破其心術."
17 『紫巖集』 권5, 「柵中日錄」, 122~123쪽. "使大海到寓所, 脅誘萬端, 因示一帖.【其書有日:
汗諭, 朝鮮國將帥知悉, 爾國將士作惡, 不可不殺也. 前日撫順李將官降服之後, 陞爲駙
馬. 爾等若能降服, 豈下於李將官哉云云.】生等答曰: '俺等以約和, 解兵到此, 反被拘留,
不爲出送者, 豈指天爲誓之意乎?'"
18 『紫巖集』 권5, 「柵中日錄」, 129쪽. "二十日, 朝聞錄成.【上年九月間, 大海將『性理群書』·
『二程全書』·『名臣言行錄』·『皇華集』共三十餘卷, 送於柵中. 蓋其書乃我國所印, 而東征
之役, 爲天將所取去, 鐵嶺之破, 流入胡中者也. 拘縶巾, 日夜誦讀, 以之消遣, 但其書皆斷
爛不秩, 不能參考首尾, 逐簡其格言至論而錄之, 凡三卷, 名之曰『朝聞錄』.】"『조문록』의
현전여부 및 인행에 대해서는 확인되지 않는다. 다만 본 자료는 조선 간행본 서적의
중국 유입과 관련하여 중요한 자료라 하겠다. 한편 자암의 또 다른 편저인 『博約集說』은

는 위급한 상황에서 도로 자신을 더욱 면려하고자 『조문록』을 편찬했다고 하였다.[19]

자암은 자신에 대한 일련의 무고가 군량 문제로 자신과 갈등을 빚었던 박엽과 김준덕(金峻德)에 의해 시작되었고, 적진에서 도망쳐 나온 장졸들에 의해 부풀려졌으며, 자신을 처벌하려고 했던 이이첨에 의해 완성된 것으로 보았다.[20] 사실 조선군의 패전 원인을 아군의 측면에서만 본다면 군량 보급의 차질과 무리한 행군에 있었다. 23일 압록강을 건넌 이후 조선군의 군량은 27일에 이미 바닥났으며, 군졸들은 굶주린 채 추위와 싸우며 험난한 행군을 계속하였다. 명나라 제독 유정(劉挺)은 경략인 양호(楊鎬)에게 책을 잡히지 않으려고 무리한 행군을 재촉하였던 것이다. 추위와 굶주림에 시달리는데다가 무리한 행군으로 인해 체력이 바닥나 군졸들의 사기는 심하 전투 이전에 이미 떨어져 있었다. 음력 3월 4일의 전투에서 후금군에 포위되자 무기를 버리고 주저앉는 병사까지 생기고, 화약에 대한 논의가 시작되자 군졸들이 모두 기뻐한 것이 이를 반증한다.

1635년 자암의 서문과 1693년 이광정의 발문이 수록된 목판본(1책)이 현재 여러 곳에 소장되어 있다. 『박약집설』은 『논어』, 『맹자』, 『예기』, 『주역』 등에 보이는 안회 관련 글들을 모으고 이에 대한 註疏도 함께 수록한 것이다.

19 『紫巖集』 권3, 「朝聞錄後序」, 94쪽. "夫道之爲言路也, 天下古今所共由之路也. 是天地之間, 無適而非道, 卽君臣而君臣在所嚴, 卽父子而父子在所親, 以至乎喜怒哀樂之發, 死生夷險之間, 莫不各有當行之道, 不可須臾離者, 正謂此也. 矧乎拘縶大窖, 延頸待刃之日, 尤當以道自勵, 成仁取義之訓, 余之聞之也夙矣. 而是書之錄, 目之以朝聞者, 祇取乎死之時近耳."

20 『紫巖集』 권6, 「越江後追錄」, 139쪽. "大檗前後虛妄之說, 唱於二憸, 激於應福, 成於爾瞻, 遞相傳說, 愈往愈奇." 여기서 '二憸'은 평안감사 박협과 분호조군관 김준덕이 군량 수송 문제로 자신에게 앙심을 품었음을 지칭함.

자암은 행군 과정에서 분호조참판 윤수겸에게 편지를 써서 군량을
재촉하였으며, 3월 1일 분호조 군관 김준덕이 군량은 가져오지 않고
조만간 온다는 소식만 전하며 직무유기를 보일 때, 원수에게 군율에
의거하여 목을 쳐서 본보기를 보이자고 청하였다.[21] 『광해군일기』를 보
면 도원수 강홍립도 군량 수송이 원활하지 않아 어려움을 겪고 있다는
장계를 음력 2월 29일, 3월 1일과 2일 연속해서 올렸다. 이에 음력 3월
7일과 8일에는 비변사에서 원수와 조정의 명령을 받았음에도 군량 수
송을 제대로 하지 않은 박엽을 군율에 따라 처벌할 것을 요청하기도
하였다. 그러나 이들에 대한 처벌은 전군이 패함으로써 흐지부지되었
다. 더욱이 박엽은 심하 전역 이후에도 평안 감사로서 변방의 첩보 수
집과 노추와의 화약에 필요했기 때문에 자리를 그대로 유지하였다.

　요컨대 자암은 박엽이 전투의 패전 책임을 모면하기 위해서 자신을
무고했다고 본 것이며, 심하 전역의 시말을 사실대로 기록한「책중일
록」을 저술함으로써 자신에게 씌워진 무고를 해명하고자 한 것이다.

2)「건주문견록」: 후금에 대한 정보 제공과 방비책 제시

　「건주문견록」은 자암이 책중에 구류되어 있을 때에 수직(守直)을 서
는 번호(藩胡) 인필(仁必)에게 들은 만주족의 습속과 토산(土産) 등을 기
록하고, 말미에 비어육조를 덧붙인 것이다. 인필은 온성의 번호로서 우
리말을 할 줄 알았고 조선에 상당히 호의적이었다고 한다.[22] 「건주문견

21 『紫巖集』권5,「柵中日錄」, 117~118쪽. "分戶曹軍官金峻德始來現. 問軍餉運到, 則答稱不
　久當到. 生言于元帥曰: '三軍不食, 今已屢日, 而管糧軍官, 緩緩來現, 說稱當到, 面瞞如此,
　罪不可恕. 請梟示各營, 以慰飢卒之心.' 元帥不聽, 諭以今姑饒貸, 速令回去, 運糧而來."
22 『紫巖集』권2,「進建州聞見錄」, 78쪽. "顧臣經年陷賊, 鎖拘牢甚, 凡干奴賊之所爲, 無從

록」에는 건주 여진의 자연지리적 환경(산세·강하·도로 등), 8기군 제도(주요 장수와 군대의 편성), 무기 체계, 건축, 농업, 가축, 의복, 음식, 두발, 예절, 결혼 풍습, 언어문자, 역법, 의술, 장례, 노추를 비롯한 주요 장수들의 면모 등, 후금에 대한 전반적인 정보가 기록되어 있다. 「건주문견록」에서 자암이 특히 주안점을 두어 서술한 부분은 8기군 제도, 주요 무기, 전법(戰法), 후금의 요동 정벌 임박과 그것이 조선에 끼칠 영향이다.

①호어(胡語)로 8장(將)을 8고사(高沙)라고 한다. 노추는 2개의 고사를 거느렸는데, 아두(阿斗)와 아두(於斗)가 그 병사들을 이끌었으며 중군(中軍)의 제도와 같다. 귀영가도 또한 2개의 고사를 거느렸는데, 사(奢)와 부양고(夫羊古)가 그 병사들을 이끌었다. 나머지 네 고사는 홍태지(紅歹是, 홍타이지), 망고태(亡古歹), 두두라고(豆斗羅古)【홍파도리(紅破都里)의 아들】, 아미라고(阿未羅古)【노추의 동생 소을가적(小乙可赤)의 아들. 소을가적은 전공이 있어 민심을 얻었는데 5~6년 전에 노추에게 살해되었다.】이다. 1고사에 소속된 유루(柳累)는【호어로 '유루(柳累)'라고 하는 것은 초군(哨軍)의 제도와 같다.】 35개 혹은 45개이며 혹은 숫자가 고르지 않다고 한다. 1유루에 소속된 병사는 300명, 혹은 그 숫자가 고르지 않은데, 공통적으로 360명을 유루라 하였다.【신이 돌아올 때 김업종(金業從)의 집에 묵었는데 노병(奴兵)의 수를 탐문해 보니 그가 말하기를 전에는 장갑군(長甲軍)이 8만여 기(騎), 보졸(步卒)이 6만

得知. 而當初奴賊, 以藩胡解我國言語者三人, 守直柵中. 所謂仁必, 乃穩城藩胡, 爲其父母, 能行三年喪者. 其嚮戀我國之心, 至今不衰. 凡有所聞, 必盡誠無隱, 密告於臣等. 故得其一二, 謹錄聞見與其習俗·土産, 彙成一通, 係之以備禦六條. 敢昧死投進, 極知狂僭無所逃罪, 誠以百聞不如一見, 兵難遙度, 角之而後知. 今臣所陳, 雖甚荒雜, 其與懸空揣摩者, 似有間焉."

여 명이었는데 지금은 장갑군이 10만여 기이고 단갑군(單甲軍)의 수도 그 아래로는 내려가지 않는다고 하였습니다. 심지어 출전할 때에는 장졸들의 집에 있는 노비들도 수에 제한을 두지 않고 자기 뜻에 따라 동행하니 그 수를 더욱 헤아리기가 어렵다고 하였습니다.[23]】

②8장의 군대는 밤에 주둔하면 짐승의 소리를 내어 서로 신호를 주고받는다.【호랑이·말·소·개·닭·오리·까마귀·개구리의 소리를 사용한다고 한다.】[24]

③노비들이 경작을 하여 주인에게 식량을 바치고 군졸들은 단지 칼을 갈뿐 농사일에는 관여치 않으며 토지나 수확한 것에 대한 세금이 없었다.[25]

④대범 잡물(雜物)을 수합하거나 전역(戰役)이 있을 때에 노추가 8장에게 명령을 내리면 8장은 소속된 유루장에게 명령을 내리고 유루장이 소속된 군졸에게 명령을 내리니, 명령이 조금도 지체되지 않고 중간에 소장을 올려 시비를 따지거나 송사를 일으켜 다투는 일이 전혀 없다고 하였다.[26]

---

23 『紫巖集』 권6, 「建州聞見錄」, 131쪽. "胡語呼八將爲八高沙, 奴酋領二高沙, 阿斗·於斗摠其兵, 如中軍之制. 貴盈哥亦領二高沙, 奢·夫羊古摠其兵. 餘四高沙, 曰紅歹是, 曰亡古歹, 曰豆斗羅古,【紅破都里之子也.】曰阿未羅古【奴酋之弟小乙可赤之子也. 小乙可赤有戰功, 得衆心, 五六年前, 爲奴酋所殺.】一高沙所屬柳累,【胡語柳累云者, 如哨軍之制.】三十五, 或云四十五, 或云多寡不均. 一柳累所屬三百名, 或云多寡不均, 共通三百六十, 柳累云.【臣還時, 宿金業從家, 廉問奴兵之數, 則曰, '前日長甲軍八萬餘騎, 步卒六萬餘名, 今則長甲軍十萬餘騎, 短甲軍亦不下其數云. 至於出戰時, 則將卒家有奴者, 不限多少, 自以其意甲騎偕行, 如此之類, 尤莫測其數云.'】"

24 『紫巖集』 권6, 「建州聞見錄」, 131~132쪽. "八將之軍, 昏夜屯聚, 則以禽獸聲相應答.【用虎·馬·牛·狗·鷄·鴨·鴉·蛙之聲云.】"

25 『紫巖集』 권6, 「建州聞見錄」, 132쪽. "奴婢耕作以輸其主, 軍卒則但礪刀劍, 無事於農畝者, 無結卜之役, 租稅之收."

26 『紫巖集』 권6, 「建州聞見錄」, 133쪽. "凡有雜物收合之用, 戰鬪力役之事, 奴酋令於八

⑤대개 전투를 위해 행군할 때에 별도로 군량이나 무기를 운반하는 일
이 전혀 없으며 군졸들이 모두 스스로 챙겨서 갔다. …(중략)… 전투할
때에는 철기군이 대열을 이루어 돌격하며 화살을 쏘고 산골짝에 매복하
였다가 불의에 나와 기습하여 죽이니, 이것이 곧 그들의 장기이다. 수급
을 베는 것을 높이치지 않으며 단지 과감하게 진격하는 것을 공으로 치
고, 겁을 먹고 후퇴하는 것을 죄로 여긴다.【얼굴에 창에 맞은 상처가 있
는 것을 최고의 공으로 친다. 대개 노추와 소추가 모여 사는 곳에는 얼
굴과 목에 흉터가 있는 사람들이 매우 많았는데, 이를 통해 그들이 자주
전투에 참여함을 알 수 있었다.】공이 있으면 상으로 군병이나 혹 노비·
우마·재물을 주고, 죄가 있으면 죽이거나 혹 가두고, 혹은 군병을 빼앗
거나 처첩과 노비·재산을 몰수한다. 혹은 귀를 뚫거나 혹은 옆구리 아
래에 화살을 쏜다. 이런 까닭에 진중에 임하여 진격만 있고 퇴각은 없다
고 하였다.[27]

①·②·③은 이른바 후금의 8기군 제도를 기록한 것이다. 8기군은
'고사(高沙)-유루(柳累)-군졸(軍卒)'로 편성되어 있고 1고사에 35~45유
루, 1유루에 350명 정도가 소속되어 있다고 하였다. 이를 통해 후금의
전체적인 병력을 유추해 볼 수 있다. ①의 주에는 자암이 김업종으로
부터 직접 들은 후금군의 병력 규모를 부기해 두었다. ②는 8기군이
야간에 서로 신호를 주고받는 방법을 기록한 것인데, 1장이 각기 하나

將, 八將令於所屬柳累將, 柳累將令於所屬軍卒. 令出不少遲緩, 絶無呈訴辨理爭訟曲直
之事云."
27 『紫巖集』권6,「建州聞見錄」, 133쪽. "凡有戰鬪之行, 絶無糧餉軍器之運轉, 軍卒皆能自
備而行. …(中略)… 戰鬪則甲騎成列衝突擊射, 隱伏山谷, 出人不意, 掩襲廝殺, 乃其長技,
不尚首級, 只以敢進者爲功, 退縮者爲罪.【面帶槍傷者爲上功. 凡大小胡人之所聚, 面頸帶
瘢者甚多, 其屢經戰陣可知.】有功則賞之以軍兵, 或奴婢牛馬財物. 有罪則或殺或囚, 或奪
其軍兵, 或奪其妻妾奴婢家財, 或貫耳, 或射其脅下. 是以臨陣, 有進無退云."

의 동물 소리를 사용하는 점이 흥미롭다. ③을 통해 후금의 군대는 병농 병행(兵農竝行)이 아니라 전문 직업군인임을 알 수 있다. 군사훈련과 무기의 수리에만 힘쓰는 정예병이란 뜻이다. ④는 후금이란 나라 전체가 8기군이라는 군사조직 체계에 의해 통치됨을 의미한다. 전투뿐만 아니라 여러 잡다한 일의 처리에 있어서도 8기군의 명령체계와 조직이 동일하게 가동된다는 것이다.

⑤에는 후금군의 전투와 관련된 정보가 상세하게 기록되어 있다. 먼저 군수물자를 수송하는 별도의 병참 부대가 필요하지 않다는 점이다. 전투에서 군량의 원활한 보급은 상당히 중요한데, 자암은 이미 심하 전투에서 이를 경험한 바 있었다. 후금군이 이렇게 할 수 있었던 것은 본래 배고픔과 갈증을 잘 견디기에, 행군 시 4~5되 정도의 쌀가루로 6~7일은 버틸 수 있기 때문이다.[28] 후금이 사용하는 주요 전법은 철기군의 돌격과 매복에 이은 기습이다. 심하 전투에서 유정이 이끄는 명나라 1만 대군은 가합령(家哈嶺) 부근 산골짜기에 매복해 있던 귀영가의 3만 기병에게 기습을 받아 전멸하였으며, 조선의 좌·우영은 부차의 평원에서 철기군의 돌격에 무너지고 말았다. 돌격전이나 기습전에서 머뭇거리거나 물러서지 않고 과감하게 앞을 향해 돌진하는 것이 중요한데, 후금군은 상벌(賞罰)이 매우 엄격하기 때문에 물러설 줄 모르고 진격만 한다는 것이다. 그리고 주에 자신이 직접 본 경험을 부기해 놓았다.

이처럼 후금은 8기군을 중심으로 한 막강한 군사력을 바탕으로 요동에서 세력을 확장해갔다. 후금은 본래 명나라 말기 해서(海西) 여진, 야

---

28 『紫巖集』권6, 「建州聞見錄」, 133쪽. "胡性能耐饑渴, 行軍出入, 以米末少許調水而飮, 六七日間, 不過喫四五升."

인(野人) 여진과 함께 명나라의 간접통치를 받고 있었다. 명나라는 여진족의 여러 부족에 대하여 시종 분열정책을 취하였다. 그러나 임진왜란을 전후하여 만주에 대한 명나라의 통제력이 이완된 틈을 타서, 건주좌위(建州佐衛)의 수장 노추가 여진의 여러 부족을 통일하고 1616년 스스로 칸[汗]의 자리에 올라 후금(後金)을 세웠다. 노추는 1618년 무순과 청하를 함락시킨 이후 차례로 개원(開原)과 철령(鐵嶺)을 공략하며 심양과 요동 사이를 휩쓸기 시작하였다.[29] 요동 정벌에 대한 노추의 의지는 확고하였다.

> 노추는 매번 장졸들을 모아놓고 신칙하기를 "전에 세운 승리는 천운이니, 거듭된 승리를 장담해서는 안 된다. 우리는 반드시 요동을 얻은 이후에야 마음 놓고 살 수 있을 것이니, 너희들은 모두 요동성 아래에서 죽겠다는 마음을 먹도록 하라."라고 하였다. 장수들이 모두 말하기를 "우리가 만약 요동을 얻는다면 하필 조선과 서로 화약할 필요가 있겠습니까?"라고 하였다.[30]

노추의 요동 정벌이 임박하였으며 이후 조선에 닥쳐올 위협을 자암은 직시하고 있었다. 이에 자암은 심하 전투를 몸소 체험한 경험과 17개월 동안 노성에 구류되어 있으면서 직접 보고 들은 정보를 바탕으로 이른바 '비어육조'를 내놓는다. 자암이 제시한 방비책은 '산성 수축[修

---

29 『紫巖集』권6, 「建州聞見錄」, 134쪽. "撫淸之破, 兩路之覆, 開鐵之陷, 人畜鎧仗之被掠者, 不知其屢巨萬, 而北關之滅也, 盡降其將卒."

30 『紫巖集』권6, 「建州聞見錄」, 134쪽. "奴酋之每聚會將卒也, 戒飭之日, '前日之捷, 天也. 勿以屢捷爲可恃. 我必得遼, 然後可以生活, 你當以盡死於遼東城下爲心云,' 將胡輩皆言, '我若得遼, 則何必與朝鮮相和乎?'"

築山城]', '군마 육성[申明馬政]', '정예 전사 선발[精擇戰士]', '변방 병졸
우대[優恤邊兵]', '군기 제조[精造軍器]', '전투 훈련[鍊習技藝]'의 여섯 가
지인데, 특히 후금 철기군의 돌격을 방어하는 데에 초점을 맞추었다.

첫째 산성 수축. 신이 관찰해보건대 노적(奴賊)은 백전을 거치면서
돌격에 장기가 있으니 평원이나 평지에서는 절대 예봉을 서로 다투어서
는 안 됩니다. 성을 공격하는 도구도 또한 매우 우수하여 아주 험한 곳
에 산성을 쌓지 않으면 적을 막아 지키기 어렵습니다. 마땅히 변방의
요해처 중에 적이 공격할 만한 곳의 형세를 잘 살펴서 험한 곳을 의지하
여 산성을 쌓고 널리 군량을 모아 비축해두어 필사적으로 지킬 계책을
세워야 할 것입니다.[31]

둘째 군마 육성. 신이 관찰해 보건대 노적이 횡행·돌격하며 이에 대
적할 자가 없는 것은 군마의 기동력에 불과할 따름입니다. 적이 만약
장거리를 달려와서 견고한 성을 보고 그냥 지나쳐서 바로 내지(內地)를
공격하여 순식간에 왔다 갔다 하면, 사태와 형세를 잘 살펴서 혹 막아서
고 혹 후미를 공격하고 혹 기습하기를 그쳐서는 안 됩니다. 그러나 갑주
도 착용하지 않은 보졸로 철기군을 당해내고자 하여도 당해낼 수 없는
것은 자명합니다. 이런 때에 군마를 육성하여 무장한 기병을 집단적으
로 조직해야 하니, 진실로 조금이라도 이를 늦추어서는 안 됩니다.[32]

31 『紫巖集』 권6, 「建州聞見錄」, 134쪽. "一日修築山城. 臣觀奴賊, 經歷百戰, 長於衝突, 平原易地, 決不可與爭鋒, 而攻城之械, 亦盡其巧, 除非據險山城, 難以防守. 宜於邊上要害賊兵所衝處, 審擇形勢, 據險築城, 廣積糧餉, 以爲必守之計."

32 『紫巖集』 권6, 「建州聞見錄」, 135쪽. "二日申明馬政. 臣觀奴賊之橫行衝突, 莫可與敵者, 不過負戎馬之足也. 賊若長驅, 睨過堅城, 衝犯內地, 倏往倏來, 則臨機觀勢, 或遮截或尾擊或掩襲, 在不可已. 然以不甲步卒, 欲當於鐵騎, 其不格明矣. 當此時, 申明馬政, 團結甲騎, 誠不可少緩."

자암은 평원에서 후금의 철기군과 정면으로 대전하여 승리하는 것이 불가능하다는 것을 심하 전투에서 목도한 바 있다. 따라서 장기적으로 후금이 쳐들어 올만한 변방의 길목에 산성을 구축할 필요가 있음을 맨 먼저 강조하였다. 평원에서의 돌격전을 피하고 성 안에 들어가 화포를 발사하여 제압하는 방안은 당시 후금에 대한 방어책으로 일반적으로 거론되던 것이다.[33] 그러나 자암의 방안은 상당히 구체적이다. 자암은 후금의 공격 루트를 세 가지, 곧 창성(昌城)에서 시경(時梗)을 거쳐 운산(雲山)으로 이르는 길, 삭주(朔州)에서 대삭주(大朔州)를 거쳐 귀성(龜城)에 이르는 길, 의주(義州)에서 용천(龍川) · 철산(鐵山)으로 이르는 길로 예상하고, 현재 산성이 구축되어 있는 않은 곳부터 지세를 잘 살펴 산성을 구축해야 한다고 하였다.[34]

그런데 만약 적이 성을 피해 바로 내지를 공격할 경우 후금과 마찬가지로 철기군으로 맞대응하지 않을 수 없다. 따라서 자암은 좋은 말을 기르는 것을 두 번째 방책으로 들었던 것이다. 자암은 책중에서 호마(胡馬)를 기르는 방법을 관찰했던 경험을 토대로 구체적인 방안을 제시한다. 먼저 민간에서 건장한 수말을 가져다가 들에 방목해 놓고 전문가를 뽑아 번식을 책임지게 한다. 3~4세정도 되면 튼튼하고 잘 달리는 놈을 가려내어 갑사(甲士)들에게 나누어 주어 직접 먹이를 주며 훈련을 시켜야 전투용으로 쓸 수 있다는 것이다.[35]

---

33 광해군조의 후금 방어 대책에 대해서는 한명기, 앞의 책, 240~244쪽 참조.

34 『紫巖集』권6, 「建州聞見錄」, 134쪽. "惟昌城 · 朔州 · 義州之間, 自昌城由時梗, 達於雲山, 自朔州由大朔州, 達於龜城, 自義州由龍川鐵山, 此三路者, 眞防守之最要害處也. 是以前朝, 契丹 · 蒙古 · 紅巾之賊, 皆由龜 · 朔 · 義州之路, 衝犯內地, 此其驗也. 昌 · 朔 · 義州三城, 曾已修築, 似可恃賴, 而時梗 · 大朔州 · 龜城 · 鐵山, 皆有古城基址, 頗得地利. 今宜汲汲修築, 以爲聯絡之勢, 況龜城, 朴犀開所守, 曾是保障之地, 尤不可不爲也."

다음으로 제시한 것은 정예병의 선발과 변방 수비의 강화 및 좋은
무기의 제조이다. 1618년 이후 서북지방의 군사적 긴장이 고조되면서
수시로 무사를 뽑아서 명목상으로 병력은 늘어났으나, 실질적으로는
강력한 정예병이 아니었다. 자암은 이에 문제가 많음을 지적하고 정예
병 선발에 초점을 맞추어야 함을 강조하였다. 그리고 선발된 정예병에
대해서는 파격적인 조건을 제안한다. 신분에 관계없이 선발된 인원은
모두 호적을 회복시켜 주고 농사일에 일체 관여하지 않고도 처자식을
먹여 살릴 수 있게 해주어 오직 군사훈련에만 전념할 수 있게 한다.
또한 일정정도 변방 근무를 하면 1품계 승진을 시켜주거나 혹 면천(免
賤)·면역(免役)·허통(許通)의 기회를 부여하자는 것이다. 나아가 내직의
시위장사(侍衛將士)나 외직의 변장(邊將)·변쉬(邊倅)를 선발할 때 변방에
서 오래도록 근무한 이를 우선적으로 선발하자는 것이다.[36] 이렇게 되면
변방 수비를 맡을 병력 충원도 자연스럽게 이루어지게 된다. 무기의
경우는 심하 전투의 경험을 거론하며 현재의 병기가 견고하지 못함을
지적하고, 실전용으로 쓸 수 있는 무기 제작의 필요성을 역설하였다.[37]

35 『紫巖集』 권6, 「建州聞見錄」, 135쪽. "今宜盡取民間雌馬, 放之牧場, 遴選監牧之員, 責其
繁息, 雄駒之齒不過三四歲, 卽驅出作騸, 擇其健實馳走者, 盡於甲士頒給, 養飼調習, 務
合戰用, 則不出十年, 甲騎之盛, 足可禦敵也."

36 『紫巖集』 권6, 「建州聞見錄」, 135~136쪽. "三日精擇戰士. 臣聞兵務精, 不務多, 兵苟不
精, 多益爲累. …(中略)… 於是廣取武科, 其數太濫, 而盡是殘庸疲劣之輩, 壯健武藝者, 百
無一二. …(中略)… 宜令中外, 勿論仕族·公私賤·雜類, 精擇壯健有材力者, 盡復其戶, 田
畝之役, 一切無所與, 以安其妻子生業, 赴防邊上, 厚給衣糧, 足以溫飽, 切勿以卒隸役使
之. 日以馳騎擊刺爲習, 防戍若干朔, 便給一資, 或免賤或免役或許通, 皆計其防戍之朔.
明立科條, 勿容濫僞, 分番輪回, 以赴邊戍, 若願年年防戍, 以求陞資者則聽, 及陞六品.
銓曹祝其才局, 內而侍衛將士, 外而邊將邊倅, 隨器除授, 武人仕路, 此爲首選, 則人豈有
不樂赴者乎?"

37 『紫巖集』 권6, 「建州聞見錄」, 136~137쪽. "甲胄則不堅不密, 重且齟齬, 弓矢刀槍則歪弱

마지막으로 제시한 군사 훈련 방안은 특기할 만하다.

여섯째 기예에 대한 연습. 신이 관찰해 보건대 노적이 멀리서 공격하는 기술은 활과 화살에 불과할 뿐이며 가죽으로 만든 활과 나무로 만든 화살의 사정거리는 불과 60~70보에 불과합니다. 오직 철기군이 내달려 돌격하면 유린당해 모두 궤멸하게 됩니다. 만약 강한 활과 날카로운 화살촉으로 100보 밖에서 제압을 한다면 그 예봉을 꺾을 수 있을 것입니다. 조총의 경우는 멀리서 공격하는 것으로서는 매우 좋으나 장전하여 발사하는 데에 시간이 너무 많이 걸립니다. 만약 성이나 험한 곳에 의지하지 않는다면 쓰기 어려운 것이니, 평원이나 평지에서는 결코 철기군과 승부를 겨룰 만한 무기가 아닙니다. 비록 왜적이 조총을 잘 쏜다 하지만 직산전투에서 명나라 해(解) 총병이 철기군으로 왜군을 유린한 바 있으니 이것이 그 실제 사례입니다. 지난 해 아군은 전적으로 포수만을 믿고 적의 돌격을 맞았는데, 미처 재장전하기도 전에 적의 기병이 이미 진중으로 들이쳤습니다. 적의 갑주는 매우 견고하니 강궁이 아니면 반드시 100보 밖에서 뚫을 수 없습니다. 만약 적이 매우 가까이 접근했다면 형세상 막을 수 있는 방법이 없습니다.[38]

鈍弊, 不堪射刺, 砲銃則四五放, 多有毀裂者. 其他諸具, 皆非著實可用之物. 臣非陣上目觀, 何以知其如此之甚乎? …(中略)… 禦賊守邊之器, 不適於用, 至於如此, 豈不誤大事乎? 今宜汲汲修造, 務合戰用."

38 『紫巖集』권6,「建州聞見錄」, 137쪽. "六日鍊習技藝. 臣觀奴賊遠技, 不過弓矢, 而皮弦木箭, 所及不過六七十步之間. 惟以鐵騎, 奔馳衝突, 蹂躪無不潰敗. 若以勁弓利鏃, 制之於百步之外, 則可以挫其鋒矣. 至於鳥銃, 極是遠技, 而藏放甚遲. 若非憑城據險, 則難以措手, 平原易地, 決非與鐵騎角勝之器. 雖以倭賊之善砲, 稷山之戰, 解摠兵以鐵騎蹂之, 此其驗也. 上年, 我軍專恃砲手, 當兵衝突, 未及再藏而賊騎已入陣中矣. 賊之甲胄極其堅緻, 除非強弓, 必不能貫穿於百步之外. 若至薄近, 勢不可遏." 직산전투는 정유재란 때 명나라의 副摠兵 解生이 이끄는 군대가 충남 천안시 직산 부근에서 왜군을 크게 무찌른 싸움. 당시 유격장 擺賽가 이끄는 정병 2천명의 공세가 더해지면서 삽시간에 승리를 거두었음.

후금의 철기군을 막기 위한 대비책이다. 자암이 보기에 철기군을 맞닥뜨리기 전에 최소 100보 밖에서 타격을 주어 그 예봉을 꺾는다면 승산이 있다는 것이다. 이를 위해 자암이 제시한 것은 강궁과 날카로운 화살이다. 조총의 경우 멀리서 사용할 수 있는 장점이 있으나 장전하는 데에 시간이 걸리기 때문에 평원에서는 사용할 수 없다. 자암은 일찍이 심하 전투에서 좌·우영이 첫발을 발사하고 재장전하기도 전에 적의 철기군에게 전멸되는 것을 목도하였다. 따라서 산성이나 평지에서 모두 사용가능한 강궁이 더욱 적절하다고 판단한 것이다. 이를 위해 활쏘기 연습은 반드시 200보 밖에서 철판을 뚫는 것을 기준으로 하는 방안을 제시하였다. 아울러 실제 전장에서 자유롭게 움직일 수 있도록 갑주를 착용하고 훈련을 실시해야 함을 덧붙였다.[39]

요컨대 자암이 「건주문견록」을 저술한 목적은 무섭게 성장하고 있는 후금 세력에 대한 정보를 조정에 제공하고, 이를 통해 향후 대비책을 마련하려는 데에 있었던 것이다.

3. 서술방식의 특징 : 관찰자적 입장에서의 사실 기록과 주(註)의 적절한 활용

「책중일록」과 「건주문견록」에서 공통적으로 발견되는 서술방식의

---

39 『紫巖集』 권6, 「建州聞見錄」, 137쪽. "今宜射夫鍊習, 必以百二十步洞穿鐵札爲式. 且此賊最畏片箭, 能及遠穿甲故也. 臣於陣上, 目覩武人, 多不勝介冑, 左右支柱, 殆難以運動. 是雖甲冑製造之不便, 實常日不習之致. 自今後, 令武人試才, 射矢馳馬, 必具甲冑而行之, 則習之有素, 而庶乎臨陣賈勇也."

가장 큰 특징은 관찰자의 입장에서 사태를 서술하거나 대화를 그대로
기록할 뿐, 자암의 논평이나 감정의 개입이 거의 없다는 점이다. 이로
인해 문체가 상당히 건조하다는 느낌을 받게 된다. 이는 저술의 목적이
사실에 대한 정확한 기록을 통해 자신에게 씌어져 있는 무고를 해명하
는 데에 있었기 때문인 것으로 보인다. 무고를 받고 있는 입장에서 자
칫 논평이나 사감을 드러내는 서술이 많이 들어가면 자료의 신뢰성을
떨어뜨릴 수 있기 때문이다.[40]

「책중일록」을 보면 구류 기간이 17개월이나 되는데 자신을 포함한
동료들의 피로생활의 고충이나 참혹한 상황 등을 거의 기록하지 않고
있다. 협박을 당하거나 야간에 고생스럽게 구류지를 옮겨 다니는 것
정도를 서술할 뿐이다. 평양에 도착하여 올렸던 「자건주환후진정소」에

---

40 자암이 「책중일록」에서 사실의 기술에만 힘쓴 이유로 포로로 잡혀 있는 상황에서 일록을
기록하는 자체가 간첩 혐의를 받을 수 있음과 이것이 발각될 때를 대비하여 후금을 자극
할만한 감정 표현을 자제한 것을 상정해 볼 수 있다. 그 단적인 사례로 후금을 몰래
정탐해서 본국으로 보고하다가 이것이 발각되어 1624년 죽음에 이른 김경서의 경우를
들 수 있다. 『인조실록』 8년(1630) 2월 16일(병인)조에는 후금의 정세를 파악하여 몰래
본국으로 疏本을 보내다가 발각되어 죽은 김경서의 절의를 표창해 줄 것을 요청한 평안도
유학 강원립의 상소가 보인다. 이후 김경서는 우의정에 추증된다.(그런데 『인조실록』
4년(1626) 6월 25일(병신)조에는 후금에서 도망친 김진이 전한 김경서·강홍립의 근황이
실려 있는데, 여기서 김경서는 3년 전에 病死하였다고 적고 있다.) 그러나 김경서와
자암의 경우는 시대적 상황이 다르다. 김경서의 경우는 후금이 요동을 완전히 장악하고
명과의 외교를 고집하는 조선을 무력으로 정벌하려고 한창 준비를 하고 있던 때이다.
김경서가 죽은 지 3년 후에 정묘호란이 발발하였다. 자암의 경우는 비록 포로로 구금되어
있었지만 당시 후금과 조선 사이에는 심하 전역의 사후 처리를 둘러싸고 비교적 우호적인
분위기에서 해결책을 모색하고 있던 시기이다. 당시 강홍립, 김경서, 자암은 책중에
구금되어 있는 상황에서도 조선 조정에 장계를 올릴 수 있었다. 특히 자암은 책중에
있을 때 두 형에게 편지를 보낼 수 있을 정도였고, 더욱이 편지에서 노추의 요동 공략
계획을 알리고 향후 조선에 미칠 악영향을 우려하는 등 적의 정세에 대해 언급하기도
하였다. 따라서 자암이 「책중일록」에서 사실 기술에 치중한 의도가 자신의 기술에 객관
성을 높이기 위한 데에 있었다고 보는 것이 더욱 온당할 것이다.

서 17개월간 겪었던 고난의 생활을 비분강개하게 토로한 것과는 사뭇
대조적이다.[41] 주관적 개입을 최대한 자제하고 본 대로 들은 대로 서술
하는 것은 기록에 대한 사실성을 높여주는 효과가 있다.

이러한 서술 태도에 입각하여 자암은 책중에서 군졸들이 저지른 비
행에 대해서도 숨김없이 기록하였다.

> 23일. 외성에 머무르던 양반들의 전대 속에 수급 세 개가 있었는데
> 오랑캐에게 **빼앗겼다**. 또 몇 사람이 함께 한 집에 머물러 있었는데 야음
> 을 틈타 주인집 여자를 죽이고 도망치거나 또 호녀(胡女)를 강간하다 발
> 각되는 경우도 있었다. 노추는 양반들을 모두 죽이라 명하였다.【노추
> 가 내성과 외성에 있는 장수와 병졸을 모두 죽이려고 하자 귀영가가 힘
> 써 불가하다고 하였다. 그래서 단지 외성에 있는 양반들 400~500명을
> 죽였는데, 귀영가는 매우 안타까워하였다. 탄식하며 말하길 "당초에 진
> 중에 있을 때 바로 조선으로 돌려 보내주지 못한 것이 너무나 한스럽구
> 나."라고 하였다.】[42]

자암 일행은 3월 6일 홍성노성으로 끌려와서 내외성에 분산 배치되
어 구류생활을 하고 있었다. 그런데 함께 피로생활을 하던 양반 중에

41 『紫巖集』 권2, 「自建州還後陳情疏」, 76쪽. "自此而後, 拘縶一空舍, 頓無許還之意. 始言
通書我國, 待回報後出送, 未幾移之者片山城中, 圍植木柵, 甚於牢獄. 而屠殺同寓之人,
以恐脅之, 或以甘言誘昭之者不知其幾, 而臣等只以一死自誓. 自上年三月到今年七月, 其
間十七箇月, 饑凍艱苦."
42 『紫巖集』 권5, 「柵中日錄」, 122쪽. "二十三日. 外間所寓兩班類所持橐中, 藏首級三顆,
爲胡所得. 且有數人同寓一舍, 乘夜殺其主女而逃, 又有強奸胡女而現發者. 奴酋令盡殺兩
班之流.【奴酋欲盡殺內外所置將士, 貴盈哥力爭不可. 故只殺外間兩班之流可四五百人,
貴盈哥甚恨之. 歎曰, '深悔當初陣上, 不能直爲出送也云.'】"

머무르는 집에서 탈출을 시도하거나 호녀를 강간하다 발각되는 자들이 있었다. 이에 진노한 노추는 양반들을 모두 죽이려고 하였으나 귀영가의 만류로 외성에 있는 사람들만 살해당한다. 자암은 한두 명 장졸들의 잘못으로 인해 이와 관련 없는 사람 전체를 죽이는 것에 대해 불만을 품고 있었으나, 그래도 귀영가에 의해 목숨을 건지게 된 사실은 주에 분명하게 부기해 두고 있다. 호적(胡賊)이라 하여 부정적으로만 그린 것은 아니다.

이러한 서술 태도는 「건주문견록」에서도 견지된다.

> 친구끼리 서로 만나면 반드시 허리를 끌어안고 얼굴을 붙이며 인사를 하는데 비록 남녀 사이라도 또한 그렇게 한다. 결혼할 때에는 족류(친족)를 가리지 않으며 아버지가 죽으면 아들이 자기 어머니를 처로 맞는다.[43]

> 병이 나면 치료할 의약이나 침술이 전혀 없다. 다만 무당을 시켜 기도를 드리고, 돼지를 잡고 종이를 찢어 귀신에게 기원을 한다. 이런 까닭에 호중(胡中)에서는 돼지와 종이가 사람을 살리는 물건이라 하여 그 값이 매우 비싸다고 하였다.[44]

남녀가 서로 허리를 껴안고 인사하는 것이나 아들이 자기 어머니를 아내로 맞이하는 것은 유교적인 도덕관념으로는 도저히 용납이 되지 않는 것이다. 그런데 이러한 풍습을 야만적인 것으로 보는 논평 같은

---

43 『紫巖集』권6, 「建州聞見錄」, 132쪽. "親舊之相見者, 必抱腰接面, 雖男女間亦然. 嫁娶則不擇族類, 父死而子妻其母."

44 『紫巖集』권6, 「建州聞見錄」, 133쪽. "疾病則絶無醫藥鍼砭之術. 只使巫覡禱祝, 殺猪裂紙以祈神. 故胡中以猪紙爲活人之物, 其價極貴云."

것이 전혀 없다. 여기에서 조선과는 다른 후금의 풍습을 주관적 가치판
단 없이 최대한 있는 그대로 서술하려고 한 자암의 서술태도를 엿볼
수 있다. 더욱이 임금에게 올리는 글임에도 불구하고 빠짐없이 보고
들은 그대로 서술한 것은「건주문견록」의 저술 의도가 후금에 대한 충
실한 정보 제공에 있었기 때문이 아닌가 한다.

　이러한 서술 태도에 입각하여 자암은 상황의 요약 서술보다는 관찰
자의 입장에서 대화를 그대로 채록하는 방식을 많이 취했다.

　　8일. 노추가 그 처자와 함께 사장(射場)으로 나가면서 도원수와 부원
　수를 초청하여 별도의 장막에 머무르게 하였다. 대해(大海)가 와서 접견
　할 때에 어떤 중국인 한 명이 그의 귀에 대고 무언가 말을 하였다. 비록
　무슨 말을 하는지 상세히 알 수는 없었으나, 기색을 보아하니 뭔가 핍박
　당할 일이 닥칠 듯하였다. 원수는 중국어로 대해에게 묻기를 "그대가 차
　고 있는 칼은 날카로운가?" 하니, 대해가 답하기를 "어째서 그런 것을
　묻는가?"라고 하였다. 원수가 말하길 "나는 글을 읽는 사람이다. 이치에
　맞지 않는 일로 굴복을 당할 수는 없다. 오늘 나를 죽일 때 너의 날카로운
　칼날로 신속하게 목을 쳐주기 바란다."라고 하였다. 대해가 놀라 정색하
　고는 "어찌 그런 일이 있겠는가?"라 말하고 얼마 지나지 않아 나갔다.[45]

　3월 8일 포로가 되어 노성으로 잡혀 온 강홍립은 죽음의 위기를 맞
는데, 죽음 앞에서 대단히 의연한 모습을 보여주고 있다. 자암은 관찰

45 『紫巖集』 권5, 「柵中日錄」, 121쪽. "初八日, 奴酋與其妻子出去射場, 逼請兩帥寓於別帳.
　　大海來接時, 有一華人附耳語, 雖不得詳其說, 觀其氣色, 似有逼迫之事. 元帥以華語謂大
　　海曰: '爾所佩力利否?' 大海曰: '何以有此問?' 元帥曰: '俺是讀書人, 不可以非理屈辱. 今
　　日殺我時, 以爾利刀, 速斫爲幸.' 大海變色曰: '豈有此理?' 未幾辭去."

자의 입장에서 대해와 강홍립의 대화를 그대로 옮겨놓음으로써 현장감
을 더해주고 있다.

또 하나 지적할 수 있는 서술상의 특징은 주를 적절하게 활용한 것이
다. 자암은 「책중일록」과 「건주문견록」 곳곳에서 주를 통해 인명, 지
명, 산세와 지형에 대해 보충 설명을 하거나 관련된 내용을 부기해 놓
음으로써 독자들의 이해를 돕고 있다. 이는 앞에서 인용한 부분들을
통해 충분히 확인할 수 있을 것이다. 여기서는 「책중일록」의 한 부분만
예거해 보겠다.

> 겨우 몇 십리를 채 못 가서 부차【노성과의 거리는 60리】에 이르렀
> 는데, 잇달아 세 번의 대포 소리가 들려왔다. 원수가 말을 빨리 달려
> 길 왼편의 언덕으로 올라가 보니, 회오리바람이 갑자기 일고 연기와 먼
> 지가 하늘을 덮었다. 필시 적의 조짐이었다. 곧바로 좌영은 맞은 편 높
> 은 산봉우리에 진을 치고, 중영은 원수가 올라간 언덕에 진을 치고, 우
> 영은 남쪽 변두리 한 언덕에 진을 치도록 명하였다. 중영과 우영은 즉시
> 진을 쳤지만 좌영은 이미 평원에 진을 치고 있었다. 원수는 별장 박난영
> (朴蘭英)에게 명하여 좌영에 서둘러 가서 높은 곳으로 진을 옮기도록 하
> 였는데, 적의 기병이 벌써 진에 가까이 들이닥쳐 이동하기 어려운 형편
> 이었다.【당시 근처 부락 백여 집에 명나라 군사들이 불을 질러 연기가
> 바람을 타고 와서 진영 위를 덮었다.】[46]

---

46 『紫巖集』 권5, 「柵中日錄」, 118~119쪽. "纔數十里, 到富車地,【距奴城六十餘里.】連聞大
砲三聲. 元帥拔馬, 馳登路左高阜, 回飆忽起, 煙塵漲天, 必是賊兆, 卽令左營陣前面高峯,
中營陣于元帥所登之阜, 右營陣南邊一阜, 中·右營卽時排陣, 而左營則已陣於平原. 元帥
令別將朴蘭英, 馳去左營, 使之擡移高阜, 則賊騎已迫陣前, 勢難移動.【時近處部落百餘
家, 爲天兵所焚, 煙氣隨風來覆陣上.】"

3월 4일 심하 전투가 시작되는 부분이다. 여기서는 두 군데 주가 보이는데, 첫 번째 것은 부차가 흥성노성과 60리 거리에 있다는 것이고 두 번째 것은 연기의 정체를 알려주는 상당히 중요한 부연 설명이다. 심하 전투에서 연기와 먼지가 바람을 타고 명군과 조선군 방향으로 불어온 것이 결정적인 역할을 했다. 일반적으로 이 연기의 정체에 대해서는 대포와 소총을 발사할 때 나오는 연기로 보았고, 바람은 만주 특유의 북서풍으로 보았다. 청초 사료인『만문노당(滿文老檔)』에 기록된 당시 전투상황에 대한 기록을 보면, 명과 조선의 2만 보병이 대포와 소총을 쏘며 대항하여 돌격이 쉽지 않았는데, 갑자기 바람이 불어와 명나라 방향으로 불어 대포·소총의 연기와 흙먼지가 명나라 진영으로 날리면서 눈앞을 분간하기 어렵게 되었다고 한다. 이틈을 타서 후금은 돌격해서 명군과 조선군을 전멸시킬 수 있었다고 적고 있다.[47] 이에 대해「책중일록」의 주에서는 명나라 군사들이 전공을 과시하려고 인근 부락에 불을 지른 연기라고 하였다. 이는「책중일록」에서 처음 지적한 것으로 이 주는 연기의 정체에 대한 이해를 도와주고 있다.

4. 맺음말 : 사료적 가치와 문학사적 의의를 겸하여

지금까지「책중일록」과「건주문견록」의 저술 목적과 서술방식 상의 특징을 살펴보았다. 끝으로 이들의 사료적 가치와 문학사적 의의를 간략하게 언급하는 것으로 논의를 맺고자 한다.

---

47 陸軍史硏究普及會 編,『明と淸の決戰』, 東京: 原書房, 1972, 117~120쪽 참조.

「책중일록」은 일찍부터 심하 전투의 실상을 파악하는 주요한 사료로 인용되어 왔다. 일찍이 이익은 『성호사설』의 곳곳에서 「책중일록」과 「건주문견록」을 인용하였고, 이긍익은 『연려실기술』 권21, 「폐주광해군고사본말」 조의 심하 전역과 관련된 기사 부분에 「책중일록」을 거의 그대로 전재해 놓았다. 현재 사학계에서도 「책중일록」은 심하 전투를 언급하면서 『광해군일기』와 청의 『만문노당』과 함께 빠짐없이 언급되고 있다.

「건주문견록」은 청나라 초기 흥성노성의 생활과 풍습 등을 연구하는 사료로서 가치가 있다. 이에 앞서 흥성노성에 대해 기록을 남긴 신충일(申忠一)의 「건주기정도기(建州紀程圖記)」가 있기는 하다. 선조는 남부주부(南部主簿)인 신충일을 건주의 흥경노성에 파견하여 노추 진영의 동태를 살펴오게 하였는데, 이때 돌아와서 쓴 보고서가 바로 「건주기정도기」이다.[48] 신충일은 1595년 음력 12월 23일 만포를 출발하여 12월 28일 건주노성에 도착한 후 1주일간 머물다가 1596년 1월 5일 흥경노성을 떠나 돌아왔다. 만포를 출발하여 흥경노성으로 가는 길에 경유한 산천, 도로, 성책(城柵), 가옥, 흥경노성의 내성과 외성 등의 그림은 앞에 배치하고, 뒤에는 성곽의 구조, 주민의 면모, 군비, 주요 인물들의 면모, 농업, 연회에 참석하여 문답한 것, 건주여진 세력의 확장 등 97조에 달하는 설명을 붙였다. 그러나 주로 연회에 참석하여 건주의 인사

---

48 신충일이 조정에 올린 97조목의 서계는 『선조실록』 29년 1월 30일(정유)에 보이는데 그림은 빠져 있다. 이인영은 그림을 포함한 「건주기정도기」를 신충일 후손가에서 발견하여 『진단학보』를 통해 학계에 소개하고, 자료 소개란에 교감·표점하여 실어놓았다. 이인영, 「신충일의 건주기정도기에 대하야: 최근 발견의 청초사료」, 『진단학보』 10, 진단학회, 1939, 142~152쪽, 169~193쪽.

들과 주고받은 얘기가 많은 부분을 차지할 뿐, 「건주문견록」과 같이 풍속이나 군사 제도 등에 대한 기록은 소략한 편이다.

문학사의 방면에서 보면 「책중일록」은 피로체험(被虜體驗)의 실기문학적 측면에서, 「건주문견록」은 해외체험의 기록 측면에서 다룰 수 있다. 강항의 『간양록』을 비롯하여 정희득(鄭希得)의 『월봉해상록(月峯海上錄)』, 노인(魯認)의 『금계일기(金溪日記)』 등의 작품은 주로 임진왜란 때의 피로 체험을 기록한 것이었다. 「책중일록」은 우리 문학사에서 보기 드물게 후금에서의 피로체험을 기록하고 있다는 점에서 의미가 있다. 특히 「건주문견록」은 비록 피로 중에 저술한 것이지만 글 자체만을 놓고 보면 연행록의 계보에서 다루어도 무리가 없을 듯하다. 중국에 연행을 가거나 일본으로 가는 통신사 행렬에 참여하고 남긴 기행록은 상당히 많다. 「건주문견록」이 비록 기행록은 아니지만 우리 문학사에서 후금에 대한 기록이 거의 없다는 것을 감안하면 더욱 소중한 자료라 하겠다.

참고문헌

李民宬, 『紫巖集』 初刊本, 『韓國文集叢刊』 82, 민족문화추진회, 1988.

_____, 『紫巖集』 重刊本, 국립중앙도서관 소장.

_____, 『柵中日錄』(不分卷 1冊), 국립중앙도서관 소장.

이민환 지음, 중세사료강독회 옮김, 『책중일록 : 1619년 심하 전쟁과 포로수용소 일기』, 서해문집, 2014.

李民宬, 『敬亭集』, 『한국문집총간』 76, 민족문화추진회, 1998.

李肯翊 著, 『國譯 燃藜室記述』, 민족문화추진회.

徐有榘 等 撰, 『鏤板考』(필사본 7권3책), 국립중앙도서관 소장.

趙緯韓, 『崔陟傳』, 『校勘本 韓國漢文小說(1): 傳奇小說』, 張孝鉉 外著, 高麗大學校 民族文化研究院, 2007.

『CD-ROM 국역 조선왕조실록』, 서울시스템주식회사, 한국학데이터베이스연구소.

고윤수, 「광해군대 조선의 요동정책과 조선군 포로」, 『동방학지』 123호, 연세대 국학
　　　연구원, 2004, 41~97쪽.
＿＿＿, 「李民宬의 『紫巖集』과 17세기 조선의 遼東문제」, 『북방사논총』 9호, 고구려
　　　연구재단, 2006, 125~151쪽.
김기빈, 「壬亂時 被俘 文人의 體驗的 文學의 考察: 『看羊錄』과 『月峯海上錄』」, 『한국
　　　한문학연구』 21, 한국한문학회, 1998, 85~112쪽.
김성애, 「자암집해제」, 『한국문집총간해제3』, 민족문화추진회, 1999, 151~152쪽.
소재영, 「壬亂被虜들의 海外體驗: 金溪日記・看羊錄・海上日錄을 중심으로」, 『겨레어
　　　문학』 9・10합집, 겨레어문학회, 1985, 235~252쪽.
陸軍史研究普及會 編, 『明と淸の決戰』, 東京: 原書房, 1972.
이승수, 「深河戰役과 金將軍傳」, 『한국문학연구』 26집, 동국대학교 한국문학연구소,
　　　2003, 23~56쪽.
이인영, 「신충일의 건주기정도기에 대하야: 최근 발견의 청초사료」, 『진단학보』 10,
　　　진단학회, 1939, 142~152쪽.
이채연, 「『看羊錄』의 實記文學的 特徵」, 『한국문학논총』 13집, 한국문학회, 1992, 49~74쪽.
한명기, 「光海君代의 對中國 관계: 後金문제를 둘러싼 對明關係를 중심으로」, 『진단
　　　학보』 79, 1995, 진단학회, 93~134쪽.
＿＿＿, 『임진왜란과 한중관계』, 역사비평사, 1999.

강홍립 이야기의 방어기제 연구

권대광

1. 서론

   심하전투는 동아시아 질서가 재편되는 계기였다. 명나라 중심의 중세적 질서가 무너지는 중요한 사건이었으며, 조선에서는 인조반정이라는 중요한 정치적 변화와 맞물려 이후 대외정책에 큰 영향을 미쳤다. 이는 이후 정묘호란과 병자호란의 실마리가 되었다. 심하전투의 주인공은 명나라와 후금이었지만, 우리 문학의 중심에서 그려진 심하전투의 주인공은 강홍립이다. 강홍립이 전면에 부각된 심하전투와 정묘호란은 존명의리론의 테두리 안에서 문제적 사건으로 서사에서 그려지고 있다. 항장과 역신의 전형으로 형상화된 강홍립의 이미지에는 동아시아의 역사적 흐름과 당대 조선의 정치 현실이 맞닿은 자리에서 만들어진 일종의 환멸이 숨어 있다.

   심하전투의 실패는 인지적 부조화는 '황제의 나라냐, 형의 나라냐'[1]의 기로에서 국내에 큰 논란과 함께 충격을 주었다. 조선의 사대부들은 17세기 호란의 시대에서 힘겨운 외줄 타기를 해야만 했다. 당대 서민들

---

1 한명기, 『(역사평설) 병자호란』, 푸른역사, 2013. 6쪽.

역시 17세기 전반을 뒤흔든 전란의 소용돌이의 직접적 참여자이며, 피해자였다. 이 시기에 형성된 전쟁 체험과 그 기억은 이후 조선 사회에 커다란 영향을 미쳤다.

문학은 의식적 산물이라는 점에서 생산과 수용에 참여하는 주체들의 의도가 개입되어 있다. 문학을 담당하는 주체들은 서사 속에서 선택적으로 기억을 재생하고, 담론을 끌어낸다. 당대 조선인들은 심하전투와 후금과의 대외관계 속에서 문학이라는 수단을 통해서 사건의 진상을 드러내어 자신을 적극적으로 변호하기도 하고, 심리적인 위안을 얻기도 했다. 요컨대 17세기 조선인들에게 문학이 심리적 표현과 치유의 과정이었다. 이 과정에서 자연스럽게 전란 체험에 대한 기억의 방식과 의식적 망각이 중요한 문제로 주목받을 수밖에 없었다. 이는 전란 체험의 기억이 선택적으로 서사화된 지점에서 그 흔적을 찾아볼 수 있다. 이러한 관점에서 17세기 이후 촉발된 심하전투와 강홍립에 대한 기억과 망각이 작가의 의도에 의해 선택된 것이라면, 기억과 망각에 작용했던 심리적 기전이 무엇이었지는 명확하게 논의되지 않았다.

심하전투를 배경으로 성립된 강홍립 이야기는 조선 후기를 관통하며 지속적으로 재생산되었다. 17세기를 지나는 동안 이야기 속에서 강홍립의 모습은 혼란했던 당대의 정치적 현실과 외교적 과제와 관련을 맺으며, 문학사적 요구와 흐름에 따라 변화했다. 강홍립 이야기가 소설 속에서 수용되는 경우, 〈강로전〉과 같이 인물에게 초점이 맞춰진 경우와 〈김영철전〉이나 〈최척전〉과 같이 배경적 차원에서 그려지는 경우로 나뉠 수 있다. 연구의 흐름 역시 크게 작가론적 차원의 수용과 역사적인 관점에서의 수용에 주목한 경우로 각각 나뉜다.

작가론적 차원의 수용을 다룬 경우는 강홍립의 인물형이 해당 작품에서 어떻게 그리고 있는지를 작가의 삶과 연관 지어 분석하는 연구가 주를 이뤘다. 조현우는 유한준의 〈강홍립전〉과의 비교를 통해 〈강로전〉을 '전쟁의 기억이 어떻게 허구적 서사로 전환될 수 있는가'를 보여주는 작품'[2]이라고 말했다. '권칙에게 강홍립은 자신에게 억울한 누명을 씌운 주범이라는 점에서, 그리고 자신이 받은 모든 불합리한 시선의 원흉으로 지목된 인물이라는 점에서 '증오'의 대상'[3]이었음을 밝혔다. 한편, 박양리는 이민환의 『책중일록』과 〈강로전〉의 대비를 통해 강홍립이 가진 '항장'의 이미지가 이민환과 권칙의 심하전투에서의 행적에 따라 달리 서사화되었음을 밝혔다.[4]

역사적 관점에서 강홍립 이야기의 허구화가 진행되어 온 흔적을 밝힌 연구가 있다. 김강은은 규창본 〈강로전〉과 유한준의 〈강홍립전〉의 대비를 통해 1630년을 전후한 짧은 시기 동안 강홍립에 대해 당대 독자들의 심리적 투영이 즉각적으로 이뤄졌음을 밝히고 있다.[5] 계승범 역시 후금과의 굴욕적인 외교적 관계가 주요 사건에 대한 집단적 기억의 조작이 일어났으며, 이러한 시도가 사건의 서사화를 통해 진행됐음을 밝히고 있다.[6] 이 입장들은 강홍립에 대한 형상화가 작가의 정치적 배경과 사회적 입장에 따라 달리 서술되어 있음을 밝힌 것이다.

2 조현우, 「〈강로전〉에 나타난 전쟁의 기억과 욕망의 서사」, 『민족문학사연구』 46, 민족문학사학회·민족문학사연구소, 2011, 56쪽.

3 조현우, 위의 글, 76쪽.

4 박양리, 「강홍립에 대한 문학적 형상화 양상 연구」, 『한국문학논총』 58, 한국문학회, 2011.

5 김강은, 「규창본 〈강로전〉 한역(漢譯)의 의미」, 『泮橋語文硏究』 47, 반교어문학회, 2017.

6 계승범, 「역사소설로 본 조선후기 '역사 만들기'의 일면」, 『韓國史學史學報』 38, 한국사학사학회, 2018, 318쪽 참조.

　　기억과 망각의 측면에서 강홍립 이야기의 형성을 고찰한 연구도 있
다. 이민희는 〈강로전〉의 서술에서 요동 정벌의 패인을 강홍립 개인의
문제로만 돌리고 있는 점에 주목하고, 서술적 객관성이 확보되지 않은
지점을 지적했다.[7] 한편, 의식적 기억과 망각의 프레임 속에서 17세기
역사소설이 형성되었음을 밝히고 있다. 특히 작가가 서사에서 의도적
으로 기억해낸 역사와 의도적으로 망각시킨 역사를 구분했다. 독자의
입장에서 서사에서 의도하지 않았지만 기억된 역사와 의도치 않게 망
각된 역사가 있으며, 이는 리얼리티 획득을 위한 간접적 복원이나 상상
과 서사적 독법이 요구되는 사건과 사실로 나타난다고 했다.

　　이는 강홍립 이야기에서도 찾아볼 수 있다. 강홍립 이야기를 역사
서사 속에서 의도적으로 기억되거나 망각한 흔적이 권칙의 〈강로전〉
과 유한준의 〈강홍립전〉에 드러난다. 〈김영철전〉의 경우에도 서사의
흐름과 상관없이 강홍립에 대한 직접적 노출이 드러나는데 이 역시 의
도적으로 서사 속에서 재생시킨 역사라고 할 수 있다. 이는 체험담의
성격과 더불어 '이념적 변형'이라고 하는 특징을 드러낸다고 할 수 있
다.[8] 한편 이와 유사하게 조선 후기 역사소설을 심리적인 차원에서 접
근하면서, 강홍립과 김응서가 등장하는 〈임진록〉 후반부의 이야기를
'공격'의 입장에서 다룬 논의도 있다.[9] 이 논의에서는 강홍립 이야기를
비롯한 조선 후기 역사소설을 심리학적 방법으로 읽힐 수 있는 단서를

7　이민희, 「기억과 망각의 서사로서의 만주 배경 17세기 전쟁 소재 역사소설 읽기」, 『만주
　　연구』 11, 만주학회, 2011, 214쪽 참조.

8　이민희, 앞의 글, 210쪽 참조.

9　주재우, 「방어기제를 통한 역사군담소설 읽기 연구」, 『문학치료연구』 30, 한국문학치료
　　학회, 2014, 128쪽 참조.

제공한다.

기존의 많은 연구가 당파의 관점이나 자기변명의 서사의 관점에서 강홍립 이야기 연구가 당대의 시점에서 포착된 시선에서 이루어진 연구라는 점에서 강홍립의 이야기나 인물 형상화에 관한 연구는 보완될 여지가 있다. 따라서 이 글은 강홍립 이야기의 성립과 재생산에 참여한 당대인들의 의식을 정신분석학적 개념인 방어기제의 측면에서 분석하고자 한다.

2. 투사를 통한 강홍립 인물형의 형성

강홍립 이야기를 담은 작품들은 역사적 사건과 역사의식이라는 두 축을 바탕으로 형상화된 소설[10]이라는 점에서 역사소설이다. 강홍립 이야기는 전쟁과 외적이라는 구체적인 외부 대상을 바탕으로, 그로부터 발생하는 불안의 극복을 그리고 있다. 이 소설들은 전쟁을 배경으로 한 현실 공간에서의 두려움과 불안을 그리고 있다. 강홍립의 투항으로 점지어지는 심하전투에서의 패배는 후금의 침입이라는 구체적인 사건을 통해 촉발된다. 강홍립에 대한 형상화 역시 당대 후금이라는 타자와의 강렬한 만남에서 오는 신경증적 산물로 이해될 수 있다. 심하전투를 통해 체감된 후금과의 만남은 당대 조선인들에게 내적 의식의 불일치를 가져왔으며, 전투의 패배는 기존의 세계관을 전복시켰다. 이는 결과적으로 이데올로기적으로는 중세적 이상이 깨지는 균열로 나타났다.

---

10 권혁래, 『조선후기 역사소설의 성격』, 박이정, 2000, 232쪽 참조.

강홍립의 투항은 이러한 환멸이 현실적으로 가장 극대화된 사건이었다고 할 수 있다.[11]

심하전투의 패배는 정치적으로 강요된 선택이었던 존명의리론의 이상이 대외적 현실과의 괴리가 표면화된 사건이었다. 17세기 공간에서 성리학적 세계관은 여전히 굳건한 자리를 지키고 있었지만, 존명의리론은 화이론의 중요한 속성을 더 이상 대변하지 못했다. 이 속에서 존명의리론은 대상이 중화문명이냐 아니냐를 다투는 양극적 성향을 속성으로 하는 병리적 현상으로 자리하게 된다.[12] 특히 이런 병리적 현상은 국내의 정치적 상황과 결부되어 '말세'라고 하는 비관적 인식에 다다르기도 한 것으로 보인다.[13]

심하전투의 패배는 조선의 지배층에 받아들이기 힘든 심한 불쾌감을 자아냈으며, 이러한 감정을 다른 사람 즉, 강홍립에게 돌림으로써 불쾌감에서 벗어나려고 했던 움직임이 포착된다. 후금에 대한 두려움과 오랑캐에 대한 굴종은 일종의 수치심을 가져왔다. 강홍립 이야기에 참여한 이들은 후금에 대한 두려움을 강홍립에게 돌리고, 호란의 패전 책임과 수치심으로부터 손쉽게 벗어나고자 투사[14]를 통해 강홍립의 인

---

11 이러한 징후는 정묘호란의 화약 과정을 통해 더욱 강화된다.(한명기, 앞의 책, 175~176쪽 참조.)

12 전쟁에서의 지휘관의 역할을 승리와 패배, 죽음과 굴욕이라는 이분법적인 시각에서 바라볼 때 강홍립의 선택은 굴욕적 패배로 인정될 수 밖에 없다. 이는 중간지대가 없는 이분법적 성향 속에서 점지어지는 강홍립에 대한 평가를 가져왔다는 점에서 병리적인 현상이라고 할 수 있다.(황성훈, 「양극성 성향을 지닌 대학생 집단에서 기분 왕복과 이분법 사고의 관계」, 『Korean Journal of Clinical Psychology』 32-4, 한국심리학회, 2013, 896쪽 참조.)

13 이승준, 「신흠의 말세관과 시조에 나타난 은거의 두 양상」, 『고전과 해석』 20, 고전문학학문학연구회, 2016, 37~38쪽 참조.

물형을 서사 속에서 실현하는 것으로 보인다.

정신분석학에 따르면 자아는 불안으로부터 스스로를 보호하기 위해 심리적 방어를 수행한다.[15] 방어는 기본적으로 개인을 불안으로부터 보호하는 자아의 무의식적 기능으로 자아가 너무 약하거나, 외적 상황이 해결 불가능할 때 이를 심리적으로 처리할 수 있도록 도와준다.[16] 방어가 상담 상황에서 관찰 가능한 상태를 '저항'이라고 하는데, 저항의 정도는 기억과 관계가 있다.[17] 기억은 외상 사건의 압박에 따라 각기 다른 저항을 띠게 되며, 이것이 의식 수준에서 표면화될 때 선택적 기억과 망각의 모습으로 나타난다고 할 수 있다.

저항은 방어가 표현된 상태라는 점에서 방어기제와 연관이 깊다. 달리 말하면, 저항에 의해 선택적으로 회상되거나 서술된 기억 혹은 망각은 방어기제의 산물이다.[18] 방어기제는 불안을 회피하고 본능 욕구를 부분적으로 충족시키는 과정을 통해 마음속 갈등과 충돌을 해소하게 하는 기능을 한다.[19] 조선 후기 강홍립을 둘러싼 이야기를 작가의 심리적 소산으로 볼 수 있다면, 서사 속에서 선택되고 재생된 기억을 통해

14 투사(projection)는 일반적으로 받아들이기 힘든 내적 갈등의 요인을 외부 대상으로부터 찾는 것이다.(Glen O. Gabbard, 앞의 책, 52쪽 참조.)

15 반건호, 「저항의 발생과 대책」, 『신경정신의학』 49, 대한신경정신의학회, 2010, 111쪽 참조.

16 최영민, 『(대상관계이론을 중심으로) 쉽게 쓴 정신분석이론』, 학지사, 2010, 172쪽 참조.

17 프로이트에 의하면 저항은 다섯 가지로 분류할 수 있다. 이는 각각 억압 저항, 전이 저항, 이차이득저항, 이들 저항, 초자아 저항이다. 이중 억압 저항은 자아의 방어기제에 의한 것이다. 한편, 안나 프로이트는 방어를 작동시키는 불안을 크게 세 가지로 분류했는데, 객관적 불안과 초자아적 불안, 본능적 불안이 그것이다. 이중 객관적 불안은 환경에 따른 불안이며, 초자아 불안은 죄책감과 수치심과 관계가 있다.

18 Gabbard는 『장기 역동치료의 이해』(노경선·김창기 역, 학지사, 2007, 51~54쪽 참조.)에서 다음과 같이 방어기제의 분류는 다음과 같다.

방어기제를 추론하고 이해하는 것은 작품을 이해하는 중요한 정보를 제공한다. 투사는 외적 세계가 요구하는 기존 정치적 도식의 수정을 거부하려는 초자아의 판단과 연결이 되어 있다.

당대 조선인들이 부정하고 싶던 후금의 성장은 심하전투를 통해 가시화되었다.[20] 명나라를 중심으로 한 동아시아 질서의 기존 도식이 붕괴한 자리에서 오는 불안감이 생겨났다. 심하전투의 패배로부터 오는 불안은 패전의 책임과 상처와 함께 지배층의 트라우마로 자리하게 된다. 이 트라우마를 해소하기 위해 이 트라우마를 누군가에게 전가할 필요가 있었으며, 패전의 당위적인 책임을 진 원정군의 도원수인 강홍립 개인에게 투사하게 되었다. 다음은 이러한 징후가 보이는 예다.

(가) 양 경략(楊經略)이 게첩(揭帖)을 보냈는데, 그 내용은 다음과 같다. (중략) "이 모두가 못난 나의 절제(節制)하는 방법과 경략(經略)하는 술수가 없는 죄이므로 이미 스스로 탄핵하고 석고대죄하고 있습니다. 그리고 삼가 생각건대, 현명한 전하께서도 밤낮으로 염려가 없지 않겠기에 사람 하나를 딸려 보내 전하의 심정을 우러러 위로합니다. 승부란 역시 병가(兵家)의 상사입니다. 국경 지대의 방어하는 계책을 소홀히 하지 마소서."[21]

원시적 방어기제	분열, 투사적 동일시, 투사, 부정, 혜리, 이상화, 행동화, 신체화, 퇴화, 분열성 환상
신경증적 방어기제	내재화, 동일시, 전치, 이지화, 감정의 분리, 합리화, 성애화, 반동형성, 억압, 취소
성숙한 방어기제	유머, 억제, 금욕주의, 이타주의, 예견, 승화

19 류창현, 『최신 분노치료』, 교육과학사, 2009, 86쪽 참조.

20 민억기, 「임진왜란기 조선의 북방 여진족에 대한 위기의식과 대응책」, 『한일관계사연구』 34, 한일관계사학회, 2009, 184쪽 참조.

(나) 경들은 이 적을 어떻게 보는가? 우리나라의 병력을 가지고 추후라도 막을 형세가 있다고 여기는가? 지난해 격문이 왔을 때부터 내가 우려하던 것은 징발한 병사를 보내는 것을 막으려고 한 것이 아니라, 먼저 우리나라 사람들의 마음이 본래 견고하지 못하고 군병은 평소에 교련되지 않아서 하루아침에 몰고 들어가면 전쟁에 도움이 못 된다는 것을 진달하되, 서둘러 경략이 나오기 전에 주달하려고 한 것이다. (중략) 대국 섬기는 성의를 더욱 다하여 붙들어 잡는 계책을 조금도 해이하게 하지 말고 한창 기세가 왕성한 적을 잘 미봉하는 것이 바로 오늘날 국가를 보전할 수 있는 좋은 계책이다. 그런데 이것을 버려두고 생각지 않은 채 번번이 강홍립 등의 처자를 구금하는 일만 가지고 줄곧 계문하여 번거롭히고 있으니, 나는 마음속으로 웃음이 나온다.[22]

심하전투 패배 직후 전란의 책임에 대한 실록의 기술이다. (가)는 심하전투의 패배가 알려진 직후 명나라는 양호의 서신을 통해 패배의 책임이 명나라에 있으며, 이후의 방비에 관해 서술하고 있다. 한편, (나)에서는 패전의 책임을 강홍립에게 물어야 한다는 비변사의 권고에 대해 광해군은 애당초 막기 어려운 실정이었다고 반박하고 있다. 이러한 논의에서 당대 조선의 지배층이 심하전투 직후에도 패전의 책임을 군사적인 역량의 부족에서 찾기보다는 원정을 실행했던 강홍립에게 투사하고자 했던 사정을 보여준다. 광해군의 적극적인 변론에도 불구하고 강홍립에게 책임을 돌리고자 했던 논의가 당대 팽배했던 사정이 (나)에서 잘 드러나며, 이 결과 〈강로전〉과 같은 작품이 탄생하게 된다. 특히

---

21 《광해군일기(중초본)》 139권, 11년 4월 3일 조.
22 《광해군일기(중초본)》 139권, 11년 4월 8일 조.

패전의 책임을 강홍립에게 씌우는 것은 명나라 측의 요구가 아닌, 조선 조정 내부의 논의라는 점은 투사적 에너지가 조선 사회 내부로 향하고 있음을 보여준다. 심하전투 직후부터 늦어도 17세기 말에 이르는 시기까지 강홍립에 대한 투사가 지속적으로 이뤄지면서 강홍립의 인물형이 구체화됐다. 서사 속 강홍립의 인물형 형성에 개입된 투사는 패전의 원인을 돌리는 데에서 출발해 망상적 투사에 이르는 단계에까지 발전하고 있는 것으로 보인다.

이 시기 투사를 통해 형성된 강홍립의 인물형은 크게 세 가지로 나눌 수 있다. 첫 번째로 패장의 모습이 그려진다.

(다) 당일 옥장의 조무래기 두 놈이   玉帳當日二小豎
      지레 겁먹고 항복한 것은 말하기도 추하도다 望風解甲言之醜[23]

(라) 응하는 혼자서 큰 나무에 의지하여 큰 활 3개를 번갈아 쏘았는데, 시위를 당기는 족족 명중시켜 죽은 자가 많았습니다. 적은 감히 다가갈 수가 없자 뒤쪽에서 찔렀는데, 철창이 가슴을 관통했는데도 그는 잡은 활을 놓지 않아 오랑캐조차도 감탄하고 애석해하면서 '만약 이 같은 자가 두어 명만 있었다면 실로 감당하기 어려웠을 것이다.'라고 하고는, '의류 장군(依柳將軍)'이라고 불렀습니다. 우영의 군대는 미처 진을 치기도 전에 모두 섬멸되었고, 원수는 중영을 거느리고 산으로 올라가 험준한 곳에 의거했으나, 형세가 고립되고 약한 데다가 병졸들은 이틀 동안이나 먹지 못한 상태였습니다.[24]

23 〈題金將軍傳後〉, 『고산유고』 1권.
24 《광해군일기(중초본)》 138권, 11년 3월 12일 조.

(마) 강홍립이 말했다. "한 명의 후금 병사라도 감히 죽이지 말라." / 이에 장졸은 모두 어찌할 바를 몰랐다. 오로지 좌영 장군 김응하만이 이를 듣지 않고, 그 병사들을 이끌어 심하에서 4~50리에 이르도록 싸우며 수많은 적을 배었다. 강홍립의 장졸들은 칼을 던지며 "검으로 한 놈 오랑캐도 벨 수 없구나."라고 몹시 성을 냈다.[25]

(다)와 (라)는 패장으로서의 강홍립 이야기에 대한 모습을 다루고 있다. (다)에서 강홍립은 '지레 겁먹고 항복한' 무능한 장군으로 그려지고 있다. (라)에 나타난 패배는 강홍립군의 패배와 함께 김응하의 분전을 그리고 있다. 그런데 강홍립의 패장 이미지가 서사 속에 노출될 때는 항상 김응하에 대한 표창이 잇따른다. 김응하의 분전은 심하전투 직후 패전을 알린 평안감사의 치계에서부터 서술되었으며, 이때 역시 강홍립의 패배에 대비되는 관점에서 서술되었다. 특히, 윤선도의 시 역시 김응하의 전에 덧붙인 것이었으며, (다)와 (라)보다 비교적 뒤에 쓰인 (마)의 유한준의 〈강홍립전〉 서술에서 역시 강홍립의 패배보다 김응하의 분전을 더욱 부각하고 있다. 이는 '패배'가 지닌 집단성과 사실성(史實性) 때문으로 보인다. 이후 서술하겠지만, 강홍립이 가진 '항장'의 이미지가 조선의 항복이 아닌 '강홍립의 항복'이라는 점에서 개인화되어 있다면, 패장으로서 강홍립의 모습은 조선군의 패배라는 점에서 집단의 서사로 인식된다.

그런데, 패배에 대한 인식은 역사적 기억과 집단이 겪은 체험의 사실적 측면을 심리적으로 소환함으로써 심하전투 패배의 책임을 강홍립

---

25 弘立令曰。敢有殺一虜者斬。士卒皆失色。獨左營將金應河不聽。麾其卒轉鬪四五十里至深河。斬獲甚多。弘立士卒無不髮衝冠擲劒曰。劒不能斬一胡。(〈강홍립전〉, 『자저』)

으로 돌리려는 '투사'적 환상을 깨뜨리게 된다. 이로부터 촉발되는 불쾌한 기억에서 벗어나기 위해 또다른 방어기제가 요구된다. 이 방어기제는 김응하의 서사를 전면에 내세움으로써 작동한다. 김응하 이야기를 통해 무능하고 의도된 조선의 패배와 굴종이 전투장면에서의 숭고한 의기로 승화되는 지점에서 독자들은 실현될 수 없었던 전쟁에서의 승리와 심리적 보상을 느끼게 된다. 요컨대 심하전투 장면에서 강홍립 이야기보다 김응하 이야기가 우선되는 이유는 일종의 반동 형성(Reaction formation)의 산물로 볼 수 있다. 패배로부터 오는 불쾌감을 감추고, 영웅적 인물의 숭고함을 강조함으로써 사건에 대한 내적 의식에 대비되는 모종의 승리감을 표출하고 있다고 할 수 있다.

두 번째로 항장(降將)으로서 강홍립의 모습이 구성되었다. 항장으로서의 강홍립은 심하전투의 패인을 강홍립 개인에게 돌리고자 하는 투사적 욕구가 극대화된 지점에서 드러난다.[26] 심하전투의 패전이 강홍립과 광해에게 의도된 것으로 그려질 때, 전투의 패배는 더는 국가나 집단일 수 없다. 따라서 서사가 강홍립의 항복 자체에 집중하게 되는 경우 항복의 의도성이 두드러질 수밖에 없으며, 이 속에서 광해군의 밀지는 필수적인 소재가 된다.[27]

---

26 역사적으로 이민환에 투사되었던 항장으로서의 이미지가 병자호란의 패배를 통해 뒤짚혀진 지점이 주목할만하다.(우인수,「朝鮮後期 嶺南 南人 硏究」, 경인문화사, 2015, 301쪽 참조.) 이민환의 경우 후금과의 전투에서 패배한 사건들이 집단적이고 역사적인 것으로 인식될 수 있었던 계기를 통해 현실적 인식이 심리적 저항을 압도했던 것으로 보인다. 다만, 강홍립의 경우 이민환에 비해 투사의 방어기제가 더욱 두드러지게 나타났고, 이후 드러난 망상적 투사를 통해 가공의 역사가 역사적 현실로 전도되었기 때문에 병리적 시선이 극복되지 못한 것으로 보인다. 한편, 망상적 투사가 가속화되는 지점인 반복 강박에 대해서는 뒤에서 상술하기로 한다.

27 연구자마다 다른 견해들을 제시하고 있지만, 밀지설은 광해와 강홍립이 지녔던 이데올로

(바) 이때 강홍립(姜弘立)과 김응서(金景瑞) 두 장수가 이미 밀지(密旨)
의 내용대로 항복하여, 오랑캐에게 사신가는 왕래가 끊이지 않게 되었
다. 이에 중국 조정이 날로 심하게 의심하게 되고, 요동(遼東)과 광녕(廣
寧)의 여러 진(鎭)들이 모두 의심하게 되었다.[28]

(사) 광해군은 장자(長子)를 임금으로 세워야 한다고 한 것에 대한 유감
을 품고서 중국을 배반하려는 계책을 가져 몰래 강노(姜奴)에게 밀지(密
旨)를 내려 전군(全軍)이 오랑캐에게 항복하게 함으로써 오랑캐의 형세
가 거세어져 천하가 그 화를 받게 하였습니다.[29]

(바)와 (사)에 나타난 강홍립의 항복은 광해군의 밀지를 통해 예정되
어 있던 것이며, 이는 중화주의적 세계관에 반하는 일로 그려진다. 특
히 (바)는《광해군일기》에 드러난 사관의 논찬인데, 대상이 되는 강홍
립의 출사 장면에서는 밀지에 관한 이야기가 없다. 또, 이 부분은 정초
본에는 없고 중초본에 첨입된 기록으로 의도적으로 부연된 서사라는
점 역시 역사적 사실로서의 패배 서사가 은폐되어 가고 있는 모습을
보여준다. '패장'으로서의 면모보다 '항장'으로서의 면모가 부각되는
과정은 강홍립 이야기의 성립 과정에서 투사가 가진 망상적 측면이 더
욱 강화되고 있는 사정을 보여준다. 강홍립과 광해군의 밀지가 사실이
라고 할지라도 서술 속에서 밀지의 존재는 당위적으로 서술될 뿐, 앞선

기적 특성이나,《광해군일기》에 드러난 김응택, 강세작, 이민환의 진술, 『청태조실록』이
나 『명사』를 근거로 부정될 수 있다. (정우택, 「광해군대 정치론의 분화와 개혁정책」,
경희대학교 박사논문, 2009, 190~192쪽 참조.)

28 《광해군일기(중초본)》155권, 광해 12년 8월 13일 조.

29 〈행장 상(上)〉, 『백호전서』.

서사에 인과적인 영향을 끼치고 있지는 않다. (사)에서 이러한 모습이
잘 드러난다. 이러한 사정을 광해를 중심으로 밀지 수여의 의도와 결과
를 생각해보면, '명나라를 배반할 요량으로 밀지를 주었는데, 결과적으
로 명나라를 배반한 행위'로 요약될 수 있다. 서사 속에서 일종의 선결
과제의 오류를 범하고 있는 셈이다. 반면 밀지설이 항간의 소문에 의한
것이라고 한다면, 이는 내적 욕망에 맞추어 외부 현실을 전체적으로
뜯어 맞추고자 하는 일종의 왜곡(Distortion)[30]이다. 이러한 모습은 결과
적으로 심하전투로부터 발생된 투사가 심화된 신경증적 형태로 발전하
고 있음을 말해준다.

강홍립에 투사된 세 번째 모습은 후금의 일원으로서 완전한 오랑캐
의 모습이다. 후금의 일원이 된 강홍립의 모습은 정묘호란에서의 향도
(嚮導) 역할에서 두드러지게 드러난다. 당대 강홍립에 대한 형상화는
조선에 화의를 재의하는 완전한 변절자로 그려지고 있으며, 조선 조정
에 대한 복수심을 가진 것으로 형상화되고 있다.

(아) 이보다 앞서 광해군 때에 강홍립(姜弘立)과 박난영(朴蘭英) 등이
오랑캐에게 항복하였는데, 이때에 이르러 오랑캐의 향도(嚮導)가 되어
우리나라에 나오자 조정에서는 그들의 아들에게 벼슬을 주어 환심을 사
려고 하였다.[31]

(자) 강홍립(姜弘立)의 노모와 처자식이 모두 이미 주륙을 당해 죽었다
고 말하여 강홍립이 깊이 원망하여 말하기를, / "조정이 나를 이미 저버

30 최영민, 앞의 책, 75쪽 참조.
31 〈대사헌(大司憲) 증(贈) 영의정(領議政) 송교(松郊) 이공(李公) 행장〉, 『명재유고』 46.

렸으니, 실로 향도가 되어 동쪽을 정벌할 것이다."/ 하였던 것이다.[32]

(차) 정묘년에 강홍립(姜弘立)이 노(虜) 후금(後金) 즉 청(淸)을 낮추어 일컫는 말)의 선도(先導)가 되어 우리 국경(國境)을 침범하자, 공이 현병(縣兵)을 거느리고 적을 토벌하기 위해 불철주야 달려갔으나, 조정이 벌써 노(虜)와 강화(講和)하여 노는 철수해서 돌아갔고 강홍립은 그대로 우리 조정에 유치되었다.[33]

(아)는 『명재유고』에 실린 이목의 행장이다. 이는 정묘호란 때 인조가 강홍립과 박난영을 위무한 장면을 사실적으로 다루고 있다. 하지만 후금과 함께 조선으로 귀환한 강홍립을 '향도'로 지칭함으로써, 강홍립에 대한 심리적 배제를 의도하고 있다. 특히. 이 심리적 과정은 왜곡을 통해 점차 망상화되가고 있는 투사의 한 측면을 보여준다. 역사적으로 정묘호란 과정에서 강홍립이 실제로 길잡이 노릇을 하거나 (차)에서 말하는 것과 같이 침공군의 주도적 역할을 수행한 것은 아니었다.[34] (아)의 경우는 사실과 허구가 혼재되어 있으나 역사적인 배경이 전제되어 있다는 점을 알 수 있다. 한편, (자)에서는 강홍립이 '향도'로 설정되는 국면이 더욱 생생하게 그려지고 있으며, (차)에서는 강홍립의 역할이 단순한 향도를 넘어 역신의 이미지로 허구화되고 있다. 이러한 측면은

---

32 〈동계(桐溪) 선생 행장(行狀)〉, 『기언』 39권.

33 〈삼학사전(三學士傳)〉, 『송자대전』 213권.

34 동아시아 질서의 재편이라는 새로운 질서의 대두 속에서 기존의 세계관이 부정당하는 심리적 균열은 국내 정치의 정신적 기반이었던 중화주의의 일원으로서 지배층에 큰 충격으로 자리한 것으로 보인다. 한명기는 『정묘·병자호란과 동아시아』(푸른역사, 2009, 43~45쪽 참조.)에서 서인계 인사들의 정치적 명분에 의해 광해군과 강홍립의 '배신행위'가 정묘호란의 원인으로 지목되었다고 말한다.

윤증(1629~1714), 허목(1595~1682), 송시열(1607~1689)이 활동한 17세기 공간에서 강홍립에 대한 투사적 형상화가 진행 중이었으며, 역사적 사건의 흐름에 따라 허구화된 지점을 보여준다. 특히 심하전투와 정묘호란의 역사적 거리 사이에서 파생된 강홍립 이야기에 투사된 방어기제들은 점차 병리적인 모습으로 확대되고 있음을 알 수 있다.

3. 작품 속 방어기제의 진행과 의미

1) 〈강로전〉에 드러난 부정과 반복 강박

심하전투 이후 초기 강홍립에 대한 대표적인 서사로 권칙의 〈강로전〉이 있다. 〈강로전〉이 창작된 1630년은 정묘호란으로부터 시간적인 거리가 멀지 않지만, 이미 강홍립에 대한 투사적 징후가 뚜렷한 시기였다. 〈강로전〉은 이 시기 강홍립 이야기의 향유자들이 지녔던 신경증적 방어기제를 보여준다. 당대 권칙의 〈강로전〉의 인접 텍스트로 이민환의 『책중일록』이나 조경남의 『속잡록』 등이 있다. 〈강로전〉은 『책중일록』이나 『속잡록』에 비해 사건의 기술이 비교적 일기나 전의 격식에 맞게 쓰여 있는 점이 특징적이다. 한편, 〈강로전〉은 전쟁의 상황이 기사적으로 제시되기보다는 인물의 행위와 말을 재구하여 서술하고, 이를 독자들에게 보여주고 있다. 한편, 비교적 전 양식에 충실하다고 평가받는[35] 『자저(自著)』의 〈강홍립전〉 역시 유한준의 생몰연대(1732~1811)로 볼 때 〈강로전〉보다 후대에 쓰인 것으로 보인다. 그런데, 유한준의

---

35 김강은, 앞의 글, 64쪽 참조.

〈강홍립전〉역시『속잡록』이나『책중일록』과 마찬가지로 심하전투를 서술자가 기사적인 서술이 주가 되어 있다는 점에서, 강홍립이라는 개인에 초점이 맞춰진 〈강로전〉과는 다른 양상을 보인다.

강홍립에게 초점을 맞춘 서술이 가져온 과도한 문식성 때문인지 〈강로전〉은 당대 및 후대 강홍립 이야기에 중요한 텍스트로 인용되지 않았다. 특히 기사체의 서술로 심하전투에 대한 이전 서술의 전통을 잇고 있는 〈연려실기술〉에서 역시 논란이 되는 '밀지'에 대한 기록을 김응하의 묘비에서 가져왔으며, 〈강로전〉은 인용하지 않았다.[36] 이러한 사실은 최소한 17세기 중엽까지는 〈강로전〉의 신빙성이 의심받았다는 점을 의미하며, 이는 〈강로전〉이 17세기 초 강홍립 이야기의 허구화에 바탕이 되는 신경증적 방어기제의 산물임을 말해준다. 한편, 강홍립과 심하전투를 다룬 주변의 작품들과 〈강로전〉의 영향적 관계가 모호하지만, 〈강로전〉에 담겨 있는 항장으로서의 이미지가 18세기 무렵에서야 역사적 사실로 적시되고 있는 지점은 심하전투 이후 강홍립에 대한 투사의 속도가 빨랐으며, 그만큼 심리적인 추동이 강했다는 것을 의미한다.

심하전투와 시간적으로 멀어질수록 강홍립 인물형의 투사적 국면은 더욱 뚜렷해진다. 하지만 〈강로전〉의 경우는 이미 투사적 대응이 상당히 이뤄져 있다. 이는 문면화 되지는 않았지만 1650년을 전후한 시기 강홍립 이야기가 구전적인 형태로 혹은 투사된 형태로 의식적 저류에 내재하여 있었을 것으로 보인다. 이러한 의식이 반복된 전이 과정을 거쳐 〈연려실기술〉의 시대에 와서 역사적 기억으로 정착되었을 것이라고 추측할 수 있다. 때문에 권칙의 〈강로전〉은 문헌기록의 역사적

---

36 계승범, 앞의 글, 326~237쪽 참조.

바탕 위에 구비적인 형태로 전이되던 강홍립 이야기가 기록 문학으로 정착되어 가는 과정의 산물이라고 할 수 있다.[37]

〈강로전〉은 당대 주변 작품과 비교해 볼 때 강홍립에 대해 작가에 의해 의식적으로 기억되고 재생된 측면이 두드러진다.[38] 이러한 담론 속에서 강홍립에게 덮어 씌워진 부정적 인물형이 반복되고 지속되는 가운데, 가공의 공간에서 구체화하고 있는 과정을 〈강로전〉은 보여주고 있다. 투사 이외에 〈강로전〉에서 두드러지게 나타나는 방어기제는 부정(Denial)이다. 작가는 강홍립군의 일원이었으면서도 이러한 자신의 정체성을 거부한다. 이는 강홍립을 '강로'로 명명하는 것을 시작으로 강홍립을 후금의 일원으로 보는 배타적 의식을 작품 속에 표면화하는 작업을 통해 이뤄진다. 한편 이러한 부정은 단순히 강홍립 군의 일원임을 부정하는 것이 아닌 조선의 패배를 부정하려는 의식으로 나타난다는 점에서 특징적이다. 이러한 부정의 의식은 그동안 조선후기 역사소설을 '정신승리의 서사'로 읽는 관점과 일치한다.

권칙은 강홍립과 광해를 '부도덕한 인물'로, 심하전투의 패전을 '있을 수 없는 일'로 그리며, 이에 대한 반론적 증거로 김응서의 분전을 내세우고 있다. 독자들은 〈강로전〉의 독서 장면에서 광해군과 강홍립

---

37 권혁래, 앞의 책, 128쪽 참조.

38 방어기제 측면에서 〈강로전〉을 비롯한 심하전투에 대한 직접적 서술을 담은 작품들은 전쟁의 트라우마에 관한 서술이라는 점에서 프로이트가 말한 자아 저항이나 장수로서 항복의 행위가 죄책감과 처벌 혹은 배제 등과 연관이 있다는 점에서 초자아적 저항의 산물로 읽힐 수 있다.(David Malan 외, 노경선 역, 『단기역동정신치료의 최신 이론과 기법』, 위즈덤하우스, 2011, 252쪽 참조.) 하지만 『책중일록』이나 『잡저』의 〈강홍립전〉에서는 방어기제를 읽어낼 만큼 서술자의 의식이 표면화되지 못하고 있다. 이는 두 작품이 가진 기사체적인 전통에 연유하는 것으로 생각될 수 있다.

의 '밀지'로 맺어진 연관성과 김응하의 분전을 상치시키게 되는데, 이는 심하전투의 패배와 이를 받아들일 수 없는 의식의 분열 상태를 드러낸다. 〈강로전〉에 드러난 김응하에 대한 표창은 기존 김응하에 대한 담론을 뒤이은 것이지만, 강홍립과 광해를 심리적으로 배제하는 과정을 작품 속에서 드러내고 있다. 이 속에서 김응서와 항왜(降倭)의 서사가 김응하와 짝을 이루게 되며, 자연히 강홍립은 누르하치와 함께 악마화되는 과정을 거친다.

(가) "만일 함부로 한 명의 오랑캐라도 해치는 자가 있으면 죽음을 면치 못할 것이다." / 그제야 모든 장수들이 놀라 얼굴빛이 하얘지면서 말하였다. / "주장의 의중을 이제야 알만하도다. 그렇지만 적을 만나도 죽이지 말라니, 장차 어찌해야 할까." / 그러나 오직 좌영군 김응하만이 명령에 불응하여 말하였다. / "싸움 중에는 임금의 명령이라도 오히려 받아들이지 않을 수 있거늘 적과 마주쳤는데도 칼을 거두라는 명령은 아직 듣지 못했소이다."[39]

(나) 왜인들은 명령을 전해 듣고서 각자 칼을 갈며 말하였다. / "우리들이 조선의 보살핌을 꽤 여러 해 동안 받아왔건만, 하루아침에 개나 양처럼 천한 사람이 되어 오랑캐의 부림을 받으니, 어찌 굴욕이 아니랴! 지금 새로 갈고 있는 이 칼로 먼저 누르하치의 머리를 자를 수만 있다면 못할 것이 없다. 우리 300명이 한마음이 되어 일당백의 기세로 더러운 무리를 쓸어 없애버리고 조선에 돌아가서 이를 아뢰면, 또한 지조가 굳은 장부다운 일이 아니겠는가?" / 이에 모두가 "좋다."고 응낙하였다.

---

[39] 〈강로전〉, 118쪽. 이후 〈강로전〉의 출전 및 인용은 '신해진, 『權伐과 漢文小說』, 보고사, 2008.'에 수록된 동사잡록본을 따른다.

그들은 약속이 정해지자 홍립에게 이를 은밀히 알렸다. (중략) 그날 밤
이 되자 곧바로 누르하치에게 들어가 고하였다. / "왜인의 마음이 불온
하니, 내일 검술을 꼭 시험해 보고자 한다면 모름지기 불상사를 막을
대책을 세워야 합니다."[40]

(다) "죽인 바가 이미 많으니, 그쳐도 되겠습니까?"/ 홍립이 말하였다.
/ "아직은 아니다! 이곳에서 떨어진 안주, 평양 등은 모두 큰 진영이다.
조선 땅으로 나아가고 물러나는 일은 오직 내가 지휘할 것이니, 병사들
이 계속해서 엄습하고 죽이도록 지휘하여라." / 이윽고 홍립의 군대가
지나는 도중 능한성에 이르자, 성안의 사람들은 오랑캐 기병이 들판을
덮고 성을 압박해 옴을 보고는 싸워 보지도 않고 흩어져 달아나버렸다.
홍립이 오랑캐 병사들을 독려하여 사방에서 조여 왔는데, 성안에 가득
한 사람들의 목숨이 잠깐 동안에 결딴나니, 그 참혹함은 이루 다 말로
할 수 없었다.[41]

　(가)는 앞서 인용한 유한준의 〈강홍립전〉에서도 같이 드러나는 부분
이다. 김응하의 분전은 누르하치와 강홍립의 결탁에 반동적인 서사로
작품 속에 드러나 있다. 한편, 작품 속에서 그려진 김응하의 최후는 강
홍립에 투사된 항장으로서의 모습을 더욱 부각하는 역할을 하고 있다.
(나)는 강홍립에 투사된 항장으로서의 모습이 망상의 형태로 발전하고
있음을 보여준다. 특히 이 과정에서 항왜와 김응하, 광해와 누르하치
가 이분법적 도식 속에서 쌍을 이루며 대립하게 된다. 이때 강홍립은
누르하치와 같은 오랑캐로 전환된다.[42] (다)에서는 (나)의 방어기제가

40 〈강로전〉, 130쪽.
41 〈강로전〉, 146쪽.

더욱 신경증적으로 확대된 지점을 관찰할 수 있다. 강홍립에 투사된 후금의 일원으로서의 모습이 잔혹성을 지닌 공포의 대상으로 그려지고 있다. 이는 강홍립 이야기를 담은 다른 서사들과는 차별적인 부분이다. 강홍립은 단순히 향도(向導)의 역할을 넘어 악마적 이미지로 서사 속에서 그려진다.

이 과정에서 서술자는 더 이상 강홍립 군의 일원이 아닌 도덕적 우위를 가진 피해자로 그려지고 있다. 강홍립에 부여된 투사의 결과는 작가에게 강홍립군의 일원으로부터 분리됨으로써 주어지는 심리적 위안과 후금이라는 거대한 두려움의 실체를 강홍립 개인에게 치환시키는 데서 오는 불안감의 약화로 드러난다. 한편 이 속에서 작가는 '정묘호란의 발발 원인과 경과를 인정할 수 없다.'든지, '청의 동아시아적 패권을 인정할 수 없다.'라는 부정을 보인다.

〈강로전〉에서 구현되는 투사와 부정은 서사 속에서 재생되는 반복 강박의 산물로 볼 수 있다. 반복 강박은 원치 않는 상황과 고통스러운 정서들을 반복하며, 이것을 재경험하는 병리적 현상이다.[43] 이는 권칙이 경험했던 심하전투의 트라우마와 귀환 이후로부터 발생한 사회적

---

42 후금의 일원으로서 강홍립의 모습은 '소씨녀의 결연'을 통해 확연히 드러난다. 『책중일록』에 드러난 강홍립이 현지에서의 여성은 '양한적(養漢的)'인데, 이는 〈강로전〉의 소씨의 신분과 어느 정도 상통하는 면이 있다. 다만, 강홍립이 포로 생활 중 얻은 첩이 명나라 사람임이 부각된 지점이 〈강로전〉에 드러난 강홍립의 오랑캐로서의 면모를 약화하는 것은 아니다. 이처럼 소씨녀는 경계적 성격을 지니기는 하지만 명분과 의리를 지닌 인물이다. 이는 강홍립의 조선 출병을 만류하는 서사에서 두드러진다. 따라서 후금에서의 결혼이 강홍립을 완벽한 후금의 일원임을 의미하지는 않는다고 할 수 있다. 오히려 소씨녀와의 분리, 즉 조선에 출병함으로써 강홍립은 완벽한 오랑캐의 모습을 갖추게 했다고 할 수 있다.

43 지그문트 프로이트, 『정신분석학의 근본개념』, 열린책들, 2014, 285~286쪽 참조.

불만족으로부터 정신적 극복에 실패함으로써 드러났다고 볼 수 있다. 심리적 억압과 갈등이 자아에 영향을 미치는 부분이 관찰된다. 무의식의 억압이 강할수록 방어나 저항이 강해지며, 저항이 강해질 수 불쾌했던 기억은 반복적으로 재생된다.[44] 강홍립을 둘러싼 심하전투의 패배나 정묘호란의 발발은 심리적으로 불쾌한 기억임에도 불구하고, 〈강로전〉을 통해 의식적으로 재생되고 있다. 그리고 이 사건의 발단인 밀지(密旨)의 존재는 〈강로전〉에서는 지속적으로 반복되고 있다.[45]

장면 밖의 서술자에 의해 독자에게 내보여지는 이 장면들은 강홍립이 가진 항장으로서의 모습을 구축하는 데만 이바지할 뿐 앞뒤 서사에서 큰 영향을 미치지는 않는다. 〈강로전〉에 그려지는 강홍립의 이미지가 밀지의 존재에 대한 반복적인 기억과 함께 연합되어 나타날 때, 서

---

[44] 하지현·유재학, 「저항의 양상들」, 『정신분석』 18-1, 한국정신분석학회, 2007, 113쪽 참조.

[45] 다음은 〈강로전〉에서 밀지의 존재가 암시되는 부분들이다.
종사관 이민환이 기회를 엿보아 말하였다/ (중략) "어찌하여 질질 끌고 전진하지 않으며 실없는 말과 술로 시간을 보내시는 것입니까? 장졸들이 이러한 모습을 보면 누구인들 해이해지지 않겠습니까?" / 홍립은 태연하게 대답하였다. / (중략) "밀지가 나에게 있으니, 그대는 너무 걱정하지 말게나."(〈강로전〉, 112쪽.)
"우리들은 나라의 두터운 은혜를 받아 몸을 사리지 않고 적과 싸우려는 마당에 주장이란 자는 오만하게도 무턱대고 밀지만을 핑계하고 있으니, 군사를 일으켜 적을 정벌하라는 밀지는 있을지언정 도대체 싸우지 말라는 밀지가 있을 수 있단 말인가?"(〈강로전〉, 113쪽.)
"군졸과 말이 모두 건장하고 튼실해야 적을 짓치며 전진할 수 있거늘, 쇠약한 군졸로 대적하면 말이 튼실하다고 해도 군졸들이 건장하지 않음을 어찌하시렵니까?" / 홍립이 말하였다. / "밀지가 나에게 있으니 그대들은 걱정하지 말게." / 여러 장수가 그를 비웃으며 물러났다. (〈강로전〉, 114쪽.)
조선의 장수들도 입을 모아 말하였다. / "군량이 다 떨어지지 않았는데도 매번 군량이 떨어졌다고 하면서 도독의 화를 돋우니, 무슨 의도이십니까?" / 홍립이 말하였다. / "밀지가 내게 있으니, 때가 되면 알 수 있을 것이네."(〈강로전〉, 116쪽.)

술자는 제한적인 시점을 취하거나 두려움의 대상으로 강홍립을 그리고 있다. 권칙은 〈강로전〉에서 밀지의 존재를 반복적으로 기억해냄으로써, 강홍립에 대한 투사와 심하전투의 상흔을 부정하고 있다고 할 수 있다. 결과적으로 〈강로전〉은 작가가 사건에 대해 간직하고 있는 진실을 작품 속에 담아내지 못함으로써 왜곡된 전이를 발생시켰고, 이것이 반복 강박의 형태로 노출된 자리에 생겨난 작품이라고 할 수 있다.

2) 〈김영철전〉에 드러난 망상의 고착화

〈강로전〉 외에 강홍립의 모티프가 등장하는 〈김영철전〉이 있다. 17세기를 통해 성립된 강홍립의 모습이 〈강로전〉을 통해 구체화하였다면, 〈김영철전〉이 쓰인 18세기는 강홍립에 투사된 망상적 서사가 고착화된 징후를 보여준다. 한편, 아픈 기억일 수밖에 없는 심하전투의 패배와 정묘호란의 발발에 대한 기억이 반복 강박의 형태로 서사 속에서 재현되고 있다.

〈김영철전〉은 심하전투 이후의 시간에서 동아시아를 배경으로 이루어진 기우(奇遇)를 다루고 있다는 점에서 〈최척전〉과 대비되곤 한다. 같은 시기적 배경을 채택하고 있느니만큼 〈최척전〉에서도 심하전투의 흔적을 엿볼 수 있다. 〈최척전〉과 〈김영철전〉에 드러난 심하전투는 작품의 인물들이 전란 속에 참여하는 직접적인 계기가 되고 있다는 점에서 공통적이다. 다만 그 양상에 차이가 있다.

> (가) 기미년에 누르하치가 요양에 쳐들어가 여러 고을을 연이어 함락시키며 명나라 군사들을 대거 살상했다. 이에 명나라 황제가 진노하여 중국 전역의 병사를 일으켜 토벌하고자 했다. 소주 출신의 오세영이란 사

람이 교유격의 천총으로 있었는데, 일찍이 여유문을 통해서 최척이 재주 많고 용맹하다는 사실을 알고 있었다. 그리하여 최척을 서기로 삼아 군 중에 두었다.[46]

(나) 마침내 오랑캐가 우리 좌영을 치고 들어와 전투가 시작되었다. 김응하는 급히 강홍립에게 구원을 요청했으나 홍립은 응하지 않았다. 김응서 혼자 나아가 싸우다 돌아와 강홍립에게 말했다. / "오랑캐 군대는 극도로 지쳐서 말안장을 껴안고 잠에 빠져 종종 말에서 떨어지기까지 합니다. 제가 대군을 이끌고 가서 협공하면 틀림없이 오랑캐 군대를 깨뜨릴 수 있습니다." / 그러나 강홍립이 주머니에서 밀지를 꺼내 보여주자, 김응서는 기운이 꺾여 감히 다시 말을 하지 못했다. 결국, 김응하는 전사하고, 강홍립과 김응서는 오랑캐에게 투항했다.[47]

위 인용은 각각 〈최척전〉과 〈김영철전〉에 드러난 강홍립에 관한 서술이다. (가) 〈최척전〉의 경우 강홍립의 심하전투 파견이 건조하게 그려지고 있다. 최척의 이야기를 전개해 나가기 위한 배경으로서 역할할 뿐 강홍립의 존재가 전경화되어 나타나지는 않는다. 이로 미뤄볼 때 〈최척전〉의 작가는 강홍립의 배반적 행위 그 자체에는 관심이 없거나, 혹은 깊은 트라우마로 숨기고 싶어하는 듯 보인다. 하지만 서사 내에서 병리적 방어기제나 반복 강압이 없다는 점에서 〈최척전〉에는 강홍립의 심하전투가 정신적 외상으로 남지 않았을 것으로 추정할 수 있다.

이는 〈최척전〉이 그려진 시기, 작가의 주변에서 강홍립 이야기가 시

---

46 〈최척전〉, 46쪽. 〈최척전〉과 〈김영철전〉은 박희병의 해석을 따르도록 하며, 인용 쪽수는 『전란의 소용돌이 속에서』(박희병·정길수 편역, 돌배게, 2007.)를 따른다.

47 〈김영철전〉, 70~71쪽.

정에서 아직 이념화되지 않은 서술로 유통되었을 것이라는 추정을 가능하게 한다. 〈김영철전〉의 경우 서술자의 논평이 직접 드러난다. 그런데, 강홍립에 대한 서사는 김영철을 중심으로 한 작품 전체의 서사 전개와는 관련이 없다는 점이 특징적이다. 이 부분은 앞서 〈강로전〉에서 밝힌 바와 같이 반복적인 강박감이 작품 속에 있음을 말해준다. 이는 〈김영철전〉이 수록된 『유하집』의 간행 시기(1731)가 〈최척전〉이 지어진 시기(1621)와의 차이 때문으로 보인다.[48]

(나) 〈김영철전〉에 나타난 강홍립의 모습은 앞서 〈강로전〉에서 확인했던 항장으로서의 모습의 재현이다. 앞서 밝힌 대로 정묘호란의 책임을 공동체 내부로 돌리고자 하는 투사가 17세기 공간에서 강홍립 이야기에 개입된 주된 방어기제였다. 그런데 〈김영철전〉은 17세기 구체화된 강홍립의 부정적 이미지가 구체화된 시기라고 할 수 있다. 이렇게 된 이유는 사회적인 수준에서 강홍립 이야기를 반복 압박하는 심리적 과정을 거쳤기 때문이다. 〈김영철전〉은 이런 반복 강박을 통해 강홍립의 이미지가 망상의 형태로 사실인 양 받아들여지게 된 징후를 보여준다.

한편, 〈김영철전〉은 〈최척전〉보다 시간적 배경이 길며, 1640년을 배경으로 임경업에 관한 기술을 추가로 하고 있다는 점 역시 특징적이다.

(다) 이날 임경업은 명나라 군대와 전투를 벌였다. 명나라 군대가 앞으로 밀고 나와 우리 군대를 포위하자 우리 군대는 총알 없는 총을 쏘고 명나라 군대는 화살촉이 빠진 화살을 쏘아 댔다. 이렇게 한참을 싸우며 밀고 밀리기를 세 차례나 반복했다. 그러다 명나라 군대가 쇠갈고리를

48 『유하집』은 홍세태(1653~1725) 사후에 발간되었기 때문에 〈최척전〉과 〈김영철전〉과의 시간적 편차는 100년이 아닌 50년 전후로 둘 수도 있을 것으로 보인다.

우리 배에 걸고 육박해 오자, 우리 군사 중에 이것이 미리 약속된 행동임을 모르던 이들이 사태가 위급함을 보고 실탄을 장전해 총을 쏘기 시작했다. 결국, 일부 명나라 군사들이 목숨을 잃게 되자 명나라 군대는 포위를 풀고 돌아갔다.[49]

(다)에 드러난 전투장면에서 임경업의 모습은 앞선 (나)의 밀지와는 정반대의 행위로 그려지고 있다. 한편, 작가는 임경업이 청나라의 원병으로 갔음에도 불구하고 명나라를 구원하려는 의지를 보임이는 인물로 그려짐으로써 강홍립과 대립적인 위치에 놓는다. 〈임장군전〉의 임경업은 김응하에 대한 전치로 보인다. 이는 이전 시기 서사에서 구체화된 강홍립의 대항담론으로서 김응하의 성격을 임경업이 그대로 지니고 있다.[50] 이러한 점은 강홍립의 인물형에 투사된 억압적 기제가 반동 형성을 통해 노출되고 있는 지점을 말해준다.

심하전투 이후 투사를 통해 만들어진 강홍립은 항장과 반신의 아이콘으로 자리 잡았다. 〈강로전〉은 이러한 논의가 이뤄지던 시기의 이른 국면을 잘 반영하고 있다. 〈강로전〉은 당대에 주목받지는 않았을지언정, 강홍립에 투사되던 부정적인 방어기제를 포괄적으로 보여주고 있다는 점이 특징적이다. 한편, 심하전투 이후 후금과의 관계가 정치적

---

49 〈김영철전〉, 83쪽.
50 이를 정리하면 다음과 같다.
   ① 실제적인 무력을 지님. 의주 부윤 시 후금군이 우회한다.
   ② 청에 압송되었을 때 탈출한 전적이 있다. 이는 사실이다.
   ③ 파병 시 명을 도왔다.
   ④ 김자점은 〈임장군전〉에서 임경업과 직접적인 대척점에 서 있지 않다. 오히려 임경업의 진정한 반동은 청나라라고 할 수 있다.

으로 문제화되면서, 강홍립의 이미지는 지속적으로 재생되었으며, 작품 간의 관계에서 교섭적인 양상이 나타난다. 강홍립 이야기의 재생산에 있어서 취사되고 선택되는 기억은 작가의 당대 정치적 관점에 의도하기도 하지만, 독자들이 느낄 수 있는 심리적 안정감을 위해 기획된 서사라고 볼 수도 있다.

그런데 심리적 관점에서 후금에 대한 당대 사대부들의 인식이 강홍립에 투사되는 지점에서는 강홍립에 대한 강력한 전이가 발생했다고 볼 수 있다. 강홍립 이야기는 후금이라는 거대한 타자에 대한 두려움이 부적으로 반영된 데서 오는 전이의 산물이다. 이는 심하전투 이후 조선 사회에서 보인 후금에 대한 이중적인 태도와도 관계가 있다. 정묘호란 당시 강홍립이 수차례 경고했던 바와 같이 조선은 후금의 침략에 상당한 부담감을 느끼고 있었다. 이후 진행된 북벌 논의에서 역시 볼 수 있듯 후금(청)과의 관계는 정도와 권도 사이의 논란에서 끊임없이 진자운동 할 수밖에 없었던 것으로 보인다.

강홍립 이야기는 이런 양극적인 심리로부터 자아를 보호하기 위한 사대부들의 심리적 산물이다. 투사의 산물로서의 강홍립의 인물형은 당대 조선 사대부들의 부정적 심리의 전이형이기도 하다. 강홍립군의 일원으로 직접 심하전투에 참여했음에도 불구하고, 권칙이 《실록》이나 『책중일록』과 같은 사료적 저술과는 다른 기록을 남긴 데에 대한 해답은 〈강로전〉을 심리적 산물로 보고, 작품의 창작을 전이적 입장에서 보는 데서 그 실마리를 찾을 수 있다. 한편, 독자의 입장에서는 작품의 수용 국면에서 역전이가 발생한다. 〈강로전〉 이외에 강홍립 이야기가 딱지본 시대에 이르기까지 끊임없이 재생산되고 향유되었던 데는 '두려운' 타자에 대한 전이와 역전이가 강홍립의 이야기를 통해 지속적으로 이뤄졌기 때문이다.

특히, 이는 중세적 가치의 유지와 보수라는 이데올로기적 관점과 결합하여 기존의 자아관념의 고수라는 안정적 자아의 확보에 기여했던 것으로 보인다. 이 속에서 김응하와의 대립적 관계가 서사화되고, 이후 김응서에까지 후금에 대한 배타적인 시선이 이에 부가된 지점은 강홍립에 전이된 심리적 트라우마의 깊이를 가늠할 수 있게 한다.

다만, 당대 사대부들의 의식 속에서 강홍립이 완벽하게 '배타적'인 인물로 그려졌는가는 숙고할 필요가 있다. 강홍립은 심하전투 당시와 〈강로전〉의 저술 당시 당대 사대부의 일원으로 인정받고 있었으며, 귀향 이후 인조의 태도는 이를 반증한다. 이는 강홍립을 '오랑캐의 일원'으로 그리고 싶은 욕구는 단순히 정치적 상황과의 불일치에 따른 '분풀이' 정도로만 작품이 쓰이고 읽히지 않았을 가능성을 시사한다.[51]

4. 결론

조선인들은 17세기 잇따른 전란에 대한 심리적 상처를 작품을 통해 표현함으로써 당면한 불안을 해소하고, 심리적 상처를 보듬고자 했다. 다만, 급변하는 대외 질서와 불안정한 정치적 상황은 17세기 전란의 시대가 남긴 두려움과 불안을 성숙한 방어기제를 통해 승화하는 데는 그다지 성공적이지 않았던 것으로 보인다.

앞서 서술한 바대로 17세기 초반 짧은 시기 동안 형성된 강홍립의

51 김진숙, 「투사적 동일시의 의미와 치료적 활용」, 『한국심리학회지 상담 및 심리치료』 21-4, 한국심리학회, 2009, 770쪽 참조.

이미지는 당대 조선인들의 내적 투사를 통해 형성된 것으로 보인다. 불쾌한 기억이었지만 해결되지 않은 심리적 불안과 인지적 부조화는 반복 강압을 거치는 동안 조선인들의 머릿속에 망상적으로 내재화되었다고 할 수 있다. 강홍립 이야기에 투사된 전란 체험의 공포와 동아시아 질서 재편의 거부감은 18세기 이후 영웅군담소설 시대에 와서도 여전히 국가나 집단 차원의 서사로 구현되기보다는 강홍립 개인의 서사와 심하 전투라는 역사적 알레고리에서 벗어나지 못하는 지점이 포착된다.

이 글에서는 강홍립 이야기의 성립과 유전에 개입된 심리적 특성을 정신분석학의 방어기제를 원용해 분석했다. 그동안 '정신적 보상'이라는 측면에서 다뤄진 17세기 이후 역사소설과 창작 동인을 구체화를 시도했다. 다만 심리의 분석을 목적으로 하는 만큼 원용한 연구 도구 자체가 해석적 보편성을 얻거나 관찰자의 주관성을 극복하는데 불리한 지점이 있다. 이는 유사한 연구의 지속적 수행을 통해 검증되어야 한다.

참고문헌

권칙, 〈강로전〉 신해진, 『權侙과 漢文小說』, 보고사, 2008.
조위한, 〈최척전〉 박희병·정길수 편역, 『전란의 소용돌이 속에서』, 돌베게, 2007.
홍세태, 〈김영철전〉 박희병·정길수 편역, 『전란의 소용돌이 속에서』, 돌베게, 2007.
〈임진록〉『임진록』, 소재영·장경남 역주, 고대민족문화연구소, 1993.
〈임경업전〉『홍길동전·임장군전·정을선전·이대봉전』, 이윤석, 김경숙 교수, 경인문화사, 2007.

권혁래, 『조선후기 역사소설의 성격』, 박이정, 2000.
류창현, 『최신 분노치료』, 교육과학사, 2009.
소재영, 『壬丙兩亂과 文學意識』, 韓國硏究院, 1980.
우인수, 『朝鮮後期 嶺南 南人 硏究』, 경인문화사, 2015.

임철호, 『설화와 민중의 역사의식』, 집문당, 1989.
_____, 『임진록 연구』, 정음사, 1985.
최문정, 『임진록 연구』, 박이정, 2003.
최영민, 『(대상관계이론을 중심으로) 쉽게 쓴 정신분석이론』, 학지사, 2010.
한명기, 『(역사평설) 병자호란』, 푸른역사, 2013.
_____, 『정묘·병자호란과 동아시아』, 푸른역사, 2009.

계승범, 「역사소설로 본 조선후기 '역사 만들기'의 일면」, 『韓國史學史學報』 38, 한국
       사학사학회, 2018, 315~339쪽.
김강은, 「규창본 〈강로전〉 한역(漢譯)의 의미」, 『泮矯語文硏究』 47, 반교어문학회,
       2017, 61~88쪽.
김진숙, 「투사적 동일시의 의미와 치료적 활용」, 『한국심리학회지 상담 및 심리치료』
       21-4, 한국심리학회, 2009, 765~790쪽.
민억기, 「임진왜란기 조선의 북방 여진족에 대한 위기의식과 대응책」, 『한일관계사연
       구』 34, 한일관계사학회, 2009, 179~218쪽.
박양리, 「강홍립에 대한 문학적 형상화 양상 연구」, 『한국문학논총』 58, 한국문학회,
       2011, 87~114쪽.
박희병, 「17세기 초 존명배호론과 부정적 소설주인공의 등장」, 『한국고전소설과 서사
       문학』, 집문당, 1998, 35~68쪽.
반건호, 「저항의 발생과 대책」, 『신경정신의학』 49, 대한신경정신의학회, 2010, 110~
       115쪽.
이민희, 「기억과 망각의 서사로서의 만주 배경 17세기 전쟁 소재 역사소설 읽기」, 『만
       주연구』 11, 만주학회, 2011, 209~241쪽.
이승준, 「신흠의 말세관과 시조에 나타난 은거의 두 양상」, 『고전과 해석』 20, 고전문
       학학문학연구회, 2016, 27~62쪽.
정우택, 「광해군대 정치론의 분화와 개혁정책」, 경희대학교 박사논문, 2009.
조현우, 「〈강로전〉에 나타난 전쟁의 기억과 욕망의 서사」, 『민족문학사연구』 46, 민족
       문학사학회·민족문학사연구소, 2011, 55~84쪽.
주재우, 「방어기제를 통한 역사군담소설 읽기 연구」, 『문학치료연구』 30, 한국문학치
       료학회, 2014, 113~137쪽.
하지현·유재학, 「저항의 양상들」, 『정신분석』 18-1, 한국정신분석학회, 2007, 111~
       117쪽.
황성흔, 「양극성 성향을 지닌 대학생 집단에서 기분 왕복과 이분법 사고의 관계」, 『Korean
       Journal of Clinical Psychology』 32-4, 한국심리학회, 2013, 895~916쪽.

David Malan 외, 노경선 역, 『단기역동정신치료의 최신 이론과 기법』, 위즈덤하우스,
       2011.
Glen O. Gabbard, 『장기 역동치료의 이해』, 학지사, 2007.
지그문트 프로이트, 『정신분석학의 근본개념』, 열린책들, 2014.

《광해군일기(중초본)》, 국사편찬위원회 조선왕조실록[sillok.history.go.kr]
『고산유고』, 한국고전번역원[db.itkc.or.kr]
『기언』, 한국고전번역원[db.itkc.or.kr]
『명재유고』, 한국고전번역원[db.itkc.or.kr]
『백호전서』, 한국고전번역원[db.itkc.or.kr]
『송자대전』, 한국고전번역원[db.itkc.or.kr]
『자저』, 한국고전번역원[db.itkc.or.kr]

명장 교일기의 죽음으로 본 심하전역

김일환

1. 서론

1618년 4월 후금의 누루하치(努尔哈赤, 1559~1626)가 무순(撫順)과 청하(淸河)를 기습 점령하자, 명나라는 조선과 몽골에 원병을 요청했다. '우리가 임진왜란 때 모든 힘을 기울여 조선을 도왔으니, 이제 그 은혜를 갚으라고 요구해도 하등 문제될 것이 없다'고 논리로, 요동(遼東) 지역 수복에 조선을 이용하고자 하였다. 광해군은 파병을 하지 않으려 했지만, 재조지은(再造之恩)을 내세운 신하들의 파병 찬성 요구를 물리칠 수 없었다. 이이첨(李爾瞻, 1560~1623)을 비롯한 대북(大北) 세력까지 파병에 찬동하고 나선 터였다. 결국 광해군은 도원수 강홍립(姜弘立, 1560~1627)과 부원수 김경서(金景瑞, 1564~1624)를 사령관으로 한 1만 3천 명의 병력을 보내고 만다.[1]

명나라는 후금의 근거지인 허투알라를 소탕한다는 작전 하에 네 개의 부대로 이루어진 원정군을 조직한다. 정유재란에 조선 원병으로 참

---

[1] 파병을 둘러싼 광해군과 신하들의 극한 대립, 그리고 실제 파병에 이르기까지의 과정에 대해서는 계승범, 『조선시대 해외파병과 한중관계: 조선 지배층의 중국인식』, 푸른역사, 2009의 제5장 「명분과 현실: 광해군 대(1608~1623) 파병 여부 논쟁과 그 성격」에 자세하다.

여했다가 울산성 전투에서 대패하여 경질된 바 있던 요동경략(遼東經略) 양호(楊鎬, ?~1629)가 총지휘관이었고, 개철총병(開鐵總兵) 마림(麻林, ?~1619)이 북로군을, 산해관총병(山海關總兵) 두송(杜松, ?~1619)이 서로군을, 요동총병(遼東總兵) 이여백(李如栢, 1553~1620)이 남로군을, 요양총병(遼陽總兵) 유정(劉綎, 1558~1619)이 동로군을 지휘했다. 명군은 스스로 '15만 대군'의 '정벌'이라고 호언했지만, 실제 병력은 '10만'을 넘지 못했다. 더군다나 명군의 사령관들은 스스로의 군세를 믿지 못해 조선의 화기병(火器兵)을 선봉에 세우고자 서로 다툴 지경이었다. 실제로 경략 양호의 요청으로 강홍립은 평양 출신 포수 400명을 두송의 서로군으로 보냈다.[2] 강홍립이 이끈 조선군은 정유재란에 참여했던 유정의 지휘를 받은 동로군에 소속되었는데, 조선군의 숫자가 명군보다 많은 지경이었다. 유정은 수비(守備) 우승은(于承恩), 유격(遊擊) 교일기(喬一琦, 1571~1619)를 파견하여 조선군을 감독했다.

1619년 2월 9일 조선군은 압록강을 건넜다. 아직 겨울 추위가 가시지 않은 북방의 산악지대를 명군과 조선군은 긴 보급선을 유지하면서 전진했다. 광해군의 심복으로 파병에 반대했던 평안도관찰사 박엽(朴燁, 1570~1623)은 병참 지원에 소극적이었고, 사로군이 모이는 시간에 강박된 유정은 조선군을 재촉했다. 식량을 보급받지 못한 조선군은 무거운 병장기를 버리면서까지 진군했다. 누르하치의 아들 아민(阿敏, ?~1640)의 활약으로 명나라의 사로 공격군이 차례로 무너졌다. 3월 4

---

2 杜松의 부대로 파견되었던 평양 포수들 가운데 李守良, 金景立 등 8명이 극적으로 생존하여 瀋陽을 거쳐 돌아오다가 問安使 成時憲을 만나 귀환하였다. 『광해군일기』 11년 3월 15일; 『속잡록』 기미년 3월 11일.

일 조선군에 앞서 행군하던 동로군은 지휘관 유정이 전사하는 궤멸적 패배를 당한다. 뒤따르던 조선군은 부차(富車) 들판에서 후금 기마부대 의 공격을 받았다. 분전하던 김응하(金應河, 1580~1619)의 좌영이 무너 지자, 강홍립은 서둘러 우영을 투입했지만 역시 패배하였다. 모두 7천 여명에 이르는 병력이 궤멸한다. 중영을 이끌고 산으로 피해 있던 원수 강홍립은 강화 협상을 시작한다. 이때 강홍립의 군영에는 조선군 감시 의 임무를 맡았던 유격 교일기와 그의 부하들이 피신해있었다. 교일기 는 조선군이 후금에 항복하기로 결정하자, 군영에서 스스로 목숨을 끊 었다. 다음날인 3월 5일 강홍립은 무장을 해제하고 적진에 들어가 항 복하였고, 강홍립 · 김경서 · 이민환(李民寏, 1573~1649) 등 지휘부와 4천 여명의 병력은 포로가 되어 허투알라로 압송되었다.[3] 역사에서는 이 전 쟁을 '심하지역(深河之役)' 혹은 '심하전역(深河戰役)'이라고 부른다.

이렇듯 일본이 일으킨 임진전쟁과 후금의 공격에서 비롯된 심하전 역은 겨우 20여 년의 시간적 간격을 두고 있다. 두 전쟁 모두 이민족(혹 은 야만족)의 준동에 화이(華夷) 질서 체제의 주체인 명나라와 이 체제를 충실하게 지지하던 조선이 연합하여 공동의 작전에 나섰다는 점에서 동일하나, 승전과 패전이라는 확연하게 다른 결과를 가져왔다. 조선으 로서는 심하전역에서의 패전으로 굳건한 동맹이자 배후세력으로서의 명나라의 위상을 의심하게 되었고, 다시 20여년이 지나 북경이 함락되

---

3 심하전역의 경과에 대해서는 李民寏, 「柵中日錄」, 『紫巖集』 권5(이민환 지음, 중세사료 강독회 옮김, 『책중일록: 1619년 심하전쟁과 포로수용소 일기』; 李肯翊, 〈沈河之役〉, 「廢主光海君故事本末」, 『燃藜室記述』 권21(김익현 역, 『국역 연려실기술』, 1967, 한국고 전번역원) 심하전역의 현장에 대해서는 이승수, 「심하전역의 현장 답사 연구」, 『동아시 아문화연구』 41, 한양대 동아시아문화연구소, 2007; 박현규, 「姜弘立 조선군의 深河 참전지리 고찰」, 『한중인문학연구』 63, 한중인문학회, 2019, 101~127쪽.

고 황조가 교체되자, '살아남은' 조선에게 명나라는 숭모의 대상이면서
동시에 동정의 대상이 되었다. 심하전역은 이와 같은 후대적 상황의
전조로 볼 수 있는데, 유정의 '전사'와 강홍립의 '항복'이라는 구도는
매우 상징적이다. 한편 감독관[監軍]이었던 교일기가 생존을 위해 숨어
들었던 조선군 진영에서 결국 죽음을 맞이한 사건은 이후 심하전역을
정리하고, 기억하는 과정에서 간단치 않은 논쟁을 불러일으켰다. 오랑
캐에게 항복하여 목숨을 구걸하기 위해 황조의 장수를 죽였다(혹은 죽
을 수밖에 없는 상황으로 내몰았다)는 증언과 후금군이 조선군을 살리고
명군은 철저히 죽이는 장면을 목격한 교일기가 자결한 것이라는 증언
이 맞섰다. 강홍립을 비롯하여 주요 장수들과 참모들은 이 사건의 당사
자로서 당시에 어떻게 처신했는가에 따라 사회적 평판이 달라졌다. 따
라서 심하전역에 참여한 장수들을 대상으로 쓰여진 각종 시문과 장수
들의 수기 같은 당대의 기록은 물론 후대의 여러 역사와 이야기에서
이 사건은 말하는 자의 의도에 따라 확연하게 혹은 미묘하게 다른 방식
으로 그려졌다.

논문에서 다루고자 하는 교일기의 죽음, 그리고 그 죽음을 다룬 기
록들의 서로 다른 양상과 그렇게 된 까닭에 대해서는 안세현[4], 박양리[5],
이민희[6] 등이 비교적 자세한 논의를 펼쳤다. 각기 이민환의 실기, 이민

4 안세현, 「紫巖 李民宬의 〈柵中日錄〉과 〈建州見聞錄〉에 대하여」, 『동방한문학』 34, 동방
　한문학회, 2008, 113~143쪽.
5 박양리, 「강홍립에 대한 문학적 형상화 양상 연구-〈책중일록〉과 〈강로전〉을 중심으로」,
　『한국문학논총』 58, 한국문학회, 2011, 87~114쪽.
6 이민희의 「기억과 망각의 서사로서의 만주 배경 17세기 전쟁 소재 역사소설 읽기-최척전
　(崔陟傳)·강로전(姜虜傳)·김영철전(金英哲傳)을 중심으로」, 『만주연구』 11, 만주학회,
　2011, 209~241쪽.

환의 실기와 권칙의 전(傳), 「최척전」·「강로전」·「김영철전」 등 17세기
전란 소설에 집중해서 논의를 펼쳤다. 다만 이민환이라는 인물, 악인
으로서의 강홍립, 심하전역을 다룬 17세기의 역사 소설 차원에서 다루
고 있어, 상대적으로 교일기에 대한 논의가 소략한 측면이 있다. 이 논
문은 이들 선행 연구에서 펼친 논의를 적극적으로 수용하면서, 심하전
역 직후부터 18세기에 이르기까지 '교일기의 죽음'을 다루는 양상과 그
렇게 만들어진 맥락을 살피도록 하겠다.

2. 자살이 절사(節死)로 바뀌는 과정

심하전역에 대한 최초의 공식적인 보고는 3월 12일에 도착한 평안감
사 박엽의 치계였다. 조·명연합군의 행군과 패배 과정, 김응하의 분투
와 그에 대한 후금의 칭송, 강홍립의 항복 과정을 적었는데, 교일기의
행적이 자세하다.

> 명나라 대군과 우리 3영의 군대가 4일 심하에서 크게 패전하였습니
> 다. 이때 유격 교일기가 군사들을 거느리고 선두에서 행군하였고, 도독
> [유정]이 중간에 있었으며, 우리나라 좌우영이 전진하였고, 원수[강홍
> 립]는 중영을 거느리고 뒤에 있었습니다. 적은 개철(開鐵: 개원과 철
> 령)·무순(撫順) 두 방면의 군대를 패퇴시킨 뒤에, 회군하여 동쪽으로
> 나와 산골짜기에 군사를 잠복시켜 두고 있었는데, 교 유격이 갑자기
> 【부차 지방에서 노추의 복병을】만나 전군이 패하고 혼자만 겨우 살
> 아났습니다. 도독이 선봉 군대가 불리한 것을 보고 군사들을 독촉하고
> 전진해 다가갔으나, 적의 대군이 갑자기 이르러 산과 들판을 가득 메우
> 고 철기병이 마구 돌격해 와서 그 기세를 당해낼 수가 없었습니다. 마구

깔아 뭉개고 죽여대는 바람에 전군이 다 죽었고, 도독 이하 장관들은 화약포 위에 앉아서 불을 질러 자살하였습니다. (중략)

  적이 무리를 다 동원하여 일제히 포위해오자 병졸들은 필시 죽게 되리라는 것을 알고 분개하여 싸우려 하였는데, 적이 우리나라의 오랑캐말 역관인 하서국(河瑞國)을 불러 강화를 하고 무장을 풀자는 뜻으로 말하였습니다. 그리하여 김경서가 먼저 오랑캐 진영으로 가서 약속을 하고 돌아왔는데, 강홍립이 와서 맹세하라고 요구했습니다. 중국의 패잔병 수백 명이 언덕에다 진을 치고 있었는데, 적이 우리 군대에다 대고 '너희 진영에 있는 명나라 사람들을 모두 내보내라'고 소리치고, 또 '명나라 진영에 있는 조선인을 모두 돌려보내라'고 소리쳤습니다. 이 때 교유격이 아군에게 와서 몸을 숨기려고 하다가 우리 나라가 오랑캐와 강화를 맺으려는 것을 보고는 즉시 태도가 달라져 작은 쪽지에다 글을 써서 자신의 가정(家丁)에게 주면서 요동(遼東)에 있는 그의 아들에게 전하라고 하고는 즉시 활시위로 목을 매었습니다. 우리 나라의 장수가 구해내자 낭떠러지로 몸을 던져 죽고 말았습니다. 홍립 등이 명나라 군사를 다 찾아내어 오랑캐 진영으로 보내자, 적은 그들을 마구 때려서 죽였습니다.[7]

선두에서 행군하던 교일기의 부대가 가장 먼저 패배했는데, 지휘관

---

7 『광해군일기』 11년 3월 12일. "天朝大兵及我三營兵, 以初四日敗績於深河. 時遊擊喬一琦, 領兵前行, 都督居中, 我國左右營繼進, 元帥領中營在後. 賊旣敗開鐵·撫順兩路兵, 回軍東出, 先鋒設伏於山谷中, 喬遊擊卒遇奴伏於富車地方, 一軍敗沒, 僅以身免. (중략) 賊悉衆合圍, 士卒知必死, 憤慨欲戰, 賊乃招我國胡譯河瑞國, 語以通和解兵之意. 金景瑞先往虜營, 結約賊將而還, 景瑞 又要弘立俱盟. 天朝敗兵數百, 屯據原阜, 賊呼我軍中曰: '漢人之在爾軍者, 悉出之.' 又呼曰: '鮮人之在漢陣者, 皆歸之.' 時喬遊擊來投我軍, 以爲庇身之所, 見我國與奴連和, 情態卽異, 書小紙, 付其家丁, 以傳其子之在遼東者, 卽以弓弦繫項, 我國將官救之, 乃挺身墮崖而死. 弘立等盡捜天兵, 送于虜陣, 賊縱擊盡之." 번역은 한국고전번역원의 한국고전번역DB를 따름. 이하 마찬가지.

인 교일기는 혼자 살아남아 조선군 진영으로 몸을 숨기고 있다. 유정을 비롯한 본대의 지휘관들은 패배를 확인하고 자폭했지만, 교일기는 살기 위해 노력하고 있었음을 강하게 시사하고 있다. 후금군이 강화의 조건으로 조선군 진영에 있는 명군을 색출하여 내보낼 것을 요구하는 상황에 이르자, 교일기는 아들에게 보내는 유서를 가정(家丁)에게 맡기고 활시위로 목을 매어 죽으려고 하였다. 이에 조선군 '장수'가 교일기를 구해냈지만, 그가 다시 절벽에서 투신하는 바람에 다시 목숨을 구할 수는 없었던 상황이었다는 것이다. 조선군이 내보낸 명군을 후금군이 모두 타살(打殺)했다는 후문은 결국 교일기는 죽을 수밖에 없던 상황이었고, 조선군은 나름대로 그를 구하기 위해 최선을 다했다는 해명으로 읽힌다. 강홍립을 비롯한 조선군의 지휘부가 명군을 내보낼 수밖에 없던 것은 후금군이 내세운 화의의 조건이었고, 결국 이렇게 된 것은 전투를 제대로 수행하지 못한 명군 지휘부가 야기한 결과인 셈이다.

다음 달, '사로병진(四路竝進)' 작전의 총책임자였던 양호가 파견한 차관(差官)이 한양에 도착했다. 4월 3일 차관 상명신(常明臣)이 전한 양호의 게첩은 패전에 대한 반성과 조선이 입은 피해에 대한 위로가 주를 이루었다.[8] 조선군 강홍립의 항복이나 명군 교일기의 죽음에 대한 추궁은 전혀 없었다. 4월 8일 상명신을 접견한 광해군은 '강홍립이 한 행위에 대해 가슴이 아프다[姜弘立等所爲, 不勝痛心]'며 양호에게 사과의 뜻을 전해달라고 하였다. 구체적인 전황에 대해서는 언급하지 않았다. 상명

---

8 『광해군일기』 11년 4월 3일. 楊經畧揭帖: "建賊逆天, 王師行討, 貴藩守維屏之義, 效同仇之擧, 徵發萬衆, 濟江而西, 忠節昭然, 可揭日月. 方期一鼓蕩平, 不謂兩軍失利, 傷存悼沒, 疾首痛心, 則皆不肖節制無方, 經略無術之罪也. 已經自劾席藁外. 恭念賢殿下, 不無宵旰之慮, 謹馳一介, 仰慰尊懷. 惟勝負, 亦自兵家之常, 在封疆, 無忽防禦之策."

신도 조선으로 나올 때 두송의 패전에 대해서만 들었다며, 역시 동로군의 패전에 대해서는 언급을 회피했다.[9] 하지만 귀환하던 상명신과 이를 배웅하던 우의정 조정(趙挺, 1551~1629)의 대화를 보면, 명군 지휘부가 패전의 전후 사정을 모르고 있던게 아니라는 것을 알 수 있다.

차관: "내가 오게 된 것은 국왕에게 위로를 드리기 위한 것 뿐만 아니라 본국의 전사한 장수가 누구이며 전사한 군졸이 얼마인가를 자세히 알아 천조에 보고하려는 것입니다."

조정: "우리나라의 전사한 장수와 군졸을 기록하여 1본을 이미 바쳤습니다. 도망하여 돌아온 사람의 말을 들으니, 교 유격이 전쟁에 패배한 후 중영[조선군 진영]에 들어와서 나뭇 가지에 목을 매어 벼랑에 떨어져 죽었다 하고, 유 도독은 시종 힘껏 싸우다 마침내 사막에서 죽었다고 하였는데, 그 당당한 절개가 혹시라도 묻혀질까 염려되어 이렇게 말하는 것입니다."

차관: (웃으며) "이들은 모두가 전쟁에 패배한 장수이니 비록 어쩌다 목숨을 바쳤다 하더라도 무엇을 취할게 있겠습니까?"

조정: "강홍립 등은 원수가 된 몸으로 포로가 됨을 면하지 못하였으므로 온 나라의 신민들치고 통분해 하지 않는 사람이 없습니다."

차관: "천조의 장수가 제대로 지휘하지 못하여 조선의 군병을 패몰하게 하였습니다."[10]

---

9 『광해군일기』 11년 4월 8일.

10 『광해군일기』 11년 4월 10일, 右議政趙挺啓曰: "臣承命到差官所館處, 差官曰: '俺之委來, 非但致慰于國王, 只欲詳知本國陣亡將官誰某, 戰卒幾許, 轉報天朝耳.' 臣對曰: '我國陣亡將卒, 已爲開錄一本呈進矣. 得聞逃邊人之言, 喬遊擊戰敗之後, 來到中營, 結項懸于樹枝, 墜崖而死, 劉都督終始力戰, 竟死於沙場(中), 其堂堂大節, 恐或泯滅, 如是言及矣.' 差官笑曰: '此皆敗軍之將, 雖或致死, 何足取也?' 臣又曰: '姜弘立等身爲元帥, 未免被擄, 一國臣民, 莫不痛惋.' 差官曰: '天朝之將, 不能節制, 使朝鮮兵敗沒耳.'"

패전과 항복이라는 난감한 처지에 놓인 당사자들이 상대방을 자극하지 않기 위해 노력하고 있다. 명나라의 입장에서는 조선의 추가 파병[11]이 필요했기 때문에 명군 장수가 지휘를 제대로 못해 조선군이 희생당했다고 사과하고 있다. 요동(경략)으로서는 후금 세력의 남하로 중앙정부[關內]와의 육로가 단절될 상황에서 배후 세력으로서의 조선이 절실히 필요했다. 조선도 할 말은 없었다. 광해군의 반대파는 물론 이이첨을 비롯한 집권 대북파마저 강력하게 파병을 주장한 상황에서 제대로 힘 한번 써보지 못하고 투항한 일은 민망하기 짝이 없는 노릇이었다. 사로의 군대 가운데 아예 전투를 회피한 경우가 아니라면 패배하여 전사할 지언정 부대 단위로 항복한 것은 강홍립이 유일했기 때문이다. 더구나 조선군을 지휘하던 명군 장수, 특히 왜군과 싸운 공이 있던 유정이 투항하지 않고 죽음을 선택했던 터였다. 그래서 조정은 교일기의 죽음에 대해서는 '패배한 뒤에 조선 군중에 들어와 자결'한 것으로 말하고, 유정은 '장렬히 전사했다'는 전언(傳言)의 형식으로 답을 하였던 것이다. 이에 차관은 승리가 중요하지 '(장렬한) 전사'가 무슨 필요가 있느냐며 논외로 치부했다. 이에 조정은 다시 강홍립의 항복을 조선의 신민들은 용인할 수 없어 한다며 미안해 했지만, 차관은 역시 자신들이 지휘를 잘못 했기 때문이라며 이를 문제 삼지 않고 있다. 따라서 적어도 그때까지만 하더라도 명과 조선의 관계에서 교일기가 어떻게 죽었느냐는 그다지 중요한 문제가 아니었다는 사실을 알 수 있다.

---

11 같은 해 8월 양호의 후임이 된 웅정필(熊廷弼, 1569~1625)은 부임과 동시에 조선에 차관을 보내어 추가 파병을 요구했고, 1622년에는 명나라 조정이 후금에 빼앗긴 요동을 수복해야 한다며 감군 양지원(梁之垣, ?~?)과 선단을 보내어 추가 파병을 요구했다. 광해군은 두 차례 모두 파병을 거부했다. 계승범, 앞의 책, 2009, 176~179쪽, 196~202쪽 참조.

　하지만 조선은 여전히 불안했다. '재조지은(再造之恩)'의 논리와 자발
적 항복이라는 현실이 결부되면 강력한 파병 논의가 다시 나올 수 있기
때문이다. 그래서 광해군은 장렬한 전사자 김응하에 대한 선양사업을
추진했다. 명나라 사신들이 오가는 의주에 김응하의 사당을 세웠고[12],
당대의 문사들로 하여금 김응하를 기리는 시문을 짓게 하였다. 여기에
김응하의 영웅적인 행적은 보여주는 그림[판화]까지 얹어졌고, 1년 반
정도의 공정을 거쳐 1621년 12월경에『충렬록(忠烈錄)』이 간행되었다.[13]
『충렬록』의 주인공은 김응하인데, 명군 장수 유정과 교일기가 함께 언
급되는 양상을 보인다.[14] 박엽의 보고에 보이는 무기력한 모습이나, 상
명신의 심드렁한 평가에서 간취되는 무능한 지휘관의 면모가 아니라
장렬히 전사함으로써 절개를 지킨 장수이자 군인으로 새롭게 정립되었
던 것이다. 김응하가 분투 끝에 전사한 행위를 조선이 번국(藩國)으로
서의 역할을 충실히 수행한 증거로 전유하기 위해서는 종주국의 장수
들도 거기에 걸맞는 표상을 가지고 있어야만 한다.

---

12 李廷龜,「三月初四日, 將渡鴨江, 狂風從北來, 雨下如注. 仍思是日乃上年兩元帥陷賊, 金
　　將軍應河及二萬官軍戰死之日, 應有冤魂化爲風雨而來, 故感而有作, 以爲迎神曲」【三
　　首】, "一片新祠鴨水隈【時新造金將軍祠於鴨江邊, 禮官將於初十日, 致祭】, 孤魂迢遞幾時
　　迴. 今朝急雨翻江岸, 白馬潮頭按劍來." 이승수,「深河 戰役과 金將軍傳」,『한국문학연구』
　　26, 동국대 한국문학연구소, 2003, 26쪽에서 재인용.

13 이승수,「죽음의 수사학과 권력의 상관성─傳係 敍事를 중심으로」,『대동문화연구』50,
　　성균관대 대동문화연구원, 2005, 323~352쪽; 임완혁,「명·청 교체기 조선의 대응과
　　『忠烈錄』의 의미」,『한문학보』12, 우리한문학회, 2005, 179~217쪽.

14 이송희,「김응하『충렬록(忠烈錄)』판본 변개 과정과 그 의미」,『儒學硏究』46, 충남대
　　유학연구소, 2009, 129~159쪽에 자세하다. 아래 李廷龜과 韓纘男의 글도 여기서 재인용.

　아, 기미년(1619)의 전투에서 천자가 검을 잡았고, 유 도독과 교 유격
이 일대의 명장으로서 거느린 군사는 모두 사천(四川)과 파촉(巴蜀)의
뛰어난 인재요 요동과 연주(燕州)의 건아였으나, 하늘이 선한 쪽을 돕지
않고 군사가 경솔히 전진했다가 마침내 스스로 분신하고 목을 매고 죽
고 말았다. 그리고 저 강홍립·김경서가 군사를 거느리고도 구원하지 않
다가 갑옷을 벗고 적에게 투항한 것이야 차마 말할 수조차 있겠는가.
이러한 때 장군의 죽음이 없었다면 군사를 모두 동원했던 우리나라의
의리를 어떻게 드러낼 수 있었으리오? 이것이 장군의 죽음이 족히 사직
을 지킨 공이 되는 까닭이다.[15]

　심하의 전투에서 유정과 교일기 두 공은 죽음으로 절개를 이루었고,
강홍립과 김경서는 오랑캐에게 항복했다. 좌영장 김응하는 발분하여 몸
을 돌아보지 않고 크게 의리를 부르짖었으니, 부대 전체가 목숨을 걸고
싸워 감히 달아나지 않았다.(중략) 유 도독과 교 유격과 우리 공이 나라
일에 함께 죽어 나란히 삼충(三忠)이 될 수 있어, 해와 달과 더불어 빛을
다투니 감히 하늘에 통한다 이를 만하다. 귀신에게 질정하고 고금을 꿰
뚫어도 부끄러움이 없을 것이다.[16]

　이정구(李廷龜, 1564~1635)는 유정과 교일기를 '일대의 명장'으로 호
명하고, 한찬남(韓纘男, 1560~1623)은 여기에 김응하를 더해 세 사람의

15　李廷龜, 「序」, 『忠烈錄』(초간본), "噫, 己未之役, 天子按劍, 劉摠兵·喬遊擊, 以一代名將,
　　所領皆川·蜀奇材, 遼·燕健兒, 而天不助順, 師徒輕進, 終未免自焚·自縊而死. 彼弘立·
　　景瑞之擁兵不救, 解甲投降者, 尙忍言哉. 儻微將軍之死, 我國悉賦從征之義, 其何以暴
　　白? 是將軍之一死, 足爲社稷之功."

16　韓纘男, 「跋」, 『忠烈錄』(초간본), "深河之役, 劉·喬二公死節, 弘立·景瑞降于賊, 左營將
　　金公奮不顧身, 倡義大呼, 一軍爭死, 莫敢退北, (중략) 劉·喬·我公得之, 同死王事, 列爲
　　三忠, 而與日月爭光, 可謂通天地, 質鬼神貫古今, 而無愧者也.'"

절의가 역사 속 절사들과 비교해도 뒤지지 않는다고 하였다. 이런 과도한 의미 부여가 정당화되기 위해서는 필연적으로 비교 대상이 필요한데, 이 대목에서 강홍립과 김경서가 소환되었다. 전투에 나선 지휘관이 '무조건 항복'을 하는 일은 설령 저간의 사정이 있다하더라도 비판받이 마땅하다. 왕의 '밀지(密旨)'에 따른 항복이라고 변명해도 군인(장수)이었기에 용서 받을 수 없다. 결국 함께 항복한 수하 장졸들의 안위도 책임지지 못했기 때문에 강홍립과 김경서는 항복의 어떤 명분도 확보하지 못했다. 『충렬록』 간행에는 영의정 박승종(朴承宗, 1562~1623)을 비롯하여 이이첨, 한찬남 등 뒷날 계해년의 반정에서 '불의(不義)'의 이름을 뒤집어쓴 대북파들이 적극적으로 임했다. 물론 이정구 등 서인계도 참여한 것을 보면, 당색과 관계없이 전조선적 차원에서 이루어진 일이지만, 그 가운데서도 대북파는 열성적이었다. 특히 이이첨은 유정과 교일기의 제문을 각기 지었다.[17]

『충렬록』은 김응하를 영웅으로 만들어내어 조선군의 항복을 가리려는 의도에서 만들어졌기 때문에 그의 사망 이후의 상황에 대해서는 소략하다. 『충렬록』에 얹혀진 김응하의 전기를 읽고 감상문을 쓴 유몽인(柳夢寅, 1559~1623)은 '강홍립과 김경서가 항복한 전말을 제대로 적지 못한 것이 한스럽다'고 하였다.[18] 이렇듯 의도적으로 만들어진 '절사와 항복', '의과 불의', '죽음과 생존'의 구도는 전장의 정황을 보다 극적으

---

17 金應河를 위한 祭文 뒤에 나란히 실린 이이첨의 「祭劉都督文」과 「祭喬遊擊文」은 『金將軍傳』계열의 축약본 『忠烈錄』에는 빠지기도 했지만 정조 22년에 간행된 『重刊 忠烈錄』에서 다시 실리기도 하였다. 이송희, 앞의 논문, 135~137쪽.

18 柳夢寅, 「題金將軍傳後」, '獨恨不記弘立景瑞降虜事首尾.' 임완혁, 「明·淸 교체기 조선의 대응과 『忠烈錄』의 의미」, 『구연전통과 서사』, 태학사, 2008, 379쪽에서 재인용.

로 강화되는 양상을 가져왔다. "군대를 거느리고 있었음에도 구해주지 않았다[擁兵不救]"는 잘못만으로는 강홍립을 비롯한 항복한 인물들을 악인으로 만들어내기 어려웠기 때문이다.

3. 타살 혹은 강요된 자결

'부작위(不作爲)'라는 용어가 있다. '마땅히 해야 할 것으로 기대되는 행위를 하지 않는 것' 혹은 '아무 것도 하지 않는 소극적 행위'를 말한다. 현행 우리 형법에서는 부작위라고 해도 일부러 한 행동과 결과가 같으면 처벌한다.[19] 맹자는 '仁의 시작을 측은히 여기는 마음'이라고 하였다. 어린아이가 우물에 빠지려 할 때 조건 없이 달려가 아이를 구해 내는 것은 인간의 본성이므로 '측은해하는 마음이 없으면 사람이 아니다(無惻隱之心非人也)'라고 하였다. 강홍립의 항복에 대해서는 전술의 차원에서 논쟁의 여지가 있다. 김응하의 좌영군을 구하려다 전군이 공멸할 수도 있는 상황이었다. 적은 유정의 본대[동로군]를 궤멸시킨 무적의 기마부대였다. 그 기마부대가 이미 두송의 서로군과 마림의 북로군을 패퇴시켰음을 알게 된 뒤에는 '군대를 거느리고 있으면서 구하지 않았다[擁兵不救]'는 논리로는 강홍립을 비판하기 어려웠다. 후금군과의 전투는 조선군이 제어할 수 없는 문제였다. 그래서 교일기의 죽음이 중요한 문제로 부각되었다. 유일하게 살아 남은 명군 장수가 조선군 진영에 들어 왔으니, 이제 그의 생사여탈권은 수장 강홍립의 손에 달린 상황이

---

19 양지열, 『이야기 형법』, 마음산책, 2014, 36쪽.

만들어진 것이다. 교일기의 죽음은 김응하가 전사한 이후에 벌어진 일
이므로 『충렬록』에서는 제대로 다루지 못했다. 그런데 심하전역 전체
를 문제 삼으면서 교일기의 죽음이 절개를 지키기 위한 스스로의 선택
인지, 화의를 주도했던 조선 지휘관들의 겁박에 의한 것인지를 두고
논란이 벌어졌다. 그 논란은 한 편의 소설에서 촉발되었다.

　　명년 기미년에 오랑캐 추장이 요양으로 쳐들어가 연달아 여러 진지를
　　함락시키고, 많은 수의 장졸들을 살해했다. 천자는 진노하여 중국 전역
　　의 병사를 동원하여 토벌하고자 했다. 소주 출신의 오세영(吳世英)이란
　　사람이 교 유격[교일기]의 천총으로 있었는데, 그는 일찍이 여유문(余有
　　文)을 통해서 최척이 재주 많고 용맹하다는 사실을 알고 있었다. 그리하
　　여 최척을 서기(書記)로 삼아 군중에 두었다.(중략)
　　교 유격은 패잔병 10여 명을 이끌고 조선 군영에 들어가 조선 병사의
　　옷을 달라고 애걸했다. 조선의 원수 강홍립은 옷을 주어 죽음을 면하게
　　하려 했으나, 종사관 이민환은 누르하치의 뜻을 거슬렸다가 훗날 문제
　　가 될 것이 두려워 그 옷을 빼앗고 명나라 병사들을 붙잡아 적진으로
　　보냈다. 최척은 본래 조선 사람이므로 혼란한 틈을 타 조선 군대 속에
　　숨어 들어가 홀로 죽음을 면할 수 있었다. 그러나 강홍립이 후금에 항복
　　하면서 최척 역시 조선 병사들과 함께 후금 군대에 사로잡히는 신세가
　　되고 말았다.[20]

---

20 趙緯韓,「崔陟傳」,"明年己未, 奴酋入寇遼陽, 連陷數鎭, 多殺將卒, 天子震怒, 動天下之兵
以討之. 蘇州人吳世英, 喬遊擊之千摠也. 曾因余有文, 素知崔陟才勇, 引而爲書記, 俱詣
軍中. (중략) 喬遊擊領敗卒十餘人, 投入鮮營, 乞着鮮衣, 元帥姜弘立, 給其餘衣, 將免死
焉, 從事官李民寏, 懼其見忤於奴酋, 還奪其服, 執送賊陣, 而陟本鮮人, 遑亂之中, 匿編行
間, 獨漏免殺. 及弘立輩納降, 陟與本國將士, 就擒於虜庭." 원문은 박희병,『한국한문소
설 교합구해』, 소명출판, 2005, 437~438쪽, 번역은 박희병·정길수 옮김,『전란의 소용
돌이 속에서』, 돌베개, 2007 참조.

최척은 강소·절강성에 이르러	陟也抵江浙
우연히 교 유격을 알게 되었고	遇知喬遊擊
오랑캐 정벌을 따라갔다가	隨陷東征時
패전해 달아나 목숨을 건졌네	走回乃得脫
옥영은 배를 타고	英則泛使舶
또한 고향으로 돌았왔으니	前已歸故域
파경 끝에 다시 만났고	破鏡竟重圓
이별했다가 끝내 합쳤다네	分釵終復合
그 가운데 교 유격을 결박했다는 단락	其中縛喬段
내 동생을 연루시켰는데	牽連因敍及
최척이 살아 돌아와	以陟之生還
증언했다고 말을 퍼뜨렸네	立證爲駕說[21]

동생이 돌아오기만을 기다리던 이민성(李民宬, 1570~1629)은 '商山의 士人'이 지었다는 「최척전(崔陟傳)」에서 동생 이민환이 교일기를 묶어 후금에 보냈다는 내용을 보고 경악했다.[22] 서울의 여러 사람들이 이러니 저러니 떠들어도, 복수의 증언으로 확인된 사실, 즉 교일기는 스스로 밧줄을 묶어 목을 매고 벼랑으로 뛰어내린 것이 분명하다[23]는게 이민성의 믿음이었다. 그런데 '도망병 최척'으로부터 직접 듣고 썼다는

---

21 李民宬, 「題崔陟傳」, 『敬亭集』 권4(문집총간 76). 번역은 무악고소설자료연구회 편, 『한국고소설관련자료집 1』, 태학사, 2001, 248~252쪽: 중세사료강독회 옮김, 앞의 책, 159~161쪽을 참조함.

22 李民宬, 「題崔陟傳」, 『敬亭集』 권4(문집총간 76), "怪哉崔陟傳, 不知誰所作. 事之有與亡, 文之工與拙. 今姑不暇論, 略破其心術. 其曰崔陟者, 本帶方士族. 其妻名玉英, 才慧爲偶匹. 亂離俱被擄, 相失日本國. 分離與偶合, 恍惚莫可測."

23 李民宬, 「憂憤作」, 『敬亭集』 권11(문집총간 76), "洛中不悅者, 喧傳輒倍百. 至做縛喬說, 構汝實不測. 喬取結羹繩, 繫頸墜崖谷. 其言不攻破, 前後辭皆一."

「최척전」에는 도원수 강홍립이 조선군 군복을 입혀서 교일기와 그의 부하들을 살리려 했지만, 화의가 깨질 것을 우려한 종사관 이민환이 조선 군복을 빼앗은 후 그들을 묶어 후금에 보냈다고 적혀 있었다. 이민성은 압록강 도강처의 진장(鎭將)들이 우선적으로 사정 청취하고, 평안병사와 관찰사의 신문, 다시 평양부에서는 엄격하고 자세한 조사를 거쳐 신원을 밝히고, 이렇게 정리한 자료와 함께 비변사로 보내져 다시 신문을 받는 촘촘한 과정을 거친 뒤에 귀향이 허락되는 도망병[走回人] 처리 과정을 들면서[24], 최척이 실제 도망병이라면 이 단계에서 해당 내용이 알려져야 하는데, 전(傳)이 나온 뒤에야 이민환 책임론이 불거진 것은 있을 수 없는 일이라고 반박하고 있다. 더군다나 최척이 교일기의 부대원이었다면 '조선군'이 아니므로 별도의 조치가 있었을 것이라고 하였다.[25] 그리고 알아보니 남원에는 귀환한 이가 없다고 하였다.[26] 끝으로 그는 소설이란 본래 허무맹랑한 것인데, 더군다나 「최척전」은 불교에 아첨하기 위해 지어진 것이라며 신뢰할 수 없는 자료임을 강조하고 있다.[27]

사실 이민성의 이 시는 「최척전」의 창작 시기를 따지는데 있어 매우

---

24 李民宬, 「題崔陟傳」, 『敬亭集』 권4(문집총간 76), "前後走回者, 越江卽時刻. 鎭將取供申, 監兵竝巡畫. 逐一嚴査覈, 押解平壤府. 某地某甲乙, 某年某月日. 一一注簿冊, 二千四百餘. 經拆下備局, 然後馳啓聞. 鞫畢許還籍, 備局引其人."

25 李民宬, 위의 글, "陟云喬標下, 與他走回別. 厥跡旣新異, 宜播遠耳目. 奚暇此傳出, 始獲其顚末."

26 李民宬, 위의 글, "況聞帶方郡, 原無還人物. 或云資話柄, 未必憑事實."

27 李民宬, 「題崔陟傳」, 『敬亭集』 권4(문집총간 76), "噫文非一端, 或者游戱設. 烏有與子虛, 滑稽爭雄傑. 廣紀述異傳, 不害於拊撫. 故誕而可喜, 或詭而不激. 豈若騁險詖, 乘時肆胸臆. 莫耶斯爲下, 筆端甚鋒鏑. 譬如屠膾子, 刀幾恣臠斲. 雖快手敏妙, 死者痛楚極. 觀其立傳意, 乃在於佞佛. 佛果如可信, 應墮無間獄. 周禮造言刑, 嗚呼今不復."

중요한 역할을 하고 있다.[28] 엄태식은 '商山의 士人이 지었다'는 주석이 한양에서 맏형 조계한(趙繼韓)의 장례를 마치고 상주목사로 있던 동생 조찬한(趙纘韓, 1572~1631)에게 가 있던 조위한(趙緯韓, 1567~1649)을 가리킨다며, 이민성이 「최척전」을 읽은 시기를 1622년 이후로 추정하고 있다.[29] 그런데 엄태식의 이 논의는 조위한의 사정만 따지고 있을 뿐 이민성·이민환 형제의 사정에 대해서는 전혀 고려하지 않는 한계를 보인다. 이민성의 문집은 시기순으로 시를 배치하고 있는데, 「제최척전」은 「憶舍弟集杜詩十絶【庚申季夏】」와 「讀大行皇帝遺詔」·「哭神宗皇帝」 사이에 있다. 그러므로 1620년 6월[庚申季夏]부터 같은 해 8월 18일에 승하한 신종황제(만력제)의 부음이 전해졌을 때까지, 그 사이에 지은 것으로 추정된다. 한편 17개월 동안의 포로 생활을 마친 이민환은 같은 해 7월 20일에 집안(集安)을 지나 압록강을 건너 만포에 도착했다.[30] 그는 항복한 일에 대한 책임 때문에 도원수 강홍립과 함께 탄핵을 받는 중이어서 서울로 가지 못하고 평양에서 대기해야 했다.[31] 이민성은 신종황제의 부음에 곡을 한 뒤에 평양에 가서 동생과 해후했다.[32] 그런데

---

28 양승민은 〈최척전〉의 창작 과정을 자세히 따졌는데, 그의 지적처럼 〈최척전〉에서 최척을 발탁했던 의병장 邊士貞(1529~1596)의 문집(『桃灘集』)에 실린 〈倡義實蹟〉과 〈年譜〉에 각각 '直長 崔陟', '幼學 崔陟'의 이름이 보인다. 그런데 중요한 것은 왜 '直長'으로 불렸을까가 아니라 이 문집이 1666년 증손인 邊瑜가 편집한 것을, 1770년(영조 44)에 후손인 邊漢克과 邊圭煥 등이 간행했다는 사실이다. 편찬 시점에는 어쩌면 邊士貞보다 崔陟이 더 유명인이 아니었을까? 양승민, 「〈崔陟傳〉의 창작동인과 소통과정」, 『古小說硏究』 9, 한국고소설학회, 2000.

29 이에 대한 구체적인 논의 및 쟁점에 대해서는 엄태식의 「〈최척전〉의 창작 배경과 열녀 담론」(『한국고전여성문학연구』 24, 한국고전여성문학회, 2012)의 제 3장에 잘 정리되어 있다.

30 李民宬, 『柵中日錄』.

31 『광해군일기』 12년 8월 20일.

「제최척전」이 1620년 여름에 작성되었다는 이 추정은 더 복잡한 문제를 야기하는데, 조위한이 「최척전」을 완성한 것은 '천계 원년 신유년 (1621) 윤2월'이기 때문이다. 따라서 이민성이 읽은 「최척전」이 현재 통행되고 있는 「최척전」이 아닐 가능성이 존재한다. 하지만 이민성이 지적한 내용과 「최척전」의 해당 문면이 정확히 일치하고 있으므로, 이민성 쪽이 문집을 편집하면서 오류를 범했을 가능성도 있다.

　여기서 핵심은 조위한이 왜 이민환이 교일기를 핍박하여 죽음에 이르게 한 것으로 서술했는가이다.[33] 「최척전」의 문면을 따른다면, 최척은 응당 교일기가 데리고 온 10명의 패잔병 가운데 한 명이어야만 한다. 교일기의 명군과 조선군이 우모채에 나란히 진을 쳤다고 하지만, 이것은 두 부대가 뒤섞이는 것을 의미하지는 않는다. 「최척전」에서 명군과 조선군이 섞이는 순간은 교일기가 조선 군영에 들어와 애걸할 때 뿐이다. 누르하치가 명나라 군사들은 남김없이 죽였으므로 패잔한 명군으로서 생존할 수 있는 방법은 조선 군복으로 바꿔 입고 조선군이 되어야만 했다. 하지만 사령관 강홍립이 건네 준 옷을 종사관인 이민환은 다 빼앗았다. 교일기와 10명의 패잔병은 도망가지도 못하고 속절없이 붙들려 적진으로 끌려갈 수밖에 없었다. 이런 긴박한 상황을 만들어 놓은 조위한[34]은 정작 주인공인 최척에 대해서는, 그가 본래 조선인이

32　李民宬, 「與舍弟相見, 悲喜不自勝, 賦此以志之」, 『敬亭集』 권11.

33　이 부분과 관련해서는 이민희, 앞의 논문, 2011의 제2장에 자세한 논의가 보인다.

34　양승민, 앞의 논문, 96쪽. "최척이 1619년 심하전투에 서기로 출전했다가 우연곡절 끝에 살아 남아 후금의 포로가 될 수 있었던 장면의 경우, 실제로 당시 누루하치군은 明軍만을 살상하고 조선사람은 죽이지 않는다는 전략을 세웠기 때문에, 소설 주인공 최척이 살아 남는 이 정황은 교묘한 소설적 장치로 읽히는 동시에 이 작품의 寫實性에 크게 기여한다."

었으므로 혼란 중에 조선군에 스며들 수 있었다며 두루뭉술하게 넘어
가고 있다. 그렇다면 강홍립을 선한 사람으로 이민환을 '모진 사람' 혹
은 악인으로 그린 것은 이민성이 걱정했던 '이민환에 대한 의도적인 저
격'이 아니라 '위기[패전]-해소[강홍립의 시혜]-위기[이민환의 추방]-해소
[본래 조선인]'의 서사적 구성이었던 것으로 볼 수 있다.(종사관이 명군을
받아들이고, 원수가 이를 추방할 수는 없는 것 아닌가?) 16~17세기 전란에서
발생한 3명-노인, 김영철, 최척-의 '이산과 귀환의 서사'를 한데 모은
성해응은 「최척전」을 다시 쓰면서 '우미채(우모령)에서 교일기의 부대
와 조선군이 연합했고, 제독(교일기)이 패하여 전사하면서 최척이 조선
군영에 숨는' 방식으로 처리하고 있다.[35] 가족에게 돌아가고자 하는 '참
된 마음[誠]'을 드러내기 위해서는 불필요한 논쟁을 만들 필요가 없기
때문이다.[36]

그런데 교일기의 죽음 장면을 의도적으로 구성했다는 의심에서 이
민환도 자유로울 수는 없었다.

3월 4일
잠시 후 진 상공, 우 수비, 교 유격이 말을 타고 도착하여 명나라 병사
들이 모두 전사했으며, 제독 또한 죽음을 면치 못했다고 전했다. 우 수

---

35 成海應, 〈魯認·金永哲·崔陟〉, 「草榭談獻(一)」, 『研經齋全集』 권54(문집총간 275), "遂
行至遼陽, 深入胡地二百餘里, 連朝鮮軍營于牛尾寨, 提督敗死, 陟匿朝鮮軍. 元帥姜弘立
等降, 陟亦被拘." 번역은 성해응 지음, 손혜리·이성민 옮김, 재단법인 실시학사 편, 『연
경재 성해응의 초사담헌』, 사람의 무늬, 2015, 131쪽 참조.

36 成海應, 〈魯認·金永哲·崔陟〉, 「草榭談獻(一)」, 『研經齋全集』 권54(문집총간 275), "魯
認等三人, 方流離間關之際, 豈意其重與家人相會哉? 特責緣湊會, 皆得越險跨重溟, 卒返
于本國, 其故何也? 曰'誠'也. 其秉志堅確不貳, 足以格神明, 誠之不可揜如此, 履艱難而涉
憂患者, 可不勉哉."

비와 진 상공은 즉시 서둘러 떠났다. 교 유격은 "나는 귀하의 군대를 감독해야 하니 떠날 수 없다"라고 했다. 원수는 활, 화살, 도검을 주고는 함께 일을 도모하기로 약속했다. (중략)

이때 화의에 대한 이야기가 진중에 전해지자 군졸들이 몹시 좋아해 대오가 회복되지 않았다. 마침 절강 병사 일고여덟이 우리 진 앞에 이르자 군졸들이 분분히 소란을 떨며 쫓아냈는데 막을 수가 없었다. 원수는 즉시 교 유격에게 그 집 종들까지 모두 우리나라의 의복과 전립(戰笠)을 쓰라고 했는데, 교 유격은 "화의가 만일 이루어진다면 나는 귀국과 함께 가고자"라고 했다. (하략)

3월 5일

(전략) 교 유격이 우리 군관들에게 말했다.

"귀국의 군대가 적에게 핍박을 받는 것이 이와 같으니, 내가 비록 함께 간다고 해도 필시 죽임을 면치는 못할 것이다"라고 하면서, 편지 한 통을 아들에게 전해달라 하고는 바로 절벽에서 투신했다.【(유서 내용 생략) 지금 들으니 진중에서 교유격을 적에게 넘기자고 말한 자들이 있다고 하니, 말의 망극함이 이 지경에 이르렀단 말인가! 그 편지는 우리들이 잘 숨겨서 가지고 왔다.】[37]

이민환은 교일기가 스스로 죽음을 택했다고 하였다. 그 선택은 함께

---

37 李民寏, 「柵中日錄」, 『紫巖集』, "于守備·喬遊擊, 單騎來到, 傳說天兵盡歿, 提督亦不免. 于·陳卽馳去. 喬曰: '吾監貴軍, 不可去.' 元帥給以弓矢刀劍, 約與共事. (중략) 此時約解之說, 來報陣中, 軍卒喜躍, 無復部伍. 適有浙兵七八名來到陣前, 軍卒紛譁驅出, 不可禁抑. 元帥卽言于喬遊擊, 與其家丁變著我國衣服氈笠. 喬言: '和事若成, 吾欲同往貴國'云. (중략) 喬遊擊謂軍官輩曰: '貴軍爲賊所迫如此, 我雖同去, 必不得免.' 附一書, 使傳其子, 卽墮崖死. [遺書] ○今聞, 有以陣上, 縛喬給賊爲言者, 言之罔極, 一至於此耶! 其手書, 生等謹藏以來矣."

생존했던 동료 장수 진상공(陳相公)과 우승은(于承恩)은 전장을 이탈했
지만[38], 교일기는 임무를 위해 조선군 진영에 남은 것에서 시작한다.
살기 위해서가 아니다. 어떤 과정에 의해 죽음에 이르렀는지와 관계없
이 교일기는 살아 남지 못했기 때문에 아름답게 죽어야 했다. 그렇게
하려면 악역이 필요한데, 절대악인 후금의 군대는 등장시킬 수 없었다.
교일기가 후금의 손에 넘어가는 순간 조선군 전체가 배신자가 된다.
그래서 '죽음에 대한 공포'와 '강한 생존 욕구'를 소환했고, 조선 병사들
의 마음에 그것을 지피게 하였고, 집으로 돌아갈 수 있다는 희망에 병
사들은 '동맹군'을 배신하는 비윤리적인 상태에 이르게 되었다. 이런
패덕에 맞서 교일기와 그의 가솔을 보호한 것이 강홍립이었다. 직접
지휘할 수 있는 부대가 있어 독자적인 전투를 수행할 수 있는 무관이
아닌 종사관 이민환은 강홍립과 대척점에 설 수 없을뿐만 아니라 세울
필요도 없었다. 떼려야 뗄 수 없는 관계였기 때문이다. 따라서 이민환
은 강홍립을 선의를 가진 인물로 만들고 그 뒤로 숨는 방식을 택했다.[39]
조위한이 이민환에게 했던 방식 그대로, 이민환은 병사들을 악역으로
내세웠던 것이다. 그렇다고 병사들을 무지몽매한 존재들로 그려내지
는 않았다. 조선 병사들은 혹독한 추위에 얼어 죽고(2월 25일), 정강이
가 부르트고 피가 흐를 정도로 고통스럽게 행군(2월 27일)하고, 며칠째
밥을 제대로 먹지 못한 채(3월 3일)로, 좌영과 우영의 동료들이 후금의

---

38 于承恩도 조선군을 감독하는 임무가 있었다. 李民宬, 「柵中日錄」, 『紫巖集』, "十月, 于守
備【承恩】來督我軍."

39 박양리, 「강홍립에 대한 문학적 형상화 양상 연구: 〈책중일록〉과 〈강로전〉을 중심으로」,
『한국문학논총』 68, 한국문학회, 2011; 이서희, 「『책중일록』에 재현된 기록과 조선후기
의 전승」, 『어문론총』 77, 한국문학언어학회, 2018.

부대에 학살당하는 것을 목전에서 속절없이 지켜봐야만 했었다(3월 4
일). 게다가 퇴로가 끊기자 지휘부는 화약 상자를 가져다 놓고 자폭[焚
死]하려던 차에, 기적처럼 적에게서 "우리는 너희 나라와 원한이 없다"
라는 말을 들은 상황이었다.[40] 병사들도 살기 위해서 명군을 배척했던
것이다.

이민환은 귀국 후 접한 자신들에 대한 추문에 적극적으로 대응했다.
당연히 일기(의 구체적인 내용)에도 반영시켰을텐데, 굳이 협주에서 추
문에 한탄을 하는 것은 『책중일록』이 '일기'처럼 보이게 하기 위함이
다. 그리고 교일기의 유서를 활용했다. 애초 박엽이 보고한 바 '가정'에
게 맡긴 것처럼 알려져 있는데, 실은 자신들이 교일기로부터 건네 받아
보관했다는 것이다. 아들에게 전해 주어야 했지만, 1년 7개월 동안 감
시 속에서 억류되었기 때문에 전해 줄 수가 없어, 소중히 보관하다 국
내로 가져왔음이 내재되어 있다.

　　문신과 무장이 모두 사직을 우습게 알고 하나 같이 사욕을 좇고 비루
　함을 탐해 속국으로 하여금 군대를 잃게 만들었다. 만 가지 계책 중에
　더 해볼 것이 없고, 고립된 절벽에서 포위돼 식량은 끊기고 물은 고갈되
　어 그 인마가 조석 간에도 보존될 수 없으니, 내가 차마 볼 수 없다. 그
　러나 또한 조선 군대를 감독하는 일을 위임받았으니 감히 도망갈 수가
　없다. 삼가 '3월 4일'에 서쪽을 향하여 황제의 은혜에 머리를 조아리고
　사은한 후에 '가합령'에서 스스로 목숨을 끊는다.
　　아들아, 너는 이를 전달하여 서로 알게 하고, 아울러 직접 이 뜻을

40　姜弘立(과 李民寏)을 부정적으로 보는 사람들은 조선군이 먼저 항복 의사를 밝혔다고
　하고 있다.

황제께 아뢰도록 하라. 집 식구들 중에서 북경에 있는 사람은 적성(赤城) 설도존(薛道尊)의 도움을 받아 각기 고향으로 돌아가도록 하라. 네가 지난 번에 남쪽에서 온 집안 종들을 재촉하여 데리고 갔는데, 지금 이러한 변고를 당하고 보니 내가 안심이 된다. 만약 다시 온다고 하더라도 관외(關外)로 나올 필요는 없다.

아버지가 써서 아들 환(桓)에게 줌. 서명.[41]

교일기가 아들 환에게 보낸 유서를 꼼꼼하게 뜯어 읽다보면 진위 여부에 부딪치게 된다. 유서를 쓰는 시점과 장소 모두 이민환의 기록으로는 제대로 설명할 수 없다. 『책중일기』에서는 3월 5일에 교일기가 유서를 쓰고 자살을 했다고 나와 있다. 그리고 교일기를 비롯하여 조명연합군 누구도 항복 전에는 가합령에 가보지 못했다. 서로군을 격파한 귀영가(貴盈哥)의 3만여 기병은 가합령을 넘어 산골짜기에 숨어 있다가 와르카시[日可時]에서 명군을 격파했던 것이다. 이민환을 비롯한 조선군 포로는 항복한 부차에서 허투알라성으로 끌려갔다. 그들은 반절구(半截溝)에서 절강병들이 몰살당하는 장면을 목격하고, (부차로부터) 20리를 행군하여 와르카시에서 하룻밤을 보내고, 이튿날 가합령을 넘어 허투알라성[老城] 바깥 10리 지점에 도착했다.

이민환에게는 교일기가 맞닥뜨린 죽음을 피할 수 없는 상황과 그리

---

41 李民寏, 「柵中日錄」, 『紫巖集』, 文臣武將, 盡以社稷爲戲, 一味循私貪鄙, 致屬國喪師. 萬計存留無幾, 困圍孤崖, 糧斷水盡, 其人馬朝夕且不保, 吾不忍見. 而又奉委監督其軍, 不敢離. 謹於三月初四日, 西向叩謝皇恩, 自裁於家哈嶺上. 兒可傳與相知, 并親以意奏知 聖明. 其家口在京, 可求赤城薛道尊分處還鄕. 汝昨差去催南來家丁, 今遇此變, 亦吾一件 心安事. 若再來, 不必出關矣. 父筆與桓兒著署.

고 그가 그 죽음에 어떻게 임했는가가 중요했기에, 실제와 다른 시공간
은 중요하지 않았다. 사실 현장을 체험하지 못한 사람에게 이국의 지명
은 이해불가한 암호나 마찬가지이다. 교일기가 아들에게 전하는 '메시
지'는 이민환이 처한 곤혹스러운 상황을 해명해 줄 수 있다. 교일기는
조선군-좌영과 우영-이 패배한 것은 이를 지도해야 하는 명군 지휘부
의 잘못이고, 도저히 어떻게 해 볼 수 없는 절망적인 상황에서 스스로
목숨을 끊는 길밖에 없었음을 절절하게 말하고 있다. 조선군이 어찌할
수 없는 이런 처지를 황제에게 아뢰달라고 하여, 개인의 유서이면서
동시에 공적인 '보고서'의 내용임을 암시하고 있다. 유서에서는 '3월 4
일'을 말하고 있는데, 『책중일록』에는 3월 5일자에 이 일이 발생했을
것으로 적고 있다. 날짜가 다른 것은 애초에 조선군에 숨어 생존을 도
모하려 했던 심약한 교일기가 자결을 결심하고도 하루를 지체한 것으
로 암시하게 하려는 의도로 읽혀진다. 가합령이 동로군에게 있어 허투
알라성으로 가는 길의 마지막 고개라는 점을 고려하면[42], 최선을 다해
임무를 수행하다 최종적인 목적지를 목전에 두고 죽어야만 하는 파토
스를 구현하는 무대로 가합령을 설정한 것으로 보인다. 1621년 요양이
함락되었다는 소식을 들은 이민성은 그 충격을 시로 읊는데, 그 속에
보이는 교일기의 모습은 이민환이 그려낸 정황을 함축적으로 재현하고
있다.[43]

---

42 심하전역의 현장에 대해서는 王從安, 「桓仁縣境最大的古戰場 – 細說薩爾滸大戰的東線
之戰」, 『滿族研究』, 2001 제3기 ; 이승수, 앞의 논문, 2007; 권혁래, 신춘호 외, 「심하전
투 서사의 문학지리학적 고찰 –문학지도와 경관, 서사 중심으로–」, 『우리문학연구』 51,
2015; 박현규, 앞의 논문, 2019 등에 자세하다.

43 李民宬, 「遼事」, 『敬亭集』 卷4, "喬公矯矯百夫雄, 言論風猷眞傑出. 臨死從容不動神, 千
秋墮淚寄兒筆."

이민환은 반란을 일으키거나 탈출을 시도하지 않고 포로 생활을 성실히 수행하다 본국으로 송환되었다. 그리고 그는 문관 종사관으로 강홍립을 직접 보필했기 때문에 주장(主將)을 적대할 필요가 없었다. 하지만 비공식 수행원인데다 탈출병 출신인 권칙(權伏, 1599~1667)은 달랐다. 그는 귀환 직후 종군 시집인 「서정록(西征錄)」을 작성한 것으로 보인다. 시집을 검토한 유몽인은 권칙이 삼촌 권필(權韠, 1569~1612)을 닮아 훌륭한 시를 지었지만, 전란에서 신세를 망쳤다[失身]고 안타까워하고 있다.[44] 강홍립이 항복했기 때문이다. 그런 강홍립이 정묘호란(1627)에서 후금군의 향도처럼 등장했고, 종전 후 정착한 강홍립은 여섯 달 뒤에 병사하였다. 권칙으로서는 망설일 필요가 없었다. 그가 제공한 『충렬록』에 감격했다는 유몽인은 앞서 살펴본 바와 같이 강홍립이 항복한 전말을 알 수 없어 아쉽다는 견해를 표명한 바 있다. 권칙은 유몽인의 아쉬움을 달래 주는 차원을 넘어 강홍립의 전 생애를 그려냈다.

　　이윽고 교일기가 패잔병 10여 명과 함께 중영에 이르러 명나라 군대가 전멸했다고 했다.(중략) 이튿날 아침, 아침 홍립이 드디어 몸소 오랑캐 군중으로 갔다. 장수와 병졸들이 모두 홍립의 옷자락을 잡아당기며 발을 구르며 말했다.
　　"원수님, 어디로 가신단 말입니까? 원수님, 어디로 가신단 말입니까?"

---

44 柳夢寅, 「題權學官【伏】西征錄」, 『於于集』 後集 卷4, "昔余見權石洲詩, 雖不高, 亦不低; 雖無警句, 亦無疵語. 有如四角疾藜鐵, 信手擲地, 首末立順, 自成一家語, 眞文章也. 今觀爾『西征錄』, 甚矣, 爾之詩, 酷似爾季父, 而獨惜失身戎馬之間也. 然而王維・鄭虔・儲光羲・蘇源明, 皆僞署之餘, 而其詩卓絶千秋, 爲唐詩高選, 況爾弱冠乳臭, 遭此不幸者乎? 其比蔡琰「胡笳詩」, 豈竝日而論哉? 勉之哉! 前途萬里, 將與數子者傳詠千秋, 豈但一石洲而止哉? 爾贈我『金將軍忠烈錄』, 不覺涕下."

홍립이 떠나며 말했다.

"교 유격 등 십수 명이 우리 진중에 있는데, 오랑캐가 이를 알면 필시 강화하는 일이 틀어지게 될 것이다."

마침내 이들을 결박하여 오랑캐 진영으로 보내게 했다. 교일기가 하늘을 우러러 장탄식하며 말했다.

"조선과 같은 예의의 나라에서 오랑캐에게 항복하는 치욕을 달게 받아들이고, 심지어 황제가 보낸 장수를 묶어 오랑캐에게 바치기까지 할 줄이야 어찌 상상이나 했겠는가! 너무도 심하구나!"

그리고는 비단을 찢어 집에 보내는 편지를 적어 허리띠에 묶은 뒤 칼위에 엎어져 스스로 목숨을 끊었다. 조선 군사들 모두가 마음 아파하며 탄식했다.[45]

권칙은 교일기를 죽음으로 내몬 사람을 강홍립으로 특정했을 뿐만 아니라 강홍립을 '姜虜'로 지칭하였다. 권칙이 어떻게 강홍립의 수행원이 되었는가는 알 수 없다. 가능한 추정은 서자였던 그가 군공을 통해 발신(發身)을 꿈꾸었을 가능성이다.[46] 그는 영의정 이항복의 사위였다. 이항복은 광해군의 눈밖에 나서 북관으로 유배되었다가 세상을 떠났다. 당대의 문인 권필의 조카였지만, 삼촌 역시 현달하지 못했다. 권칙의 희망은 사라졌다. 그는 온갖 간난고초를 겪으면서 살아돌아 왔지만,

---

45 權伏,「姜虜傳」, 翌日朝, 弘立遂欲自往軍中, 將卒皆牽衣頓足曰: "使道何之?" 弘立將行, 曰: "喬遊擊十數人在陣中, 虜若知之, 必傷和事." 遂令縛送虜營. 遊擊仰天長歎曰: "不料朝鮮禮義之邦, 甘心李陵降虜之辱. 知如縛送王人, 何其甚也!" 裂帛寫家書, 繫衣帶中, 伏劍而死, 一軍傷嗟.(원문은 박희병 표점·교석,「姜虜傳」,『韓國漢文小說 校合句解』, 소명출판, 2005, 460~462쪽. 번역은 박희병·정길수,「강로전」,『전란의 소용돌이 속에서』, 돌베개, 2007, 108~112쪽.)

46 실제로 그는 1627년에 일어난 李仁居의 난을 평정한 공로로 小科에 응시할 수 있는 자격을 얻었다.

심하전역은 죽어야만 했던 전쟁이었다. 귀환한 그는 출발 이전보다 더 안좋은 상태에 빠진 것이다. 따라서 교일기를 죽음으로 몬 인물로 강홍립을 호명했고, 교일기는 '칼 위에 엎어져 죽는 것'으로 결의를 보이는 인물로 그렸다. 화의를 위해 명군을 내쫓던 조선 군졸들이 교일기의 죽음에 슬퍼한다고 묘사함으로써, 이민환의 기록과 정반대의 양상을 취한다.[47]

그렇다고 권칙이 이민환을 부정적으로 그리지는 않았다. 오히려 강홍립의 배덕을 드러내는 존재로 활용했다. 종사관 이민환은 이르는 곳마다 술판을 벌이는 강홍립에게 '임금의 기대에 부응하고, 원수로서의 직분을 지키라'며, 병사들에게 모범을 보이라는 충언을 하는 존재였다. 강홍립이 '남발'하던 '밀지가 있다'는 말에 격분한 장수들을 다독이는 역할도 하고 있다. 이민환이 배덕하지 않았다는 증거였던 교일기의 유서에 대해서도 그 존재를 부정하지 않았다. 조선군이나 가정에게 넘겼다고 하지 않고, '비단에 편지를 작성하여 허리띠에 묶고' 칼에 엎어져 목숨을 끊었다고 하였다. 이전의 기록들에서 최종적인 사인을 추락사라고 한 것, 즉 교일기가 스스로 '절벽에 몸을 던졌다'고 한 증언을 뒤집었다. 그의 시신이 조선군 진영에 남아 있어야만, 그의 허리에 있던 '유서'를 조선군이 수습할 수 있기 때문이다. 외면하지 않고 그의 이 장렬한 최후를 아파하고 탄식했던 조선 군사들은 이제 증인이 된다.

---

47 권칙이 강홍립에게 적대적으로 대했던 배경에 대해서는 조현우, 「〈강로전〉에 나타난 전쟁의 기억과 욕망의 서사」, 『민족문학사연구』 46, 민족문학사학회, 2011. 한편 송하준은 병자호란 이후 대명관계에 있어 권칙이 보인 처신을 적시하며, 그가 강홍립의 처지를 객관적으로 이해하려는 노력을 전혀 하지 않은 것은 지나친 처사였음을 지적하고 있다. 송하준, 『조선후기 역사소설과 민족 정체성의 재구성』, 학자원, 2015, 125~132쪽 참조.

강홍립은 이미 교일기를 버렸기 때문에, 이민환이 교일기를 수습한 주체가 자신이었음을 암시해도 무방한 상황이 조성된 것이다. 물론 나중에 양반들의 반란이 두려워 '손바닥이 고운 400명'이 몰살시킬 때에 '이민환·박난영·이일원 등 10명은 홍립의 심복'이었기에 살아남을 수 있었다고 부정적으로 언급을 하고 있지만, 이것은 종사관 이민환이 피할 수 없는 지적이다. '전사'하거나 '자결'했어야만 이런 비난에서 놓여나올 수 있기 때문이다. 물론 현실은 잔혹했다. 이민환과 이민성의 해명 노력에도 불구하고, '생환'한 이민환은 교일기를 죽였다는 혐의에서 자유로울 수 없었다.[48] 성대중의 표현을 빈다면, 권칙의 「강로전」이 세상에 유명해지지 않았기 때문이기도 하겠다.[49]

4. 가해자와 피해자

심하전역의 패배 이후 요동 지역은 점차 후금에 잠식당했다. 1621년 요양이 함락되고, 심양이 후금의 수도가 되면서 요동과 요서가 분리된다. 고립된 요동 지역의 명나라 군대와 한인들은 항복 혹은 순응하는 사람들도 존재했지만, 조선으로 넘어오거나 연안 지역의 섬으로 피난하였다. 특히 압록강 연안의 진강(鎭江)이 함락되자, 이곳을 지키던 모문룡(毛文龍, 1576~1629)은 패잔병을 이끌고 조선 땅으로 들어왔다. 더

---

48 『인조실록』 6월 9일. "深河之役, 逼死遊擊, 其惡如何?". 안세현, 앞의 논문, 120~121쪽에서 재인용.
49 成大中, 『靑城雜記』, "然沆, 以尹童土舜擧之師, 故『看羊錄』著於世, 「姜虜傳」則無稱焉. 氣節同, 事迹同, 著述同, 而其亦有幸之異耶."

불어 요동 지역의 상당수 한인이 난민으로 유입되었다.

한편 요양이 함락된 직후 조선 사신들은 육로가 아닌 해로로 북경을 다녀와야 했다. 초기 해로사행은 평안도 선천의 선사포에서 출발하여 요동반도의 해안선을 따라 여순까지 갔다가 남쪽으로 방향을 틀어 장산반도를 거쳐 등주에 상륙하였다. 평안도 지역은 물론 해로사행이 경유하는 가도-거우도-녹도-석성도-장산도-광록도-삼산도-평도-황성도-타기도-묘도에서 쉽게 한인 피난민들이 관찰되었다. 따라서 해로사행이 지속될수록 한인에 대한 동정 의식은 점차 강화되었다.

1626년 6월 말에 성절겸사은진주사가 된 김상헌(1570~1652)은 배를 타기 위해 평양을 거쳐 선천으로 가다가, 정주(定州)의 신안관(新安館)에서 누더기를 입은 일군의 병사들을 만나게 된다. 그들은 모문룡의 진영에 있던 요동 출신의 병사들이었다.

> 요양 땅 사람으로 / 몇 년 동안 난리 겪다가 / 구사일생으로 오랑캐 소굴 벗어나 / 모문룡 군적에 이름을 올리게 되었답니다 / 모문룡 군대에도 군량이 모자라 / 평양에 (지원요청) 편지까지 띄웠답니다 / 길거리에 떠도는 말 전해 들으니 / 평양에도 창고 모두 비었다 하는군요 / 굶주린 몸에 쌀자루도 거덜났고 / 물집 잡힌 발로는 걷기조차 어렵군요 / 초근목피 연명한 지 벌써 여러 달이고 / 들판에서 자는 것은 흔한 일이지요 / 지나오면서 주막에 들러봤지만 / 주막집도 모두 텅 비었더군요 / 여름날 가물더니 가을엔 메뚜기 떼 덮쳐 / 농사꾼들 여기저기 통곡소리뿐이니 / 어찌 우리에게 양식 갖다 줄 수 있단 말이오 / 집집마다 입에 풀칠하기 급급하다오 / 우리네 병사들도 둔전에다 밭 갈아 / 이게 기장만 조금 자라 있다오 / 군중에도 소비되는 것이 워낙 많으니 / 오히려 얼마나 남았겠소 / 미친 오랑캐들 칼날 간 지 오랜지라 / 때를 틈타 장차 다시 침입해 온다면 / 죽을힘을 다하여서 싸우고프나 / 마음만 있지,

힘이 부응하기 어렵습니다 / 산동에는 썩어가는 곡식이 백만 섬이나 된
다기에 / 매일같이 등주와 내주에서 배 오기만 바란다오 / 아득한 망망
대해 돛 그림자 끊기없고 / 하루에도 시궁창엔 죽은 시체 수백인데 /
황제 대궐 아득하여 아뢸 길이 없다오 / 애처로운 군사들 어느 누가 구
휼해 주리오 / 요양 한창 번성하던 지난날을 생각하니 / 모두가 다 풍족
하여 굶주린 백성 없었는데 / 이제는 타지에서 굶주린 혼 되겠구려 /
하늘이여, 하늘이여! 우리들에게 무슨 원한 있단 말이오?[50]

김상헌이 만나 군인[步卒]은 본래 군인이 아니었다. 요양의 주민으로
후금군에 쫓겨 조선에까지 오게 되었고, 생존을 위해 모문룡의 부대에
투신한 사람이었다. 이미 광해군 말년부터 청북(淸北) 지역에서는 모문
룡과 그의 부하들이 발호하고 있었고, 요동 지역의 한인들이 모문룡을
좇아 쇄도했다. 책봉을 받는 과정과 이괄의 난을 계기로 모문룡에게
종속된 인조는 그를 후대할 수밖에 없었다. 막대한 군량과 군수 물자를
지원했고, 청북 일대에 둔전을 허용했다. '또 다른 홍건적'으로 불릴 정
도로 모문룡군과 요동 난민들의 작폐가 자심했지만 조선 정부로서는
방임할 수밖에 없는 상황이었다.[51] 하지만 김상헌은 이들에 의해 고통

---

50 金尙憲, 〈新安步卒歌〉, 「朝天錄」, 『淸陰集』 권9, "步卒何貿貿, 相逢新安城. 身上衣百結,
手中無寸兵. 自言遼陽民, 幾年陷腥塵. 萬死脫虎口, 籍名毛帥府. 帥府缺軍食, 簡畫平壤
赴. 傳聞道路言, 平壤空稟庚. 身飢囊橐乏, 足跰行步澁. 草食已累月, 野宿亦多日. 所經投
店屋, 店屋徒四壁. 夏旱秋復蝗, 農夫處處哭. 何能惠我給, 自家方汲汲. 我兵設屯畊, 黍稷
稍長成. 軍中費用多, 還有幾何贏. 狂賊蓄銳久, 伺時將再寇. 欲爲奮擊死, 壯心力難副.
山東紅腐百萬粟, 日望登萊汎舟役. 滄海茫茫帆影絕, 一日溝渠百人骨. 天門萬里不可梯,
哀哀士卒誰當恤. 憶昔遼陽全盛時, 公私豐足民不饑. 秪今異域作飢魂, 蒼天蒼天我何冤,
辭罷血淚霑衣裙." 한시의 번역과 내용 설명은 황만기, 「淸陰 金尙憲의 〈朝天錄〉考察」,
『韓國漢文學硏究』 43, 한국한문학회, 2009, 342~345쪽; 김상헌 지음, 정선용 옮김,
『청음집-대쪽처럼 곧게 살다』, 한국고전번역원, 2016, 103~105쪽 참조.

받는 관북 지역민들에 대해서는 별다른 말을 하지 않고, 오히려 이들에게만 동정어린 시선을 보내고 있다. 명군에게 지원된 조선의 막대한 군량에도 불구하고 병사들이 굶주리는 것은 모문룡이 그 군량을 효율적으로 배분하지 않고 사적으로 유용했기 때문이고, 등주에서 썩어가는 곡식이 바다를 건너오지 못하는 것은 명나라 조정과 군대의 시스템이 제대로 돌아가지 않았기 때문이다. 그리고 평양의 창고가 빈 것은 흉년 때문이기도 하지만 모문룡의 징색이 직접적인 원인이었다.

물론 명군 지휘관을 직접 공격할 수 없으므로 난민 출신의 병사의 입을 빌어 모문룡의 무능과 부패와 비효율을 우회적으로 비판하는 것으로도 볼 수 있다. 하지만 병사가 놓인 상황과 처지를 절절하게 그려냈고, 명나라가 작금의 부정적인 현상을 개선할 수 없을 정도로 몰아붙이고 있는 후금의 위협적인 모습을 그려냈다. 따라서 무능하고 부패한 지도부가 면죄부를 받게 되고, 명군은 동정의 대상이 되고 말았다. 조선 땅에서부터 이런 시각을 가진 김상헌은 명나라로 들어가면서 더욱 절절하게 명과의 일체감을 가지며, 안쓰럽고 안타까운 마음을 드러내었다.

피난민으로 가득한 요동반도와 산동반도 연안의 섬들을 지나 마침내 등주에 도착해서는 연민의 정서가 폭발하였다. 김상헌의 관념 속 요양은 오랑캐의 수중에 들어갔기 때문에 (떠나지 못한) 주민들은 '의관(衣冠)'을 벗고 '호복(胡服)'을 입었을 것이고, 전쟁 중에 성벽은 무너져 내렸고, 사람들도 많이 희생당한 폐허였다. 거기 살던 사람이 지금 요

---

51 한명기, 「明淸交替 시기 朝中關係의 추이」, 『東洋史學硏究』 140, 동양사학회, 2017, 62~64쪽.

양에 가면, 마치 신선이 되었다가 천 년만에 돌아오니 옛날 자취를 찾을 수 없던 정영위와 무엇이 다를 것이냐며, 요양의 화표주(華表柱) 전설을 끌어와서 시로 요동의 흔적을 모아낸 오대빈(吳大斌)[52]을 위로하였다.[53] 등주에서 북경으로 출발하는 날 새벽에는 일상적으로 야간 순찰을 도는 병사들이 내는 딱따기 소리를 듣고, '우리[我]'를 위해 어려운 처지에서 밤새도록 경계하는 명나라 병사들을 측은히 여기면서 그들을 '동포'라고 하기도 하였다.[54]

　김상헌의 사행은 「최척전」이 유포되고, 「강로전」이 만들어지는 그 사이에 있었다. 그가 북경에 있는 동안 정묘호란이 발발했고, 그는 북경 정부에 원군을 요청하기도 하였다. 물론 정묘호란이 급하게 해결되면서, 그가 복귀할 즈음에는 전쟁이 종식되었다. 후금군이 황해도까지 진군한 뒤에 강화가 되어 한양에 있던 지배층들은 전투를 접하지는 못했지만, 심하전역에서의 패배를 체험한 바와 진배 없었다. 당연히 전쟁을 초래한 원인을 찾고 비판이 가해졌는데, 불행하게도 후금군과 함

---

52 1623년에 吳大斌을 만난 李民宬은 그를 壬辰倭亂에 참전했던 遊擊 吳宗道의 숙부로 인식하였다. 李民宬,「朝天錄」,『敬亭先生續集』卷1(문집총간 76), "吳公號晴川, 越州山陰人, 故游擊吳宗道之族父也. 宗道東征時, 以都司來駐我國, 宣廟見其揭帖, 亟加稱賞, 命承文院裒集前後之揭繕寫以進, 後終於鎭江尤吉, 晴川來從鎭江, 今寓登州之開元寺."

53 金尙憲,「題吳晴川遼海遺踪後序」(1626),『淸陰集』, 承平百年, 一朝淪沒, 薙髮易衣冠, 親戚死原野, 竝與崩城敗壘而無一在者, 思欲一往臨晙, 而不能奮飛, 其視丁仙之日, 復如何耶? 吁亦慼矣. 遼之與鮮, 隔一衣帶, 同仁之內, 四海兄弟. 今觀吳晴川先生遼海遺踪一編, 撫跡起興, 增豪劇俊, 詠其詩想其境, 感慨懷舊, 自不覺濟焉泣涕. 豈當時預知今日之變, 而若有所啓發, 俾補遼誌之亡歟. 亦異矣哉! 金尙憲과 吳大斌과의 교유에 대해서는 金哲,「명말 登州 문인 吳大斌과 조선 문인들의 교유 관련 연구 – 燕行錄 중의 唱和詩를 중심으로」,『東方漢文學』71, 동방한문학회, 2017, 179~212쪽.

54 金尙憲,「登州夜坐聞擊柝」,『淸陰集』권9, "擊柝復擊柝, 夜長不得息. 何人寒無衣, 何卒飢不食. 萬家各安室, 獨向城上宿. 豈是親與愛, 亦非相知識. 自然同胞義, 使我心肝惻."

께 귀국한 강홍립이 그 대상이 되었다.

홍세태(洪世泰, 1653~1725)는 명청교체기의 전란에서 활약하던 김응하와 김영철의 전을 새로 썼다. 이전 김응하의 생애를 다룬 글에서 달린 홍세태는 교일기를 활용하여 강홍립의 부정적 형상을 강화하였다.

이때 교일기가 중영에 있었는데, 절벽 위에서 (김응하의 左營이 싸우는 모습을) 보면서 감탄했다.

"평지에서 보병이 철기병과 이같이 싸우다니, 천하의 강군이다."

강홍립에게 그를 구하라고 권했는데, 병력을 붙들어 꼼짝하지 않았다. 교일기가 강홍립에게 배반하고자 하는 뜻이 있음을 알고는 소리쳤다.

"배반자야, 내가 네게 붙들려 적에게 넘겨질 것 같으냐?"

크게 한 번 외친 뒤에 단번에 뛰어올라 절벽 아래로 몸을 던져 죽었다.[55]

홍세태는 교일기의 자살 시점을 김응하가 전사하기 이전으로 과감하게 끌어올림으로써 기존의 교일기와 다른 면모를 형상화했다. 그런 변화에도 불구하고 여전히 교일기는 김응하의 분투와 용맹을 증명하는 중요한 증인이다. 강홍립에게 구원을 명함으로써 감군으로서의 역할을 충실히 수행하고 있는 것이다. 꼼짝 않은 강홍립에게서 배반을 읽어내는 모습에서 교일기의 기민함을 엿볼 수 있게 하였다. 강홍립의 배신이 가져올 상황을 파악한 그는 좌고우면하지 않고 절벽으로 뛰어내린다. 이렇게 함으로써 의무를 수행한다는 명분으로 조선군 진영에 몸을

---

55 洪世泰, 「金將軍傳」, 時喬一琦在中營, 從壁上觀, 歎曰: "平地上步戰鐵騎如此, 天下勁兵也." 勸弘立救之, 擁兵不動. 一琦見弘立有反意, 叱曰: "反竪! 吾不爲汝縛與賊?" 大呼一躍, 投絶崖而死.

맡기는, 그래서 일견 비겁해 보이는 장면이 삭제되었다. 김응하가 분투에 앞서 제시되고 교일기가 과감하게 결단을 내렸기에, 이는 마치 김응하의 영웅적인 분투에 감발한 것으로 읽힌다. 동시에 교일기는 김응하 보다 먼저 산화한 용사가 되었다. 이어지는 장면에서 김응하 역시 처절하게 싸우다 최후를 맞이한다. 이민환이 자신의 무고함을 밝히기 위해 사건과 캐릭터를 정교하게 배치한 『책중일록』이나 권칙이 강홍립의 부정적 형상을 강조한 「강로전」에서 간취되는 작가의 강한 의도가 홍세태가 만들어낸 이 장면에서는 잘 보이지 않는다.

> 국가가 위급한 때를 당하여 신하된 의리로는 오직 한 번 죽어 절의를 온전히 해야 할 뿐이다. 혹은 명백한 땅에 죽지 못하고 아무도 없는 어두운 땅에서 순절해 죽은 자도 많다. 대개 나의 마음에 부끄러움이 없으면 될 뿐이지, 남이 알고 모르는 것이 나에게 무슨 상관이 있겠는가? 그러나 사관의 직책은 오직 널리 찾아내서 빠뜨려지지 않도록 주력해야 된다.
> 내가 이민환의 『책중일기』를 보니, 만력 기미년(1619, 광해군 11) 심하의 싸움에서 유격 교일기가 총병 유정의 명령을 받고 우리 나라 군사를 감독하였다. 명 나라 군사가 패전하자 우리 장수 강홍립 등은 오랑캐에게 항복하였고, 교일기는 자기 아들에게 부칠 서신을 써서 우리 나라 군관에게 부쳐 전달되게 하고서는 그대로 언덕에서 떨어져 죽었다. 그 서신은 대략 다음과 같다.
> "문신과 무장이 사직을 희롱하며 자신들의 이익만을 추구하다가 나라를 욕되게 하고 군사를 패망하게 만들었다. 나는 그 군사를 감독하느라 감히 떠나지 못하였다가, 삼가 3월 4일에 서쪽을 향하여 황은에 사은하고 가합령 위에서 자결한다. 아들은 이 서신을 친지에게 전하여 황제께 아뢰어지게 했으면 좋겠다."

이 서신을 읽으니, 나도 모르게 눈물이 쏟아진다.

일설에는, "강홍립이 장차 항복하려고 할 때에 교 유격을 포박하여 오랑캐의 군영에 보내니, 교일기가 하늘을 우러러 보고 탄식하기를 '조선은 예의의 나라인데, 왕명을 받들고 온 사람을 포박해 보내기까지 할 줄은 미처 생각지 못했다. 어찌 이렇게도 심한가.' 하고 비단을 찢어 자기 집에 보낼 서신을 써서 허리띠에 매달고 칼에 엎어져 죽었다"라고 하였다.

두 설 가운데 어느 것이 옳은지 알 수 없다.[56]

안정복(安鼎福, 1712~1791)은 나라가 망할 때에 신하라면 반드시 죽음으로 절개를 지켜야 하는데, 다른 사람들이 모르게 사절하는 경우도 많고, 죽는 데 있어 누가 알아주느냐 마느냐를 따지지 않으니, 역사를 쓰는 이들은 응당 그런 일들이 있는가 없는가를 면밀하게 살펴야 한다고 이야기하고 있다. 안정복은 그 예로 교일기와 장춘(張椿)[57]을 들고

---

56 安鼎福,「橡軒隨筆 上」,『順菴集』권12, "當國家危亡之時, 人臣之義, 惟當一死以全節爾, 或不得明白地以死, 而殉節於暗昧無人之地以死者亦多, 盖於吾心無愧而已, 人之知不知, 於我何哉? 然史官之職, 惟在博搜而不使湮沒可也. 余見李民宬『柵中日記』, 萬曆己未深河之役, 喬遊擊一琦受劉綎兵綎將令, 督我軍, 天兵敗, 我將姜弘立等降虜, 一琦作寄兒書, 付我國軍官, 使之傳達, 因墮崖死. 書畧曰: '文臣武將, 以社稷爲戲, 一味循私, 致辱國喪師. 吾監督我軍, 不敢離. 謹於三月初四日, 西向叩謝皇恩, 自裁於家哈嶺上. 兒可傳與親知, 以奏聖明.' 讀此書, 不覺掩淚. 一云: 弘立將降, 縛送遊擊於虜營, 一琦仰天歎曰: '不料朝鮮禮義之國, 至於縛送王人, 何其甚也?' 裂帛寫家書, 繫衣帶伏劍死. 二說未知孰是." 번역은 한국고전종합DB를 따름.

57 太僕卿이던 張椿은 監軍御史로 37,000명의 군사를 이끌고 大凌河 전투에 참여했다. 패전 후 청에게 붙들렸는데 굴복하지 않았고, 궁중에 붙잡아 두었지만 끝내 항복을 거부하고 죽임을 당하니, 그의 나이 76세였다. 이 사건은 1640년에 있었는데, 安鼎福은 당시 瀋陽에서 昭顯世子를 배종하고 있던 安應昌의「小說」에서 관련 내용을 보았다고 하고 있다. 현재 安應昌의 문집『栢巖文集』에는 관련 내용이 보이지 않는다. 장춘의 순절 이야기를 듣고 썼다는 趙任道(1585~1664)의 추모시는「聞張侍郎【椿】禮葬遼西」라는 제

있다. 두 사람 모두 명나라 사람이지만, 정작 명나라 사람들은 그 최후를 알지 못하고[58], 조선 사람들이 그들의 순절을 증명하고 있다는 공통점을 보인다고 했다.[59]

안정복은 교일기의 죽음을 두고 『책중일록』의 '자발적' 자살설을 먼저 소개하고, 「강로전」의 '핍박에 의한' 자살설을 덧붙이면서 어느 쪽이 옳은가에 대해서는 판단을 유보하고 있다. 하지만 전자에 대해서는 작가와 작품을 모두 언급하고 있지만, 후자에 대해서는 '일설'로 소개하는 것에서 안정복이 어느 쪽에 동의하는가를 알 수 있다. 안정복은 교일기를 누가 죽였는가 보다는 그가 아들에게 남겼다는 유서에 감동을 표현하고 있다. 앞서 살펴본 바와 같이 유서 속에 언급하고 있는 지명이 개연성이 없음에도 불구하고, 감동의 눈물을 쏟고 있다. 명말 요동에서 벌어진 명나라 장수들의 패전에 따른 투항과 달리 반성 끝에 자살했기 때문이다.

성해응은 '대명의리'와 관련하여 「풍천록(風泉錄)」 4권을 엮었는데, 교일기가 아들에게 남긴 유서를 제재로 한 글이 포함되어 있다. 그 유서의 내용과 작성된 경위를 설명하다보니 자연히 교일기의 죽음을 말할 수밖에 없었다.

　교일기는 유격으로서 '사로의 전쟁[四路之役]'에서 제독 유정의 휘하에서 우리 군대를 감독하였다. 심하전역에서 패배하자 명나라의 여러

목으로 문집에도 남아 있다.

58 安鼎福, 앞의 글, "喬·張二人之節義, 中國史必不能知, 今表而出之."

59 하지만 『明史』에는 두 사람 모두 수록되어 있다. 교일기는 권247의 劉綎에 附傳되어 있고, 張椿은 권291「忠義」三에 安鼎福의 기록보다 훨씬 자세하게 적혀있다.

장수들은 다 도망갔지만, 교일기 홀로 달아나지 않고 우리 군에 의지하여 이후 공을 세울 것을 꾀하였다. 우리군의 원수 강홍립이 항복하려 하자, 교일기는 편지를 작성하여 아들에게 부치고, 가합령 정상에서 절벽 아래로 뛰어내려 죽었다. 교일기의 아들 또한 그 부친을 따라 군중에 있었는데, 전투에 패배하면서 서로 헤어졌고, 이 편지만 남았다.(중략: 유서 내용)

설도존 또한 의로운 사람일텐데 자세히는 알 수 없다. 무릇 선비가 순절함에 있어 때로는 강개하게 스스로 발분하기도 하고, 때로는 긴박한 상황에 쫓겨 자결할 때도 있다. 그러나 과연 마음을 편안히 한 것을 바꾸지 않고 마음을 편안히 해야 의(義)라고 말할 수 있을 것이다. 교일기의 의열은 이와 같았다.『명사』에 적힌 바를 살펴보니, 조촐하여 그의 사람됨을 제대로 보여주지 못하니 또한 슬퍼할 만하지 않은가? 강세작의「자술(自述)」에는 "난군 가운데 교일기의 아들을 만나 울면서 함께 부친의 시체를 거두어 함께 조선으로 돌아가자고 말했다"라고 되어 있다. 그러나 교일기의 아들은 종적을 다시 찾을 수 없으니, 과연 스스로 몸을 지켜냈을까, 아니면 죽임을 당한 것은 아닐까? 또한 교일기가 이 편지를 우리나라 장수들에게 맡겼고, 결국 우리나라에는 도착했으나 교일기의 아들은 보지 못하였으니, 또한 슬픈 일이다. 당시에 강홍립이 항복할 때에 장차 교일기를 묶어 적에게 넘겨주었고, 일이 막바지에 이르러 오랑캐에게 죽임을 당한 것이 분명하다. 그런데 내가 건륭제의 시집을 보니 분명하게 강홍립 등이 두려워하며 교일기를 묶어 보내기를 청하였다고 되어 있으니, 이것이 또한 공개적인 말이 아니겠는가? 교일기가 자살한 것도 그 기미를 보고 마음 먹은 것이니, 강홍립의 죄는 위로 하늘에 통할 것이다.[60]

---

60 成海應, 「喬遊擊與子書跋」, 『研經齋全集』 권33, "喬一琦以遊擊, 當四路之役, 從劉提督綎監我軍, 及深河戰敗, 天朝諸將多逃去, 一琦獨不去, 依我軍以圖後功. 我元帥姜弘立將降, 一琦作書附其子, 自家哈嶺上, 墮崖以死. 一琦子亦從其父在軍中, 戰敗相失, 有此書

성해응은 이민환의 기록과 유서에 적힌 그대로 교일기의 죽음을 설명하고 있다. 강홍립이 항복하려하자 스스로 죽음을 선택한 것은 『책중일록』에서, 자살한 장소를 가합령이라고 한 것은 유서에서 가져왔다. 성해응은 이민환의 증언과 유서 내용이 다른 점을 지적하기 보다는 '유서'가 아니라 유서의 수취인인 교일기의 아들을 찾아 보호했어야 했던 것은 아닌가 탄식하고 있다. 당시 전장에서 탈출했다가 후일 조선으로 귀화해 살던 강세작의 증언에 따르면, 교일기의 아들이 조선군 진영에 함께 있었기 때문이다.[61] 성해응은 강홍립이 교일기를 압박하여 죽

也. 其書曰: '文臣武將, 盡以社稷爲戲, 一味循私貪鄙, 致屬國喪師, 痛切之言, 無過于此. 蓋遼事之壞, 卽邊臣之罪也, 觀奴酋七大恨可知也, 邊臣苟廉潔自持, 夷俗豈不帖服乎? 然則邊臣雖不自覆師, 其覆師之由邊臣也.' 又曰: '家口在京, 可求家哈嶺分處還鄕, 汝昨差去催南來家丁, 今遇此變, 亦吾一件心安事, 若再來, 不必出關.' 薛道尊想亦義人, 而未詳. 夫士之殉身, 或慷慨自奮, 或迫切自裁, 而果能安於心者未易, 安於心而方可謂之義也, 一琦之烈如此. 顧『明史』所著, 艸艸不可得其人, 不亦可悲哉? 案『康世爵自述』云: '逢一琦子於亂軍, 泣言共收父屍, 同歸朝鮮.' 然一琦子蹤跡不復見, 果能自保, 而不爲虜所戕耶? 且一琦付此書于我國將官, 遂至于東國, 而一琦子不能見矣, 又可悲也! 方當弘立之降也, 將縛一琦與敵, 事在竟外, 故陷虜之人, 皆質言無是. 然余見乾隆主詩集, 明言弘立等懼, 請執送一琦, 此豈非公言乎? 一琦之自裁, 意亦見其幾也, 弘立之罪, 其上通于天矣.'

61 朴趾源, 「康世爵自述」, 『楊梅詩話』(단국대 소장본). '三月初三日, 過牛毛嶺, 行三十里許, 前面遇賊, 相與交鋒之間, 忽見左右山巓隱賊突出, 或射或擊, 一齊夾攻, 劍如電擊, 矢若雨下, 都督劉綎見我軍之敗, 積放火於藥樻, 自焚而死. 家君亦於亂陣之中, 中賊箭而歿. 天乎地乎, 胡寧忍斯! 賊馳逐亡, 卒東西分散. 余潛身澗谷, 而覘賊勢, 蒼黃之間, 日已曛矣. 先是, 家奴福只等十三人, 裝甲乘馬, 使之前行, 至是, 只有一奴福只與我耳, 置身體於北邊高巖底, 周築石藏, 而不肯無狀不死於父屍之下, 但取家君所懸玉貫子, 而投生於朝鮮陣中, 喬遊擊之子, 亦投入此陣, 相逢泣告曰: ʻ東兵若勝戰, 則各收父屍而歸.ʼ' 성해응의 다른 기록과 李奎象의 『并世才彦錄』 등 康世爵의 「自述」을 인용한 경우가 보이는데, 온전한 내용은 『楊梅詩話』에만 보인다. 李奎象의 『并世才彦錄』에 실린 康世爵에 대해서는 서신혜, 「李奎象이 쓴 『并世才彦錄』에 쓴 明人 기록의 등장 底邊－「寓裔錄」、「風泉錄」의 意義와 관련하여」, 『어문연구』 38-2(통권 146), 한국어문교육연구회, 2010. 단국대본 『楊梅詩話』에 대해서는 김명호, 「『열하일기』 '補遺'의 탐색」, 『東洋學』 52, 단국대학교 동양학연구원, 2012. 『楊梅詩話』의 자료를 언급하지는 않았지만 강세작의 「自述」에 대

음에 이르게 한 것에서 한발 더 나아가, 두려움에 떨던 강홍립이 살기 위해 교일기를 붙잡아 바친 것이 분명하다고 하고 있다. 이전 기록에서 는 거론하지 않았던(아니 거론할 수 없었던) 건륭제의 시집을 근거로 내세 우고 있지만, 정작 강세작의 「자술」에서 교일기가 3월 3일에 죽었다는 설정도 파악하지 못하고 있다. 성해응은 사료전기류(史料傳記類)에서 강세작의 탈출담[62]을, 최치원부터 18세기 전반에 이르기까지 순절·순 난·충의 등의 사적을 남긴 인물들의 사적을 모은 『초사담헌(草榭談獻)』 에서 강세작의 삶[63]을 다시 정리하고 있는데, 공히 교일기의 아들과 조 우한 장면을 빼놓지 않고 있다.[64] 성해응이 강세작을 삶을 이야기하면 서도 교일기의 죽음에 집착하는 이유는 '대명의리'에 대한 강박으로 보 이는데, 교일기의 유서가 매우 중요한 근거로 작용하고 있다.

해서는 주영아, 「디아스포라에 대한 조선지식인의 문학적 수용 태도-明나라 遺民 康世爵 의 실상을 중심으로」, 『동방학』 37, 한서대 동양고전연구소, 2017 참조. 한편 함경도관찰 사 시절에 생존해 있는 康世爵을 만났던 南九萬이 작성한 「康世爵傳」을 비롯하여 康世爵 을 입전한 각종 傳에는 교일기의 아들과 만난 장면이 보이지 않는다.

62 成海應, 「康世爵避兵記」, 『研經齋全集』 권40. "三月初三日, 過嶺行至三十里, 遇滿洲兵, 纔交鋒, 伏虜橫縱出山谷掩之, 矢如雨下, 縱見軍覆, 自焚火死. 國泰亦死於亂, 虜馳逐亡 卒, 東西遺脫不止, 世爵潛伏澗中, 會日暮, 與從奴一騎, 移國泰屍北偏巖底, 築石藏之, 取其玉圈子, 投之朝鮮軍. 一琦子已先在軍中, 相與泣言東兵若勝, 各收父屍以歸."

63 成海應, 「黃功·康世爵」, 草榭談獻 3, 『研經齋全集』 권56. "時遊擊喬一琦監朝鮮軍, 見虜 圍急, 卽墮崖死. 將死附書朝鮮軍, 遺其子曰 (중략) 世爵遇一琦子, 泣言'東兵若戰勝, 可收 父屍歸', 已而朝鮮軍亦覆, 元帥降, 左營將死之, 滿州遺騎搜明軍匿朝鮮軍者縛之, 適遺置 世爵, 世爵磨背石角絶其縛, 夜走遼陽." 成海應의 人物記事와 『草榭談獻』에 대해서는 손 혜리, 「연경재 성해응의 인물기사 연구-충렬의 드러냄과 그 의미」, 『민족문학사연구』 24, 민족문학사학회, 2004; 「成海應의 『草榭談獻』 硏究」, 『大東漢文學』 43, 대동한문학 회, 2015; 손혜리·이성민 번역, 앞의 책, 2015 참조.

64 「皇明遺民傳」의 康世爵 항목에는 빠져 있다.

5. 결론

1618년 8월 명나라의 대후금 방어 최전선인 청하(淸河)가 함락되고, 수비병과 주민들의 몰살당했다. 명나라는 누르하치의 본거지인 허투알라를 소탕하기 위해 4개의 대규모 부대를 동시에 출격시키는 대규모 포위작전을 감행하였다. 이에 조선에 대해서 파병을 요청하였고, 광해군은 강하게 거부했으나 대다수 신료들의 주창으로 강홍립을 총사령관으로 한 1만 3천명을 파견하게 되었다. 조선군은 동로군 유정의 부대에 소속되었다. 군량 보급이 제대로 이루어지 못해 굶다시피한 상태로 혹한의 산악 지대를 행군하던 조선군은 유정의 본대를 궤멸시킨 후금의 기병부대를 맞닥뜨렸고, 김응하가 이끈 좌영이 전멸하였다. 전투를 회피하던 강홍립이 후금 군대와 강화 교섭에 나서자, 조선군을 감독한다며 조선군 진영에 있던 명나라 장군 교일기가 스스로 목숨을 끊었다. 강홍립은 항복하여 허투알라로 끌려가 8년 동안 포로 생활을 하다가, 정묘호란 때 후금군과 함께 귀환하였다. 조선 사람들은 그를 후금군의 '향도'로 인식하였다.

좌영장 김응하를 현창한 『충렬록』을 발간하는 작업이 심하전역을 배경으로 한 서사 작품 창작을 선도했다. 명나라에 대한 의리를 지켰음을 천명하기 위한 국가 차원의 대응이었다. 이런 목적을 달성하는데 있어 교일기는 부차적인 인물에 불과하다. 그래서 『충렬록』이나 '김응하' 현창물에서의 교일기는 순절한 장수이면서 동시에 조선군의 용맹과 분패(憤敗)를 증언하던 역할을 수행했다. 조선군을 감독하던 교일기에 걸맞는 일이었다. 그러나 개인들의 전란 체험을 다룬 창작물에서 교일기는 동맹군인 조선군에 의해 희생당한 인물로 그려졌다. 후금군과 강화하여 목숨을 건지고자 하는 조선 군병들이 부대 내의 이질적인 존재인 '명군' 교일기를 압박하여 그로 하여금 자결하게 만들거나, 강홍립이나 이민환 같은 장수들이 그를 직접적으로 배신하는 형상으로 그려졌다. 조선군을 감시하고 독려하던 상국의 장수에서 '우리'가 품어주어야 했던, 그래서 보호해야만 했던 존재, 하지만 우리의 겁박에 스스로 목숨을 끊어 충절을 지킨 존재가 되었다.

조위한이 지은 「최척전」에서는 강홍립의 종사관인 이민환이 목숨을 건지기 위해 교일기를 후금군에 넘겨주었다고 적혀 있었다. 동생이 명나라 장수를 배신한 악인으로 묘사되자 이민성은 즉각 2편의 시를 지어 이를 격렬하게 부정했다. 한편 1년 7개월 동안의 포로 생활을 마치고 귀국한 이민환은 비판적 여론으로 인해 1년 동안 평안도 지역에서 대죄하면서 종군담이자 포로 수기인 『책중일록』을 정리했다. 교일기의 죽음에 대해서는 상관인 강홍립이나 동료 장수들에게 책임을 미루지 않고, 죽음의 상황에 놓인 조선군 병사들이 어쩔 수 없이 가한 심리적 압박에 교일기가 자살한 것으로 처리했다. 이에 대한 증명으로 교일기가 아들에게 보내는 유서를 자신에게 맡겼다며, 유서 내용까지 밝혔다.

이민성·이민환 형제의 일련의 글쓰기 작업 이후에 권칙의 「강로전」이 나왔다. 강홍립의 비서였던 권칙은 탈출 과정에서 겪은 고초와 실절했다는 비판에 대해 회피하기 위해 교일기를 압박한 당사자로 강홍립을 특정했다. 정묘호란(1627) 이후 확산된 강홍립에 대한 부정적 인식을 배경으로 가해자 강홍립-피해자 교일기의 구도가 정론처럼 굳어졌다. 사행을 통해 명나라의 쇠퇴 과정을 지켜보거나 조선 영역 내로 유입된 요동의 패잔병과 유민들을 목도하면서, 명나라에 대한 동정어린 시선이 점차 싹트기 시작하였다. 홍세태의 「김응하전」은 교일기가 죽는 시점까지 앞으로 당기면서 피해자로서의 면모를 강조했다. 안정복과 성해응은 교일기가 아들에게 남긴 유서에 주목하여 교일기를 동정의 대상으로 여기고 있고, 그만큼 강홍립에 대한 적대감을 드러내 보이고 있다.

참고문헌

權伐, 「姜虜傳」.
金尙憲, 『淸陰集』.
南九萬, 『藥泉集』(문집총간 131).
朴趾源, 『熱河日記』.
_____, 『楊梅詩話』(단국대 소장본).
成海應, 『研經齋全集』 권54(문집총간 275).
安鼎福, 『順菴集』(문집총간 229).
李民宬, 『紫巖集』(문집총간 82).
李肯翊, 〈沈河之役〉, 「廢主光海君故事本末」, 『練藜室記述』 권21.
李民宬, 『敬亭集』(문집총간 76).
洪世泰, 「金將軍傳」, 『柳下集』(문집총간 167).
趙慶男, 『續雜錄』.
『光海君日記』.
『明史』.
『忠烈錄』

성해응 지음, 손혜리·이성민 옮김, 재단법인 실시학사 편, 『연경재 성해응의 초사담헌』, 사람의 무늬, 2015.
박희병 표점·교석, 『韓國漢文小說 校合句解』, 소명출판, 2005.
박희병·정길수, 『전란의 소용돌이 속에서』, 돌베개, 2007.
이민환 지음, 중세사료강독회 옮김, 『책중일록: 1619년 심하전쟁과 포로수용소 일기』, 서해문집, 2014.

계승범, 『조선시대 해외파병과 한중관계: 조선지배층의 중국인식』, 푸른역사, 2009
권혁래·신춘호·김재웅·이석현, 「심하전투 서사의 문학지리학적 고찰-문학지도와 경관·서사 중심으로」, 『우리어문연구』, 51, 우리어문학회, 2015, 127~173쪽.

김명호, 「『열하일기』 '補遺'의 탐색」, 『東洋學』 52, 단국대학교 동양학연구원, 2012, 1~22쪽.

무악고소설자료연구회 편, 『한국고소설관련자료집 1』, 태학사, 2001.

박양리, 「강홍립에 대한 문학적 형상화 양상 연구: 〈책중일록〉과 〈강로전〉을 중심으로」, 『한국문학논총』 68, 한국문학회, 2011, 87~114쪽.

박현규, 「深河전역 중 조선군 참전지리 고찰」, 『한중인문학회 국제학술대회자료집』, 한중인문학회, 2018, 198~211쪽.

서신혜, 「李奎象이 쓴 『并世才彦錄』에 쓴 明人 기록의 등장 底邊-「寓裔錄」, 「風泉錄」의 意義와 관련하여」, 『어문연구』 38-2(통권 146), 한국어문교육연구회, 2010, 423~444쪽.

손혜리, 「연경재 성해응의 인물기사 연구-충렬의 드러냄과 그 의미」, 『민족문학사연구』 24, 민족문학사학회, 2004, 216~241쪽.

_____, 「成海應의 『草榭談獻』 硏究」, 『大東漢文學』 43, 대동한문학회, 2015, 259~290쪽.

송하준, 『조선후기 역사소설과 민족 정체성의 재구성』, 학자원, 2015.

안세현, 「紫巖 李民宬의 「柵中日錄」과 「建州聞見錄」에 대하여」, 『東方漢文學』 34, 동방한문학회, 2008, 111~143쪽.

양지열, 『이야기 형법』, 마음산책, 2014.

양승민, 「〈崔陟傳〉의 창작동인과 소통과정」, 『古小說研究』 9, 한국고소설학회, 2000, 67~113쪽.

엄태식, 「〈최척전〉의 창작 배경과 열녀 담론」, 『한국고전여성문학연구』 24, 한국고전여성문학회, 2012, 81~124쪽.

이민희, 「기억과 망각의 서사로서의 만주 배경 17세기 전쟁 소재 역사소설 읽기」, 『만주연구』 11, 만주학회, 2011, 209~241쪽.

이서희, 「『책중일록』에 재현된 기록과 조선후기의 전승」, 『어문론총』 77, 한국문학언어학회, 2018, 63~85쪽.

이송희, 「김응하 『충렬록(忠烈錄)』 판본 변개 과정과 그 의미」, 『儒學研究』 46, 충남대유학연구소, 2009, 129~159쪽.

이승수, 「深河 戰役과 金將軍傳」, 『한국문학연구』 26, 동국대 한국문학연구소, 2003, 23~53쪽.

_____, 「심하전역의 현장 답사 연구」, 『동아시아문화연구』 41, 한양대 동아시아문화연구소, 2007, 337~362쪽.

_____, 「죽음의 수사학과 권력의 상관성-傳係 敍事를 중심으로」, 『대동문화연구』 50, 성균관대 대동문화연구원, 2005, 323~352쪽.

임완혁, 「명·청 교체기 조선의 대응과 『忠烈錄』의 의미」, 『한문학보』 12, 우리한문학회, 2005, 179~217쪽.

정환국, 「17세기 實記類와 小說의 거리-전후 소설사의 흐름과 관련하여」, 『漢文學報』 7, 우리한문학회, 2002, 101~128쪽.

조현우, 「〈강로전〉에 나타난 전쟁의 기억과 욕망의 서사」, 『민족문학사연구』 46, 민족문학사학회, 2011, 55~84쪽.

주영아, 「디아스포라에 대한 조선지식인의 문학적 수용 태도-明나라 遺民 康世爵의 실상을 중심으로」, 『동방학』 37, 한서대 동양고전연구소, 2017, 257~284쪽.

한명기, 『임진왜란과 한중관계』, 역사비평사, 1999.

_____, 『정묘·병자호란과 동아시아』, 푸른역사, 2010.

_____, 「明淸交替 시기 朝中關係의 추이」, 『東洋史學硏究』 140, 동양사학회, 2017, 43~85쪽.

황만기, 「淸陰 金尙憲의 〈朝天錄〉考察」, 『韓國漢文學硏究』 43, 한국한문학회, 2009, 342~345쪽 참조.

심하전투 전쟁포로 강홍립의 두 형상

−『책중일록』과 〈강로전〉의 대비를 중심으로 −

권혁래

1. 머리말

심하전투(深河戰鬪)는 1619년 2월 중국으로 파병된 강홍립(姜弘立, 1560~1627) 휘하 1만 3천 명의 조선병사들이 유정이 이끄는 명 동로군(東路軍) 1만 명과 연합하여 중국의 현 遼寧省 本溪市 桓仁縣 釜山村 등지에서 누르하치(努爾哈赤)가 이끄는 후금군과 싸운 전투를 말한다. 중국에서는 1619년 명군과 조선군, 여진족까지 포함한 연합군 10만 명이 遼寧省 撫順市 鐵背山 일대와 新宾縣, 本溪市 桓仁縣 등지에서 후금군 3만 명과 싸운 전투를 '사르후 전투[薩爾滸之戰]'라 부른다. 명군의 총대장인 요동경략(遼東經略) 양호(楊鎬)는 1619년 2월 요양성(遼陽城)에서 출정식을 가지고 10만 대군을 4개 부대로 나눠 당시 후금의 도성인 허투알라를 향해 진격시켰다. 하지만 이 전투에서 명 토벌군은 후금의 누르하치가 이끄는 신속한 기동 작전에 크게 패하여 5만 명 가까운 군사를 잃었다. 조선군 부대는 3월 4일 한날의 전투에서 8천여 명을 잃었고, 강홍립은 남은 5천 명을 이끌고 투항함으로써 전쟁이 종결되었다.[1]

심하전투에 종사관으로 참전하였다가 1620년 7월에 귀국한 이민환

은 전투의 전후사를 진중일기『책중일록(柵中日錄)』에 기록하여 보고하
였다. 1621년 훈련도감에서 초간된『충렬록』은 김응하의 추존과 영웅
화를 의도한 작품인데, 이후로도 여러 번 간행되며 널리 읽혔다. 심하
전투를 플롯과 배경으로 하여 조위한은 1621년 〈최척전〉을, 권칙은
1630년 〈강로전〉을 창작하였고, 17세기 후반에는 〈김영철전〉이 창작
되었다.[2] 위 작품들에 대한 문학연구는 주로 작가론, 이본 및 서지적
연구, 작품의 서사적 분석과 주제적 의미 파악, 작품의 공간에 대한 연
구 등으로 진행되어 왔다.[3]

  심하전투의 전말을 가장 객관적이고 구체적으로 알 수 있는 자료는
이민환(李民寏, 1573~1649)의『책중일록』이다. 실기문학이자 진중일기
인『책중일록』에는 심하전투의 전말과 강홍립의 형상이 사실적으로 기
록되어 있다. 하지만 이 작품은 일부에 한정되어 읽혔고, 영향력도 크
지 않았던 것으로 보인다. 권칙(權侙, 1599~1668)은 자신이 강홍립과 함
께 종군했다고 하면서 1630년 〈강로전(姜虜傳)〉을 기록하였는데, 이 책

1 심하전투와 사르후 전투의 전개 및 역사적 배경에 대해서는, 유지원, 「사르후전투와
   누르하치」(『명청사연구』 13, 명청사연구회, 2000), 黃斌·劉厚生·黃群, 『后金國史話』
   (長春: 吉林人民出版社, 2004), 王漢衛, 『淸朝開國60年』(濟南: 濟魯書社, 2009), 한명
   기, 『임진왜란과 한중관계』(역사비평사, 2001), 고윤수, 「광해군대 조선의 요동정책과
   조선군 포로」(『동방학지』 123, 연세대 국학연구원, 2004), 계승범, 『조선시대 해외파병
   과 한중관계』(푸른역사, 2009) 등을 참조하였음.
2 〈김영철전〉의 창작에 대해서는, 권혁래, 「〈김영철전〉의 작가와 작가의식」(『고소설연구』
   22, 한국고소설학회, 2006), 96~109쪽, 권혁래, 「심하전투 서사『김영철전』의 전란과
   인생사 서술방식」(『서강인문논총』 50, 2017), 31~33쪽, 송하준, 「새로 발견된 한문필사
   본 〈김영철전〉의 자료적 가치」(『고소설연구』 35, 한국고소설학회, 2013), 247~253쪽을
   참조할 것.
3 위 작품들에 대한 문학연구는 양질 면에서 상당한 수준으로 진행되어 왔는데, 주요 연구
   목록은 참고문헌에 제시한다.

에는 권칙의 시각에서 본 것을 기록한 것을 넘어, 심하전역의 전말 및 강홍립의 생애가 왜곡·조작되어 기록되어 있다. 〈강로전〉의 사실 왜곡 및 조작 양상에 대해서는 여러 연구에서 논증되어 왔다. 계승범은 〈강로전〉이 사료로서 인정받지 못하였다고 했지만,[4] 그럼에도 불구하고 이 소설이 미친 사적 낙인 효과까지 사라진 것은 아니었다. 〈강로전〉은 그 뒤에 여러 차례 사본을 파생시키면서 강홍립이 '밀지'를 핑계로 싸움을 회피한 패장이요 항장이며, 참람한 마음을 먹은 장수라는 부정적 이미지를 유포하였다. 이승수는 이 점에서 '기록'은 '권력'이라고 하며 권력자 위주의 관점에서 〈강로전〉과 〈김장군전〉 등이 기록되었음을 비판하였다.[5] 계승범은 〈강로전〉이 사실을 왜곡·조작하였지만 너무 이른 시기에 쓰여 사료로 채택되지 못했다는 '타이밍'의 문제를 거론하였다.[6]

필자는 이 논문에서 『책중일록』과 권칙의 〈강로전〉을 텍스트로 하여 심하전투의 전말과 강홍립의 형상이 어떻게 그려지는지를 대비·분석하며, 기록의 의미와 힘에 대해 고찰하고자 한다. 『책중일록』은 심하전투의 실상과 강홍립의 이미지를 가장 사실적으로 그린 텍스트이다. 심하전투 이후 조선군과 강홍립의 포로생활에 관련하여 『책중일록』 이상의 객관적 기록은 찾아보기 어렵다. 따라서 『책중일록』에 기록된 내용을 중심으로 심하전역의 전말과 강홍립의 사실적 면모를 살펴볼 필요가

---

4 계승범, 「역사소설로 본 조선후기 '역사 만들기'의 일면」, 『한국사학사학보』 38, 한국사학사학회, 2018. 315~339쪽.

5 이승수, 「심하 전역과 〈김장군전〉」, 『한국문학연구』 26, 동국대 한국문학연구소, 2003, 27~43쪽.

6 계승범, 앞의 논문.

있다. 권칙의 〈강로전〉은 아마도 강홍립의 생애에 관해 기록한 거의 유일한 텍스트로 파악되는데, 강홍립은 부정적 형상으로 그려졌다. 이 논문에서는 『화몽집』에 수록된 〈강로전〉을 중심으로 내용을 고찰할 것이다.

2. 진중일기『책중일록』: '잊힌 전쟁포로 강홍립'의 고군분투

조선군은 명나라 동로군 제독 유정의 휘하에 배속되었다. 도원수 강홍립은 전군 1만 3천명을 중영·좌영·우영 전투부대와 도원수·부원수 직할부대, 후방 병참부대로 편성했다. 문관 종사관으로 참전한 이민환은 도원수 강홍립의 참모가 되어 전투의 전후사를 진중일기『책중일록』에 기록하였다. 작품에는 1618년 4월 누르하치의 군대가 무순을 함락한 일부터, 그해 7월 강홍립이 도원수로 임명된 일을 비롯해 1619년 3월 4일의 심하전투 현장, 그 이후의 포로생활을 기록하였고, 이민환이 조선으로 귀환하는 1620년 7월 17일까지의 주요 일정이 기록되어 있다.[7] 이를 전투 직전, 전투 현장, 패전 이후로 나눠 전쟁의 전말과 강홍립의 형상을 고찰하고자 한다.

---

7 이하『책중일록』은 중세사료강독회에서 번역한『책중일록』(서해문집, 2014)의 본문을 인용한다.

1) 군량보급을 받지 못한 도원수

예부터 군대와 군수물자의 원활한 수송은 전쟁의 승패를 좌우하는 절대 요소였다. 병력과 무기, 군량이 제때에 보급되지 않으면 승전은 고사하고 전쟁수행 자체가 불가능하기 때문이다. 임진왜란 때 일본의 전력이 조선을 압도하고도 승리하지 못한 것은 해전에서의 연이은 패배로 보급로를 제대로 확보하지 못했기 때문이었다. 『책중일록』의 기록을 살펴볼 때, 심하전투의 패배는 1차적으로 군량보급이 제대로 이뤄지지 않아 적시에 허투알라성 공략작전을 펼치지 못한 것에 결정적 원인이 있었다. 이민환은 출전 전부터 진군 과정에서 군량 보급이 여의치 않았던 사정을 반복해 기록하였다. 1월 9일자 일기에는 강홍립이 부원수 김경서로 하여금 3영의 장수를 거느리고 양마전으로 가게 했는데, 말 먹이가 떨어지고 군량이 보급되지 않아 이민환이 강홍립의 명령을 받아 급히 창주, 의주 등지를 돌며 말 먹이와 군량을 재촉했던 상황이 기록되어 있다.

출전을 앞두고 도원수 강홍립은 청성첨사 이찬(李穳)으로 하여금 군량미 및 군수품의 보급로를 관장하여 마군(馬軍) 5,000명을 10개 영으로 나눠 진격로에 진을 치도록 하고, 평안도순찰사 박엽(朴燁)과 분호조참판 윤수겸(尹守謙)이 지휘하여 군량을 수송하게 했다. 그런데, 조선군이 압록강을 건너기 전날인 2월 18일 윤수겸은 창성 방면으로 왔지만, 군량보급의 총책임자 박엽은 끝내 오지 않아, 강홍립은 군량미 수송의 문제를 확약 받지 못한 채 출발하였다. 조선군은 명나라 감독관들의 독촉 때문에 군량미를 제대로 보급 받지 못한 채 압록강을 건너게 된다. 도강 후의 군량보급 문제에 대해 이민환은 『책중일록』에 다음과 같이 기록하였다.

①이때 3영이 가져온 군량이 다 떨어졌지만 후속 군량이 아직 도착하지 않은 상태였다. (원수는 부득이 굶주린 군졸을 재촉하여 위태롭고 험한 곳으로 깊이 들어갔다. 연영장 이찬의 군마는 그림자도 보이지 않았고 군량은 도착하지 않았으며, 또 후원도 없으니 낭패할 걱정이 이루 다 말할 수가 없었다.) (2월 27일)

②원수가 역관을 보내 쌀 열 자루를 교 유격에게서 빌려 우영에 지급했다.(우영은 3영 중 식량이 가장 부족했다. 왜냐하면 강을 건널 때 3영의 군대가 각각 3일 치의 군량을 꾸렸는데, 중영과 좌영은 묘동에서 강을 건너 팔렬박에 도착해서 3일 치의 군량을 더 받았다. 양마전에 출병할 때 강을 건너서 팔렬박에 쌓아둔 군량이 500석이었는데, 우영은 창주에서 바로 강을 건너서 대와방에 도착했으므로 팔렬박을 지나쳐 더 받은 것이 없었기 때문이다.) (2월 29일)

③호조의 군관 김준덕이 비로소 나타났다. 군량이 도착했는지 물으니 "오래지 않아 도착할 것입니다."라고 답했다. 나는 원수에게 "전군이 먹지 못한 자가 지금 이미 여러 날이 되었는데, 군량을 관리하는 군관이 뒤늦게 나타나서는 '마땅히 도착할 것'이라며 속이는 짓이 이와 같으니, 그 죄를 용서할 수 없습니다. 청컨대 참수한 후 각 군영에 머리를 돌려 굶주린 군졸의 마음을 위로하십시오."라고 했다. 원수는 그것을 허락하지 않고 "지금은 일단 용서할 것이니, 속히 돌아가 군량을 운반해오라" 하고 타일렀다.(3월 1일)

④3영의 군졸이 못 먹은 지 여러 날이 지났다.[사졸은 각자 가져온 미숫가루로만 요기했다.] 원수가 제독을 뵙고 "군량이 다 떨어져 사졸이 녹

초가 되었으니 군량을 기다리지 않을 수 없습니다"라고 하자, 제독은 "작전 기한이 이미 지나 잠시도 머무를 수 없지만 일단 하루를 머물겠다."라고 답했다. 원수가 3영으로 하여금 각 초에서 군사를 보내 부락을 약탈하고 땅속에 숨겨진 곡식을 빼앗아 돌로 찧어 죽을 만들어 먹게 했다.(3월 3일)

조선군은 1619년 2월 19일 좌영과 우영을 필두로 압록강을 건넜고, 중영까지 1만3천 명이 모두 도강을 마친 것은 2월 22일이었다. 당시 명군의 총사령관인 경략 양호는 10만 연합군을 3월 1일에 노성(허투알라) 아래에 집결하기로 명령을 내렸다고 한다. 하지만 유정의 동로군에 속한 강홍립의 조선군은 진군속도가 느려 도강을 마친 지 11일 만인 3월 4일 오후에야 노성에서 60여 리 떨어진 부차(富車) 지역에 도착할 수 있었다. 이렇게 진군속도가 느렸던 것은 군량미 부족에 따른 병사들의 굶주림이 결정적 원인이었다.

위의 인용문 ①~④에서 볼 수 있듯이, 당시 조선군에게 군량미 문제는 심각했다. 이민환은 군량미 부족을 전쟁패배의 직접적 원인으로 파악한 듯, 이 문제를 여러 곳에 걸쳐 적극적으로 기술하였다. 2월 19일에 도강한 우영은 3일 치, 중영과 좌영에게는 6일 치의 식량밖에 휴대한 것이 없었으니 조선군은 압록강을 건넌 직후부터 굶주린 배를 쥐어 쥔 채 행군할 수밖에 없었다. 2월 27일에는 가져온 식량이 이미 다 떨어진 상태에서도 유 제독의 압박이 심하여 도원수 강홍립은 굶주린 병사들을 이끌고 행군을 재촉할 수밖에 없었고, 2월 29일에는 교 유격에게 역관을 보내 표시도 나지 않을 정도의 곡식(쌀 열 자루)을 빌려 굶주린 우영 병사들에게 지급하였다. 식량보급을 맡은 이찬의 군마는 그림자도 보이지 않았고, 3월 1일에는 군량 수송을 책임진 호조 군관 김준

덕이 빈손으로 나타나자, 이민환이 분노하여 그를 참수하여 군졸들을
위로하자고 청원하는 것을 강홍립이 만류하고 "속히 돌아가 군량을 운
반해오라."고 타이르고 돌려보냈다. 전투를 하루 앞둔 3월 3일에는 강
홍립이 유정에게 청원하여 조선군이 진군을 멈추고 적의 부락을 약탈
하고 땅 속에 감춰둔 곡식을 파내 죽을 쑤어 먹게 할 정도였다. 이처럼
전투 개시일 전날까지도 강홍립은 병사들의 진군을 멈추고 명군에게
쌀을 빌리고, 적들이 땅 속에 감춰둔 곡식을 파내게 하는 등 굶주리고
있는 병사들의 군량문제 해결에 고심하였다. 이에 대해 이민환은 군사
들의 사기저하 및 패전의 결정적 책임이 군량보급의 임무를 방기한 박
엽과 윤수겸에 있음을 명기(明記)하였다. 하지만 전후에 박엽과 윤수겸
은 이에 대해 어떠한 처벌도 받지 않았다.

2) 패장 강홍립
- 명군 사령부의 리더십 부재로 인한 패전

  험준한 우모산을 넘어 노성(奴城; 허투알라성)을 향해 진군하던 동로
군의 명군 1만 명과 조선군 1만 3천 명은 1619년 3월 4일 하루에 후금군
의 급습을 받고 몰살당하였다. 이로 인해 강홍립은 패전의 책임을 피할
수 없었는데, 과연 이 패전의 책임은 누구에게 있었던가? 이에 대해
『책중일록』에서는 몇 가지 중요한 단서가 발견된다.

  1월 16일자 일기를 보면, 강홍립이 자신을 파면해주기를 청하는데,
조정에서는 "군대의 진퇴는 모두 제독의 명령을 따르라."고 답하며 허락
하지 않는다. 이는 조선군의 지휘 책임이 명 제독 유정에게 있음을 명기
한 것이다. 실제로 유정은 조선군의 진군과 전투를 일일이 지휘하였고,
경략 양호는 수비 우승은(于承恩)으로 하여금 홍기(紅旗)를 가지고 조선

군진을 감독하게 하였고, 부총병 강응건과 유격 교일기는 조선군 중에 있으면서 진군을 지휘하였다. 그러면서도 유 제독은 양 경략에게 미움을 받고 있는 등 명 지휘부 사이에서도 불신과 반목이 심하였다.

3월 2일 심하에 도착한 명·조 연합군은 진을 치고 있던 적병 500-600기와 전투를 벌여 승리를 거두었다. 3월 3일에는 조선군이 산을 수색하여 30명의 적을 베고 10여 명의 포로를 생포하는 등의 전과를 올린다. 이날 명나라 장수는 적군 포로를 심문하고는 후금군이 모두 서로 (西路) 전장으로 하고 동로군을 맞는 전력은 수천에 불과한데, 어제 전투에 패해 사상자가 과반이 넘는다는 거짓 정보를 얻고 방심하게 된다. 저녁 무렵에는 멀리서 세 번의 대포 소리가 들렸는데, 명나라 장수들은 이것이 명나라 대군이 근처에 도착한 증거라고 믿었다. 하지만 사실 이 대포는 사르후 전투에서 승리한 후금 군이 신호용으로 발사한 것이었다. 이러한 정보 판단의 착오 때문에 다음 날 명·조선 연합군은 궤멸에 가까운 패배를 맞게 된다.[8] 『책중일록』의 3월 4일자 일기에 기록된 전투 상황은 다음과 같다.

①겨우 몇십 리를 가니 부차(노성에서 60여 리) 지역이었다. 세 번의 대포소리를 연달아 들었다. 원수가 말을 타고 길 왼쪽의 높은 언덕으로 올라가자, 돌풍이 갑자기 일어나고 연기와 먼지가 하늘을 가렸다. 필시 적의 조짐이라 여겨 즉시 좌영으로 하여금 앞쪽의 높은 봉우리에, 중영은 원수가 올라간 언덕에, 우영은 남쪽 언덕에 진을 치게 했다. 원수는 별장 박난영으로 하여금 좌영으로 서둘러 가서 좌영을 높은 언덕으로 옮기게 했는데, 적의 기병이 이미 진 앞으로 들이닥쳐 형세 상 이동하기

---

8 『책중일록』, 51쪽.

가 어려웠다.

②연기와 먼지 속에서 멀리 바라보니 적의 기병이 엄청나게 이르러 양익(兩翼)을 만들면서 점차 포위해 왔다. 좌영의 군관 조득렴이 달려와 급변을 보고하자, 원수는 고립되고 위급함을 걱정하여 즉시 우영으로 하여금 도우러 가되 급히 전진하여 좌영과 진을 연결하도록 명령했다. 겨우 대열이 만들어졌는데 적의 기병이 일제히 돌진했다. 기세가 마치 풍우와 같아, 총포를 한 차례 발사한 후 다시 장전하기도 전에 적의 기병이 이미 진영으로 돌입해 들어왔다. 나[이민환]는 당시 중영에 있었는데 원수에게 병력을 합쳐서 힘써 싸우자고 요청했지만 순식간에 좌영과 우영이 모두 전복되었다. 선천군수 김응하, 운산군수 이계종, 영유현령 이유길, 우영천총 김요경·오직, 좌영천총 김좌룡이 모두 적에게 죽임을 당했다. (중략) 적의 기병이 치달려 와 중영을 포위하여 산과 들을 뒤덮었는데, 무려 수삼 만이나 되었다.

①의 내용을 보면, 부차 지역에 도착해 앞에서 대포소리를 듣고 강홍립이 높은 언덕에 올라가고, 연기와 먼지가 치솟는 것을 적의 조짐이라 여겨 군사들을 모두 언덕에 올라 진을 치게 했다. 하지만 제일 앞서 가던 좌영은 이미 적진이 들이닥쳐 이동할 수가 없다고 했다.

②의 내용을 보면, 적기 3만 명이 일제히 돌진하는데, 좌영의 군사들이 대포와 총을 한번 발사한 뒤 다시 장전하기도 전에 적의 기병이 일제히 돌진하였다. 중영도 나가 싸우려 했지만, 순식간에 좌우영이 무너졌다. 이렇게 김응하 등 좌우영 8천 병사들이 몰살당하였다.[9] 부산(釜山) 위에 진을 치고 있던 중영에서 부차(富車) 벌판의 좌우영은 천 걸

---

9 『황청개국방략(皇淸開國方略)』 6권 기사에선 명의 2만 군대가 섬멸되고, 강응건이 달아났다고 기술하였다.

음도 되지 않은 거리였지만, 일이 창졸간에 벌어져 구해줄 겨를이 없었다고 이민환은 기록하였다.

조명 연합군이 부차 지역에서 후금군에 완패한 것은 여러 가지 이유가 있겠지만, 무엇보다 조선군이 해발 1,320m의 우모령을 힘겹게 넘은 뒤 굶주린 상태에서 진군이 늦어서 정해진 날짜에 공격작전을 펴지 못한 것에 있었다. 또한 2월 29일부터 3월 2일 사이에 명의 서로군과 북로군이 후금군에게 궤멸당한 정황을 전혀 모르는 상태에서 평지를 이동하다가 귀영가가 이끄는 3만 후금군의 갑작스런 기동·기습 작전에 속수무책으로 당한 것이 가장 큰 이유였다.

사르후 전투 전체적으로 보면, 후금 장졸들은 누르하치의 리더십 아래 빼어난 전략과 빠르고 일사불란한 기동력 및 전투수행능력을 발휘하여 승리한 반면, 명군 수뇌부들(양호, 유정, 교일기 등)은 서로를 의심하며 책임을 미뤘으며, 여러 장수가 서로 떨어져 있어 완전히 연락을 취하지 못했고, 공을 다투다가 후금군에게 각개격파를 당하고 말았다.

조선군은 화기병이 5천 명이나 되었는데, 이들이 지녔던 총은 구식 화승총이라 총을 쏘고 다시 화약을 장전하는 데 일정한 시간을 필요로 하였다. 부차 평야에서 조선 화기병들은 갑자기 앞에서 나타난 적을 향해 일차 총을 쏜 다음에 총을 장전하는데, 그 사이에 적들이 밀고 들어왔고, 엄폐물이 없는 평지들판에서 조선의 보병과 화기병들은 속수무책으로 몰살당한 것으로 보인다. 이런 이유로 이민환은 귀국 후 작성한 『건주문견록』에서 낡은 포와 총을 버리고 무기를 정밀하게 제조해야 하다고 주장하였다.[10]

---

10 「건주문견록」, 『책중일록』, 서해문집, 140쪽.

이런 점을 생각한다면, 강홍립이 좌영장 김응하를 일부러 구원하지 못하게 했다든지, 미리 광해군의 밀지를 내세워 전투를 기피했다는 〈강로전〉의 내용은 심하 전장의 상황과 공간적 특징을 전혀 모르는 상태에서 지어낸 말임이 분명하다. 문제는 이 말을 강홍립 밑에서 종군했다고 하는 권칙이 '어느 노승'–전장에서 강홍립의 서기가 되어 잠시도 떨어진 적 없었다는 주장하는 군인 출신–의 입을 빌어 유포하였다는 점이다. 참전군인 권칙과 강홍립의 진중 전직 서기였다고 한 노승이 심하전역의 현장에서 직접 싸우고 현장을 목격했다면 이러한 밀지설, 강홍립이 처음부터 투항하려고 했다는 이야기 등은 전혀 나올 수 없는 이야기이다. 그러므로 권칙이 지은 〈강로전〉은 사실성을 확보하지 못하며, 오히려 사실에 대해 왜곡과 조작을 한 텍스트라고 평가할 수 있다. 설사 중영의 지휘부에서 결전을 치르자고 결정했더라도 이미 눈앞에서 두 영이 무너지는 참상을 목도한 데다, 굶주림에 지쳐 전의를 잃은 병사들을 거느리고 적들의 포위망을 뚫기란 현실적으로 불가능했을 것이다.

3) 잊힌 항장 강홍립

고립된 언덕에서 좌·우영의 병사들이 몰살당하는 것을 목도한 중영 병사들은 혼백이 달아나고 자살을 하려고도 하였다. 곧이어 후금군이 조선진에 장수를 보내 화해의 뜻을 전하고 양측 간에는 강화교섭이 시작되었다. 3월 4일자 일기의 해당 부분은 다음과 같다.

①오랑캐가 즉시 와서 물었다. "우리와 중국인은 원한이 있기 때문에 전쟁을 한다. 너희 나라와는 본래 원한이 없는데 어째서 우리를 공격하

는가?" 통역관[황연해]이 대답했다. "양국은 이전부터 원한이 없었다. 지금 이렇게 들어온 것은 부득이한 일이었다. 너희 나라가 어찌 그것을 못하는가?"

②두 원수[강홍립과 김경서]는 서로 의논하여, 일이 이 지경에 이르렀으니 한번 죽으면 그만이겠지만, 만일 한 차례 화해하여 퇴각한다면 3000~4000명 군졸의 생명을 살릴 수 있을 것이며, 목전의 변방 방어 문제도 조금은 해소될 것이라고 여기고, 부원수가 갑주와 검을 갖추고 기병 둘을 데리고 나갔다.

①에서 조선과 후금 간에 교섭이 시작되면서 양측은 본디 서로 원한이 없었고, 명나라의 강요에 의해 조선이 파병된 사정을 이해한다는 뜻이 오고갔다. ②에서는 강홍립과 김경서가 죽음 대신 화친을 선택한 이유가 수천 명의 무고한 군졸의 생명을 살리고자 함이요, 조선의 변방 방어에 기여할 방안을 찾고자 함이었다는 것을 알 수 있다. 결국 이틀을 굶은 강홍립과 조선군은 남은 병력을 이끌고 누르하치에게 투항했다.

부차에서 패전한 조선의 장교와 병사들은 이튿날인 3월 5일 포로로 잡혀 후금의 수도로 출발했고, 3월 6일에 노성 밖 10리쯤 떨어진 곳에 도착했다. 강홍립과 김경서는 후금 궁정에서 열린 항복식에서 누르하치에게 절하지 않고 읍만 했다가 분노를 샀지만, 그 후에도 두 사람은 여러 번 누르하치에게 절도, 읍도 하지 않고 의자에 앉았다고 했다. 이민환은 이 장면을 강조하여 기록하였으니, 이는 자신들이 후금에 굴복하지 않았음을 보여주기 위한 것이었다.

포로가 된 이후 강홍립 일행은 성중에 갇혀 감시당하고 압박을 받았다. 이민환은 강홍립과 김경서, 본인 등이 조선 정부와 후금 정부 사이에서 문서를 보내고 해명을 하면서 끊임없이 강화 교섭, 포로 귀환 협

상을 해야 했던 과정을 자세히 기록하였다. 이민환은 이러한 기록을
통해 포로가 된 강홍립 장군 등이 조선의 이익을 위해 부단히 노력했음
을 드러내려 하였다.

『책중일록』의 문제적 지점은 일반 군사에 대한 기록이 매우 적다는
점이다. 『책중일록』에는 투항 직후 병사들이 강간사고를 저질러 처벌
받은 두세 건 외에는, 5천 명이나 되는 조선 군사들이 노성 밖에서 어
떻게 수감·관리되고 있었는지 도원수 강홍립이나 종사관의 시각에서
기록된 내용이 거의 없다. 이 점은 매우 유감스럽다. 이로 말미암아 강
홍립이 부하군사들을 보호하기 위해 어떤 노력을 했는지는 알 수 없다.
다만, 이민환은 조선 군졸들이 저지른 비행에 대해 비교적 소상히 기록
하였을 뿐이다. 이는 조선 군졸들이 수백 명이나 학살당한 책임을 해명
하기 위한 의도에서 이뤄진 것으로 파악된다. 그 내용인 즉, 얼마 뒤,
성 밖 민가에서 묵고 있던 조선군 포로들이 탈출하면서 주인집 여자를
살해하였고, 호녀를 강간한 자가 있었고, 몇몇 양반들은 자루에 호인
의 수급 세 개를 감춰둔 것이 들통났다는 사건이었다. 누르하치는 이
소식을 듣고 3월 23일 양반 출신을 다 죽이라고 명령하였는데, 귀영가
가 다소 무마시킨 결과 이날 양반들 4,5백 명이 죽었다고 했다.[11] 이러
한 사건에 강홍립이 어떻게 대처했는지에 대해서는 기술된 내용이 없
지만, 이를 통해 항장 강홍립이 수하의 조선군을 관리하기가 여의치

---

11 〈김영철전〉과 〈강로전〉에서는 이 날의 사건을 상세하게 묘사하였는데, 조선 양반 학살이
300여 항왜인들의 반란 시도에서부터 시작되었음을 말하였다. 이 부분은 『책중일록』에
서는 전혀 거론된 바 없는 것이라서 그 진위와 경위에 대해 궁금증을 유발시킨다. 『책중
일록』에는 다만, 군사편성에서 항왜인 100명이 포함되었다는 기록한 부분만이 있다.
또 〈김영철전〉에서는 양반들이 죽음을 당할 때 호장 아라나가 김영철의 목숨을 구해주는
방식으로 소설 주인공의 인생사를 풀어나갔다.

않았으며, 그에게 부하들을 대변할 대표권이나 교섭권이 없었다는 사정을 알 수 있다. 이후에도 강홍립 등의 조선군 수뇌부들은 허투알라성에 수용되어 있으면서 어려운 외교 교섭을 해야 했고, 그 와중에 군사들이 몇 차례 달아나면서 감시가 심해졌다.

8월 11일 누르하치의 명령에 의해 강홍립과 수십 명 일행은 한밤중에 界蕃城[12]으로 이감된다. 후금군들은 포로 일행의 처소 둘레에 목책을 꽂고 밤낮으로 지켰다. 『책중일록』의 기록들을 보면, 누르하치는 강홍립 일행들을 끊임없이 의심하고 감시하며 적대적 태도를 보였다. 중간에 그들을 나름 보호해 준 인물은 부차에서 조선군을 급습한 장수 귀영가(貴盈哥)였다. 1620년 7월 4일 누르하치는 일곱 명의 포로를 송환해주기로 결정하고 제비뽑도록 한다. 그 결과, 이민환과 문희성 등 장수 셋과 군관 넷이 뽑혔다. 이들은 7월 11일 통사와 함께 허투알라성을 거쳐, 17일 황성(皇城)을 지나 압록강을 건너, 드디어 만포(萬浦)에 도착했다.

당초에 포로로 잡힌 군졸들은 4,000~5,000명이었는데, 두 차례에 걸쳐 살육된 사람이 500~600명이나 되고, 개별적으로 도망쳐 귀국한 사람이 2,700여 명이라고 한다. 도망치다가 도중에 잡혀죽거나 굶주린 자도 수백 명 되었다. 그런데, 도원수 강홍립을 비롯해, 포로가 된 조선 장졸들의 귀환을 위해 조선 조정에서 어떠한 노력을 하였는지에 대해서는 기록을 찾아볼 수 없다. 이민환도 이에 대해서는 거의 기록을 남기지 않아 일반 병사들의 처지에 대해선 알 수 있는 방법이 없다. 다만 조위한이 1621년 쓴 〈최척전〉에서, 명군으로 참전했던 최척이 성

---

12 이민환은 이를 著片城이라 기록하였다.

밖 민가의 감옥에 갇혀 감시당하다가 조선 출신의 호병이 도와주어 아들과 함께 탈출한 이야기를 통해 일반병사들의 사정을 엿볼 수 있을 뿐이다.

이민환 일행이 떠난 뒤 번계성(界蕃城) 목책 처소에 있던 조선인들은 강홍립, 김경서, 오신남, 박난영, 통사, 노복 다섯, 이렇게 모두 열 명이었다. 성 밖의 민가에서 포로생활을 하고 있는 군사들에게서는 아무런 기록도 없다. 누르하치는 조선포로들을 이용해 조선과 외교교섭을 하거나 물자를 받기를 희망했으나, 조선 조정이 아무런 대응도 하지 않자 강홍립 일행을 홀대하기 시작했다. 조선은 정부적 차원에서의 포로송환 교섭 같은 것은 애당초 생각도 하지 않았던 것으로 보인다. 목책에 갇힌 강홍립 일행은 철저하게 방치되었고, 이후 6년 넘게 후금 진영에 머물다가 1627년 정월, 정묘호란 때 후금의 군대와 함께 들어올 수 있었다.

이민환이 귀국한 1620년 7월 4일 이후 정묘호란이 일어난 1627년 정월까지의 기간 동안 강홍립과 부하 장졸들의 포로생활에 대해 전모를 알 수 있는 보고서나 기록은 발견된 것이 없다. 다만 간간이 강홍립이 조선 조정에 서한을 보냈다고 한 것으로 보아 그가 조선을 배신하지 않고 항장으로서 나름의 역할을 하고 있었음을 알 수 있을 뿐이다.

3. 소설 〈강로전〉: '변절자 강홍립'의 패가망신

강홍립의 생애 및 심하전투 이후의 행적까지 기록한 텍스트는 권칙 (權伐, 1599~1667)의 〈강로전(姜虜傳)〉이 유일하다. 〈강로전〉은 규창본,

김일성종합대학 소장 『화몽집』 수록본, 동사잡록본, 유한준의 〈강홍립전〉 등의 이본이 발견되었다. 이건(李健, 1614~1662)의 『규창유고(葵窓遺稿)』에 실려 있는 〈강로전〉은 한글본으로 유통되던 것을 한문으로 다시 번역한 이본이라는 점에서 주목된다. 이를 통해 당시에 〈강로전〉이 한글과 한문으로 널리 읽히고 있었음을 알 수 있다.

서얼 출신 문인 성대중(成大中, 1732~1809)의 《청성잡기(靑城雜記)》 5권 〈성언(醒言)〉에는 권칙이 문관으로 강홍립을 수행하여 심하의 전투에 참여했는데, 강홍립은 오랑캐에게 항복하였으나 권칙은 적진을 탈출해 천신만고 끝에 돌아왔고, 〈강로전〉을 지어 후금의 사정을 매우 자세히 기록하였다고 하였다.[13] 그런데, 〈강로전〉에는 작가 권칙이 심하전투에 참전하였다는 것을 자신의 입으로 한 번도 말한 적이 없어 참전 여부에 의구심을 자아낸다. 그는 외교 사절을 따라 명나라와 일본에 다녀온 적도 있을 정도로 문학적 재능이 있었으나, 오랑캐에게 항복하고 살아남았다는 전력 때문에 영평현령(永平縣令) 등의 말단 벼슬밖에는 지내지 못했다고 한다. 이런 그가 정묘호란(1627)이 끝난 지 3년째 되던 1630년, 31세 때 지은 소설이 바로 〈강로전〉이다. 권칙은 작품 말미에서 정묘호란 때 안주성 싸움 때 부상을 당한 어느 노승을 묘향산에서 만나 강홍립에 대한 자세한 이야기를 듣고 기록하였다고 하였다. 그런데, 권칙이 후금의 전쟁포로가 되었다가 탈출해 돌아온 참전군인이라는 기록이 사실이라면 누구보다 전쟁의 현장과 강홍립의 면모를 잘 알 테니 자신이 경험하고 지켜본 바를 기록하면 된다. 그런데, 권칙은 자신의 참전 여부는 밝히지 않고, 왜 노승의 이이기를 듣고 썼다고 했을까? 이는 노승의

13 성대중, 고전번역원 역, 「5권 성언(醒言)」, 『청성잡기』, 올재 클래식스, 2012, 517쪽.

이야기를 옮겼다는 권칙의 발언이 가탁(假託)일 가능성이 있고, 어쩌면 권칙 자신도 심하전투에 참전하지 않았거나, 했더라도 전쟁의 현장에서는 강홍립에 관해 잘 몰랐다는 것을 말한 것일 수도 있다.

막상 〈강로전〉의 내용을 살펴보면, 심하전투의 전말과 강홍립의 일대기를 사실적으로 기록한 전이나 실기(實記)가 아닌, 1618년부터 1627년까지 일어난 전란의 주요장면을 모티브로 해 근거를 알 수 없는 허구적 내용이 대부분을 차지하는 '소설'이라는 것이 파악된다. 소설에는 심하전투를 전후한 시기의 강홍립의 행적, 강홍립이 누르하치의 아들 귀영가와 주고받는 대화와 편지, 강홍립과 누르하치와의 대면 장면, 포로생활 중 강홍립의 모든 행적, 강홍립이 홍태시와 도모하여 정묘호란을 일으킨 일, 강홍립과 소씨녀(蘇氏女)와의 내밀한 사랑 등에 대해 전지적 시점에서 기술하였다. 이러한 행적과 정보는 전직 참전 군인이었다고 하는 권칙이나 무명의 노승이 알 수 있는 일이 아니다. 작가 권칙은 당시 생산되던 〈충렬록〉, 〈김장군전〉, 관변보고서 등의 기록을 참조해 〈강로전〉의 전란의 전개 및 지리정보에 대한 내용들을 채워 넣고, 가상의 인물일 가능성이 높은 노승의 말을 빌려 인물들의 이야기와 대화, 장면 묘사는 작가의 의도 아래 허구적인 내용으로 꾸몄을 가능성이 크다. 그 의도란 당시 숭명반청의 시대조류에 편승하여 심하전투의 좌영장 김응하를 영웅화하고 강홍립을 시대의 공적으로 몰아 비난한 뒤, 그 반대급부를 노린 것이다.

성대중의 『청성잡기』 내용이 사실이라면, 권칙은 도원수 강홍립에게 심하전투와 정묘호란 패배의 모든 책임을 돌리고 비난함으로써 전장에서 죽지 않고 살아 돌아왔다는, 자신의 과오 아닌 과오를 덮으려고 했는지도 모른다. 권칙은 석주(石洲) 권필(權韠, 1569~1612)의 서질(庶姪)

로, 〈안상서전(安尙書傳)〉이라는 소설도 지었을 만큼 작가적 재능이 뛰어난 사람이었다. 계승범이 지적했듯이, 〈강로전〉은 작가 권칙이 명나라를 도와 후금과 싸우기 위해 출정했다가 오히려 적에게 항복해버린 강홍립을 주인공으로 삼되, 패전과 굴욕의 원인을 모조리 그에게 돌리며 맘껏 비난한 작품이다.[14] 실제로 〈강로전〉에서 강홍립은 후금군과의 전투에선 무능하고 밀지를 핑계로 전쟁을 회피한 패장이요, 투항한 뒤로는 자신의 안위를 위해 변절하여 적극적으로 만주를 돕고, 정묘호란 때에는 화약(和約)을 이끌어낸다며 조선인들을 학살하는 역신의 형상으로 그려진다. 권칙이 그려낸 강홍립의 부정적 형상을 구체적으로 살피면 다음과 같다.

1) 전쟁을 회피한 장수

소설에서 전투 전 강홍립의 행동은 다음과 같이 묘사된다.[15]

①군대가 패수를 지날 때 소강 상태였고 서로(西路)가 번화하였으므로, 홍립은 가는 곳마다 술을 마시며 전투에는 뜻이 없었다. 종사관 이민환이 틈을 타서 말을 하였다. "…어찌하여 시간을 지체하며 술을 즐기면서 방탕할 수 있습니까?", "…밀지가 나에게 있으니, 제군들은 근심하지 마시오." 이민환이 놀라며 물었다. "밀지라니 어찌 된 일입니까? 자세히 듣고 싶습니다." 홍립이 말하였다. "기회가 되면 보게 될 테니, 여러 말 하지 마시오." 이민환은 다시 묻지 못하였다. 진중에서 이 말을 들은 장

---

14 계승범, 앞의 논문, 318쪽.
15 이하 〈강로전〉은 이대형·이미라·박상석·유춘동이 번역한 『화몽집』(보고사, 2016)의 본문을 인용하고 쪽수를 제시한다.

수와 군졸들은 모두 화가 머리끝까지 났다.(511~512쪽)

②장수들이 말하였다. "군량미가 다 떨어지지 않았는데도 매번 양식이 다했다고 말하여 명나라 장수의 노여움을 샀으니, 무슨 생각을 하고 계십니까?" 홍립이 말하였다. "밀지가 나에게 있으니 때가 되면 보게 될 것이오."(515쪽)

③즉시 여진 통사 하서국 등 세 명을 몰래 불러서 말하였다. "오랑캐 사정을 전혀 탐지하지 못하고 오직 명나라 장수에게만 들으니 필히 후회가 있을 것이다. 너희들은 몰래 건주에 가서 노추에게 전하거라. 우리 두 나라 간에는 본래 원한이 없는데 지금 출병한 것은 남조가 다그쳐서 그런 것이니 양군이 만나면 싸우지 말고 강화하도록 하자고." 아울러 밀봉한 글 한 통을 보냈다.(515~516쪽)

①에서 권칙은 강홍립을 출전 전부터 가는 곳마다 술을 마시며 밀지를 핑계 대며 전투에 뜻이 없는 부정적 모습으로 그린다. 이 뒤로도 강홍립은 몇 번이고 밀지를 거론하는데, 장수들은 이를 믿지 못하겠다거나 반발하는 모습을 보인다. 권칙은 술자리에 이민환이 동석하여 밀지 얘기를 듣고 의심하였다고 서술하였으나, 정작 이민환은 『책중일록』에 이러한 내용을 한 번도 기록한 적이 없다. 〈강로전〉과 『책중일록』의 기록 중, 어느 하나는 거짓일 수밖에 없는데, 전체적인 내용으로 보면 〈강로전〉의 내용이 거짓일 가능성이 높다.

②장면은 조선군이 우모령에 도착한 다음날인 2월 29일에 일어난 일일 것이다. 명장 교일기가 강홍립에게 허위로 군량미가 떨어졌다며 진군을 지연시킨다고 비난하자, 조선장수들은 강홍립에게 군량미가 있는데 왜 없다고 하냐며 항의한다. 이에 강홍립은 자신이 임금이 내린 밀지에 따라 군량미를 핑계로 의도적으로 진군을 늦추고 있음을 암시

한다. 문제는 강홍립은 임금의 밀지에 따라 지연책을 쓴다고 하는데, 누구도 밀지의 존재와 내용을 믿지 않는다는 점이다. 부하 장수들은 과연 임금의 밀지가 있긴 하냐며 의심하고 반발한다. 작품에서 여러 차례 등장하는 이 '밀지' 사건은 어떤 기록에서도 사실로 확인된 적이 없다. 세간에 전하는 '사세를 보아 향배를 결정하라'는 내용 정도의 광해군의 밀지가 있었다 한들, 그것이 전쟁을 고의적으로 지연시키거나 회피하라는 명령은 아니었을 것이다. 이로 보아 밀지 사건은 강홍립에게 패전의 책임을 덮어씌우기 위해 권칙이 조작·왜곡 서술하였다고 보는 것이 타당할 것이다.

③에서는 2월 29일 늦게 강홍립이 후금 통사를 몰래 불러 누르하치에게 조선군의 참전이 명이 다그쳐서 그런 것이라며 전쟁이 아닌, 강화를 하자는 내용의 밀서를 보냈다고 기술하였다. 도원수 강홍립이 적국의 왕과 내통했다고 적시한 것이다. 그런데, 명장 교유격과 우승은이 눈을 부릅뜨고 조선군을 감시하고 있는 진중에서 강홍립이 적진의 통사를 몰래 부를 리도 없거니와, 그 밀서의 내용을 권칙이나 금강산에 만난 노승이 알 수 있는 방법은 전혀 없다. 그러므로 이 사건은 소설가가 지어낸 허구이자 의도적인 조작이라고밖에는 설명할 길이 없다.

2) 변절한 항장

1619년 3월 4일 오후 부차벌판에서 벌어진 심하전투는 조·명 연합군의 무참한 패배로 끝난다. 강홍립은 3월 5일에 적진에서 투항식을 하고, 3월 6일에는 허투알라성에서 누르하치를 만나 예를 행하였는데, 〈강로전〉에는 그 장면을 다음과 같이 기술하였다.

①홍립은 귀영가를 만났는데, 병사들이 위엄을 크게 펼치고 장막을 높게 세웠으며 좌우에 흰 칼날이 서릿발처럼 찬란하였다. 홍립은 혼백이 놀라 달아나서 무릎으로 기어가서 목숨을 구걸하였다.(521쪽)
②붉은 옷을 입은 이가 두 장수를 인도하여 들어가서 섬돌 아래서 예를 행하게 하였다. 두 사람은 길게 읍을 하였다. 만주는 거친 소리로 말하였다. "너희들이 사신으로 왔으면 읍을 해도 되지만 투항을 했으면서 감히 간단하게 하는가?" 홍립은 두려워서 먼저 무릎을 꿇고 사배(四拜)를 하였다. 김경서는 어쩔 수 없이 또한 절을 하였다.(522쪽)

①은 패전한 다음날인 3월 5일, 강홍립이 후금군에게 투항하면서 적장 귀영가에게 비굴한 모습으로 매달려 목숨을 구걸하였다고 묘사한 장면이다. ②에서는 3월 6일 허투알라 성에서 강홍립과 김경서 등이 누르하치를 대면하여 처음에는 읍을 하였다가 누르하치의 호통에 두려운 나머지, 무릎을 꿇고 사배를 하였다고 기술하였다. 『책중일록』에는 이 날의 장면에 대해, "두 원수가 계단을 올라 읍했다. 누르하치가 진노하자, 두 원수가 말하기를, '이는 우리나라의 예를 행한 것으로서 이렇게 하지 않을 수 없소.'라고 했다. … 단의 동쪽에 휴대용 의자 두 개를 놓고 그 위에 붉은 털 깔개를 놓았다. 그리고 두 원수에게 앉기를 청했다. 누르하치가 먼저 마시고 몇 차례 술잔이 오간 뒤 자리가 끝났고, 두 원수는 나와서 어느 집에 묵었다."[16]라고 기록하였다. 권칙은 두 차례의 투항식에서 강홍립이 두려운 나머지 적장과 누르하치에게 무릎을 꿇고 목숨을 구걸하였다고 하였고, 이민환은 강홍립이 누르하치가 진노함에도 불구하고 조선의 예대로 읍례를 행하였다고 기록하였다. 그

---

16 『책중일록』, 70~71쪽.

엄중한 상황에서 어느 쪽의 내용이 맞다고 쉽사리 단정할 수 없다. 다만, 〈강로전〉의 서술은 사실의 기록이기보다는, 정서적 측면에서 강홍립을 적장에게 목숨을 구걸하는 비굴한 장수라는 점을 부각시키기 위한 소설의 문장이라는 점을 지적하지 않을 수 없다.

이 뒤로 〈강로전〉에는 7년여 간에 걸친 강홍립의 포로생활이 서술된다. 조선에 보고서를 올렸다가 조정의 답서를 받은 일, 만주가 강홍립을 자신의 양녀와 결혼시키려 하였으나 강홍립이 노병을 핑계로 거절한 일, 누루하치에게 충성을 다짐하는 시를 지어 신임을 얻은 일, 강홍립이 함께 출전한 항왜병 300명이 누루하치를 죽이려 했던 계획을 미리 알려주어 실패하게 한 사건, 양반 출신의 군사 400여 명이 참수당한 일, 김경서가 선봉장이 되어 요동성을 공격할 때 요동 장군과 내응하여 누르하치를 죽이려 하자 이를 누르하치에게 고해 김경서를 죽게 한 일, 한족인 소 학사의 딸을 아내로 맞아들여 밤낮으로 술을 마시며 즐기다가 조선으로 돌아갈 뜻을 버렸다는 일 등이 주요 내용이다. 이 모든 내용은 강홍립이 목숨을 부지하기 위해 변절하여 조선과 부하 장졸들을 배신하고 누르하치의 수하가 되었다는 방향에서 서술되고 있다.

당시 조선의 문헌에는 강홍립이 후금에서 어떻게 포로생활을 하였는지에 대해 기록을 찾아보기 힘들다. 그런데 심하전투 패배 직후 조선으로 탈출해 왔다는 저자 권칙은 이 모든 일을 어찌 그리 소상히 알고 기록할 수 있었을까? 강홍립 옆에서『책중일록』을 기록하던 이민환도 1620년 7월 11일 허투알라 성을 떠나 조선으로 갔는데, 누가 강홍립의 포로생활을 정확히 알 수 있었을까? 이런 점에서 〈강로전〉에 기록된 강홍립의 포로생활 내용이 사실에 바탕해 기술되었다는 근거는 없으며, 소문에 근거하거나 허구적인 내용으로 기술하였을 가능성이 매우

크다. 단적인 예로, 강홍립이 조선에 올린 보고서를 받고 "묘당[의정부]
에서 완곡한 표현으로 답서를 써서 만주에게 보내게 하였다."(524쪽)는
내용은 사실이 아니다. 당시 조선에서는 명과의 관계를 중시하여 후금
에 어떠한 형태의 국서를 보낸 적이 없고, 단지 평안도관찰사의 말단관
리 양간(梁諫)에게 관찰사 명의의 서신을 주어 보냈을 뿐이다.[17] 조선과
후금 사이에 오고간 서신의 내용은 일개 포의(布衣)의 권칙으로서는 알
수도 없을 것이다.[18] 또한 〈강로전〉에서는 항왜병 300명이 누르하치를
죽이려고 계획하였다는데, 『책중일록』에 기록된 군사편성표에 기록된
항왜인은 100명일 뿐이다. 항왜인의 숫자가 세 배나 차이난다는 것은
사소한 일이 아니며, 이는 항왜인 거사담이 정확한 사실에 근거해 서술
된 것이 아니라는 증거이다. 앞서 심하전투의 참전과 전투상황에 대한
기록에 왜곡과 조작된 내용이 가득하였던 것처럼, 강홍립의 포로생활
에 대해서도 부정확한 정보에 근거하거나, 사실 여부를 확인할 수 없는
내용이 대부분을 차지한다. 한족 소 학사의 딸과 강홍립이 결혼하여
조선으로 돌아갈 뜻을 잊었다는 내용은 한낱 도청도설(道聽塗說)이요
소설일 뿐으로, 〈강로전〉 외에서는 근거를 찾을 수 없다.

---

17 위의 책, 78쪽.

18 『책중일록』에 기록된 조선군 편성표는 물론, 이 일록 전체에는 권칙의 이름이 발견되지
않는다. 이는 서출인 권칙이 정식 관직을 맡지 못했을 가능성이 크다는 보여준다. 이에
대해서는, 위의 책, 37~39쪽의 군사편성 내용에서 확인할 수 있다. 혹은 권칙이 심하전
투에 참전하지 않았을 가능성도 있다. 〈강로전〉에는 권칙 자신이 심하전투에 참전하였다
고 기술한 내용이 없으며, 묘향산에서 만난 노승에게서 1619년부터 1627년까지의 전해
들고 썼다고 하였다.

3) 변절자의 패가망신

〈강로전〉에는 강홍립은 1626년 자신이 조선의 왕이 되겠다며 홍태시에게 군사를 청하여 정묘호란을 유발하는 주역이 된다. 그리고 이듬해인 정묘년(1627) 봄, 그는 가왕(假王)이 되어 조선에 출정하여 병권을 쥐고 있으면서, 조선의 화약(和約)을 받으려면 위세를 보여주어야 한다며 호장들을 시켜 많은 사람들을 참혹하게 죽이도록 한다. 그러다가 그는 자신의 동향인과 숙부를 만나면서 자신이 한윤의 거짓말에 속았음을 깨닫고 자신의 잘못을 뉘우치며 후금과 조선의 화의를 주선한다. 이 내용은 어떤 자료에 근거하여 기술된 것일까? 현재까지 〈강로전〉외에 어떤 자료, 기록에서도 강홍립이 조선왕이 되고 싶어 청 태종 홍태시에게 정묘호란을 일으켰다든지, 조선의 백성들을 무참히 학살하도록 지시했다는 내용은 발견되지 않았다. 오히려 중국의 사서『淸史稿』[19]「朝鮮列傳」[20]에는 정묘호란의 발발에 대해, 강홍립에 대해서는 한 마디도 없고, "이 무렵 조선의 배반인인 한윤·정매가 귀순하여 와서 침입의 길잡이 노릇을 하겠다고 청하면서 전쟁을 일으킬 것을 부추겼다."고 기록되어 있다.[21] 중국 정사의 이 한 줄 문장으로도 강홍립이 정묘호란을 부추겼다는 내용은 아무런 근거가 없음을 알 수 있다.

〈강로전〉에서는 조선과 후금 간에 강화가 성립된 후, 강홍립은 자신

---

19 『淸史稿』는 中華民國 3~17년(1914~1928)에 趙爾巽 등이 찬한 淸代(1616~1911) 296년간의 紀傳體로 된 正史이다. 총 536권.

20 『淸史稿』「朝鮮列傳」은 권531의 「屬國列傳」에 수록되어 있는데, 광해군 11년(1619)부터 고종 32년(1895)까지의 사실을 기록하고 있다.

21 "會朝鮮叛人韓潤, 鄭梅來歸, 請爲嚮導, 搆兵端." 국사편찬위원회 역『중국정사 조선전 역주』4, 1990, 351쪽.

의 잘못을 깨닫고 홍태시에게 조선에 남기를 청한다. 그리고 행재소(行在所)에 이르러 임금에게 알현하고 물러나와 옛집으로 간다. 하지만 그의 말년은 쓸쓸하고 초라했다. 게다가 호국에 두고 왔던 소씨녀(蘇氏女)가 찾아오자, 이로 인해 행재소에서 임금께 호국에서 독처(獨處)했다고 말한 것이 거짓으로 드러남을 부끄러워하여 마지막엔 음식을 먹지 않고 병들어 눕는다. 죽음에 임하여 강홍립은 평생 동안 남을 속이며, 사람들을 혐원한 일이 쌓여 자신이 벌을 받게 되었다고 자백한 다음 죽음을 맞이한다. 소씨녀가 찾아오고, 이에 부끄러워 강홍립이 죽음을 맞이했다는 이 내용 역시 〈강로전〉 외 다른 어떤 기록에서도 발견되지 않으며, 근거를 찾을 수 없다. 권칙은 이렇듯 일관된 방식과 내용으로 강홍립을 변절자의 형상으로 그리고, 종말에는 패가망신한 모습으로 그렸다.

4. 전란 소재 17세기 역사소설에 작용하는 사대이념(事大理念)과 전쟁포로 강홍립의 신원

권칙이 그린 강홍립의 변절자 형상은 오랫동안 전승되었고, 후대인들의 인식에 영향을 미쳤다. 최근 발견된 〈강로전〉의 이본 중에 사양재(四養齋) 강호보(姜浩溥, 1690~1778)가 쓴 〈강홍립전〉에서도 이러한 인식의 전승을 확인할 수 있다.[22] 강호보는 이여우(李汝愚, 1602~1665)의 〈강

---

22 〈강홍립전〉은 『사양재집』 15, 〈췌언(贅言)〉 卷28 '傳'에 실려 있으며, 37장본이다. 강호보는 주자언설을 망라하여 광범위하게 재조직한 『朱書分類』의 편찬자이며, 개성 있는 필치가 돋보이는 연행록 『상봉록(桑蓬錄)』의 저자이다. 그의 본관은 진주로 강홍립과

홍립전〉 내용을 거의 대부분 이어받으면서, 뒷부분에 부연한 사론을 통해 강홍립의 죄악을 통렬하게 고발한다.[23] 그중 앞부분 내용을 보면 다음과 같다.

> ①내가 어려서부터 어른들을 따라다니며 홍립의 일을 들었는데, 마음으로 몹시 부끄러웠다. 대개 일을 살피고 족첩을 살펴보니, 홍립의 이름 밑에 기록되어 있는 것은 다만 창피해서 덮어 버리고 모른 척 하고 싶을 뿐이었다.[24] (중략)
>
> ②족첩에 이르기를, "만력 무오년에 원수의 군대가 패하고 적에게 포로가 되었고, 정묘년에 비로소 돌아오니 임금께서 특별히 지사(知事)를 제수하셨다. 이에 대간이 반박을 하였는데, 이에 답하시기를, '포로가 된 지 십년인데 끝내 머리를 깎지 않았으니 그 뜻이 가상하다.'고 하시어 대간의 뜻을 끝내 윤허하시지 않았다. 대부인의 상을 치르고 여막에 거처하였고, 상을 마치지 못하고 죽었다. 향년 몇 세이다."라고 했는데, 이 기록을 믿을 만하다.[25]

같다. 자는 양직(養直)이다. 부친은 오아재(聱齖齋) 강석규(姜錫圭, 1628~1695)이고, 어머니는 안동 김씨 성급(成岌)의 따님으로 측실이었다. 강호보의 인적사항에 대해서는, 김만석의 「사양재 강호보『췌언』선역」(경상대 한문학과 석사논문, 2014)을 참조할 것.

23 〈강홍립전〉은 강호보가 노론 계열의 학자 이여우(李汝愚, 1602~1665)가 지은 강홍립의 전을 얻게 되어 여기에 약간의 첨삭 수정을 하고 자신의 사론(史論)을 덧붙인 것'이다. 이여우의 〈강홍립전〉도 〈강로전〉 내용과 거의 유사하다. 강호보는 이여우의 〈강홍립전〉 본문에 주석을 좀 달고 몇몇 장면에서는 사실과 관련된 내용으로 부연을 하였다. 강호보는 25장a 8행부터 마지막 장인 37장a까지 12장에 걸쳐 자신의 사론을 길게 펼쳤다. 사론은 〈강홍립전〉 전체 분량의 1/3을 차지할 만큼 내용이 길고 비중도 크다.

24 余自幼從長老聞弘立事 而心窃恥之. 旣省事見譜牒 弘立名下所載錄則 不但面互掩覆止 欲置之於無過之地而已也.(25a) (중략)

25 譜牒曰 萬曆戊午 以元帥軍敗陷虜 丁卯始還 自上特除知事. 臺諫駁之 答曰 陷虜十年 終不 剃頭 其志可尚 遂不允. 追服大夫人喪 居廬 未終而卒. 享年幾歲. 信斯錄也.(25b-26a)

③홍립에게 부족한 것은 다만 한 번의 죽음뿐이다. 군대가 패하고 오랑캐에게 포로가 된 것은 마치 맹명(孟明)과 석걸(石乞)이 군대가 패배하여(覆軍) 잡힌 것과 같으니, 이것이 죄가 될 수는 없다. 정묘년에 비로소 돌아왔는데, 이것은 끝내 부모나라를 잊지 못해 온 것이다. 끝에, 인조께서 한 때 행적이 있다고 교서를 내리시어 뜻이 가상하다고 칭찬하심을 읊어 후세에 남기고, 이로써 비록 상장을 구한다 한들 누가 불가하다고 말할 것이냐고 한다면. 이는 도살꾼이 예불(禮佛)하는 노래를 배우는 것과 무엇이 다르겠는가? 기생집(倡家)에서 예를 배운다고 하는 것과 무엇이 다르겠는가? 십년 간 머리를 깎지 않은 것만으로는 나라를 배신하고 불충한 죄를 씻을 수 없는 것이다.[26] (후략)

　강호보는 진주 강씨로 강홍립과 같은 문중 사람이다. 그런 그가 ① 에서는 어려서부터 강홍립의 일을 듣고는 몹시 부끄러웠다고 했다. 이어지는 내용에서는 그의 죄악이 몹시 심하므로 족친이라도 그의 죄를 가리거나 변호할 수 없다고 하였다. ②에서는 족보에 기록되어 있는 내용 가운데, 인조께서 강홍립이 포로생활 동안 머리를 깎지 않았다는 것으로 절개를 지켰다고 하여, 그의 죄를 용서할 뿐 아니라 벼슬을 제수하신 일을 기록하였다.

　③에서는 강홍립이 군대의 원수로서, 한 번 출전했으면 전장에서 죽는 것이 마땅한데, 죽지 않은 것이 가장 큰 문제라는 인식을 보여주었다. 그는 강홍립이 같은 강씨 집안이며, 임금이 십년 간 머리를 깎지

---

26 弘立所欠著 只一死耳而. 軍敗陷虜則 不過爲孟明石乞之覆軍被執 未必爲罪矣. 丁卯始還則, 是若出於終不忘父母國之意也. 末引聖祖一時有爲之敎 誦傳志可尙之 褒垂之後世則 以此而雖求褒贈 夫孰曰不可. 是何異於讚屠兒之禮佛頌 倡家之學禮乎. 夫十年不剃頭 不足贖其負國 不忠之罪矣. (26a)

않은 것을 칭찬해 벼슬을 내리고 상을 주었다고 하지만, 그것만으로는 나라를 배신한 죄를 씻을 수 없다고 하였다. 강홍립이 비난받는 것은 기본적으로 군인이 전쟁에 나갔으면 싸우다가 죽는 것이 마땅한 것이며, 포로가 되어 살아남는 것은 적에게 협조한 것이며 절개를 지키지 못한 것이라는 당대인들의 생각을 반영한다. 이러한 관념이 강홍립의 투항과 정묘년에 살아 돌아온 것을 부정적으로 생각한 근거가 되었을 것으로 보인다. '후략'한 내용에서는 사신(史臣)의 관점에서 인조가 강홍립의 허물을 용납하고 벼슬을 내린 처사가 근거가 없는 것이라며 비판하였다.

강홍립의 생애 및 심하전투 이후의 행적은 〈강로전〉 외에는 온전하게 기록된 것이 없다. 심하전투의 실상과 강홍립의 포로생활 1년여 간의 행적은 이민환의 『책중일록』에 자세히 기록되어 있지만. 그 이후의 행적에 대해서는 제대로 알려진 바가 없다. 이에 대해 권칙은 강홍립이 청의 향도(嚮導) 역할을 했고, 백성을 살상했으며, 왕이 되려는 마음을 품었다는 등으로 〈강로전〉에 서술하였다. 1627년에 이미 사망한 강홍립은 이에 대해 자신을 변호할 수 없었고, 종친들도 그러한 내용을 사실처럼 알고 강홍립을 수치스럽게 여겼다. 이후로, 〈강로전〉에 기록된 심하전역의 양상과 강홍립의 행적에 대해 그 누구도 사실 여부를 변증하지 않았다. 1621년부터 조정에서는 전쟁의 패배와 후유증을 씻기 위해 김응하의 충절과 죽음을 현창하는 일을 국가적으로 진행하였으며, 이것이 사대부와 백성들의 마음에도 강하게 전달되었다. 이런 과정에서 전쟁의 실상을 가장 가깝게 기록한 『책중일록』은 묻히고, 의도적으로 사실과 진실을 조작하고 왜곡한 소설 〈강로전〉이 민간에 유포되었다.

〈강로전〉은 소설이 특유의 정서적 감화력을 이용하여 특정 이데올
로기, 특정 정파나 개인의 이익을 옹호하고 전달하는 수단으로 쓰였음
을, 쓰일 수 있음을 보여주는 사례이다. 계승범은 〈강로전〉이 사실로
받아들여지지 않았으며, 사료로 쓰이지 않았다는 이유로 〈강로전〉이
생각보다는 성공적이지 않았다고 평가하였다.[27] 하지만, 〈강로전〉은
문학적으로는 엄연한 영향력을 끼치며 오늘날에까지 이르고 있다. 특
히, 강홍립이 처음부터 싸울 뜻이 없이 술만 마시고, '군량부족'과 '밀
지(密旨)'를 핑계 대며 싸움을 회피하였으며, 김응하를 죽게 방치했다
는 등의 사실의 왜곡과 강홍립에 대한 악의적 모략[28]은 그 뒤에 오랫동
안 민간에 전승되었고 낙인 효과를 미쳤다. 오늘날 『민족문화대백과사
전』의 〈김경서〉 항목에는, 강홍립이 밀서를 핑계로 대며 전투를 피하
며, 조선에 편지를 전하려던 김경서를 고발하여 죽게 하였다고 서술되
어 있다. 이 내용은 〈강로전〉 외에는 없다. 이는 소설이 사료 이상으로
사용되고 영향력을 끼치고 있는 사례라 할 수 있다.

강홍립과 대비하여, 김응하는 시대의 영웅으로 존숭되었다. 인조는
평안감사 박엽의 치계를 받은 직후인 1619년 3월 19일 김응하를 증직
하고 자손을 녹용할 것과 전몰 장졸들에게 사제(賜祭)할 것을 명하고,
중국 장수가 지나는 길목에 사당을 세우고 '충렬(忠烈)'이라는 편액을
하사하고 치제(致祭)하였다. 김응하의 포양사업과 〈충렬록〉의 간행은
인조반정 이후 서인 등 정파간의 이해관계가 부합하여 추진된 일이었

---

27 계승범, 앞의 논문, 319~320쪽.

28 조선후기 내내 이어진 강홍립 관련 악의적 소문에 대한 의심과 고증에 대해서는 송하준,
    『조선후기 역사소설과 민족 정체성의 재구성』, 학자원, 2017, 112~113쪽에 상세하다.

다. 이승수는 〈김장군전〉이 '권력의 통제를 받는 문학'의 전형적인 모습을 보여준다고 하였다. 〈김장군전〉에 그려진 김응하는 처음부터 죽음을 준비하는 모습을 보여주었고, 성리학의 명분과 분수 의식으로 철저하게 무장하였으며, 행동에는 조금의 머뭇거림이 없으며, 내면에는 추호의 갈등이나 고민이 없는 이념형 인간형이다.[29] 이는 〈임경업전〉의 '임경업' 형상과 정확히 일치한다.[30]

〈김장군전〉을 비롯해, 〈임경업전〉, 〈북정일록〉·〈배시황전〉, 〈임진록〉 등에 나타난 숭명배청의식(崇明背淸意識)과 존명의리론(尊明義理論)과 같은 시대의식은 조선후기 전란을 소재로 한 소설에서 문제적 지점이다. 이러한 작품들은 단순한 통속소설이 아니며, 특정한 시대 이데올로기에 편향된 모습을 보여주기도 한다. 존명의리론에 사로잡힌 문인 작가들은 주인공 캐릭터를 통해 그들의 이데올로기를 설파하였고, 의외로 강한 문학적 감화력을 보여주기도 하였다. 잊힌 전쟁포로 강홍립의 형상을 부정적으로 그린 〈강로전〉은 전란을 제재로 한 17세기 역사소설에 작용하는 시대이념과 이념적 인물의 형상화 양상을 보여주는 일련의 작품들 중 하나로 평가되어야 할 것이다. 강홍립은 시대 이데올로기에 반하는 부정적 캐릭터로 그려졌고, 김응하는 시대의 영웅으로 존숭되었다.

하지만, 400년 간 강홍립에 전가되었던 심하전투의 패배 책임과 강

---

29 이승수, 앞의 논문, 47쪽.

30 〈임경업전〉에 그려진 임경업은 17세기 조선 사회의 존명의리 이데올로기가 그대로 투사된 '이념적 인간'이다. 작가가 표출한 '남경의식(南京意識)'은 존명의리 이데올로기의 문학적 표현이자 명 재건 운동에 대한 관심 표현이었다(권혁래, 「〈임경업전〉의 주인공 형상과 이데올로기」, 『고소설연구』 35, 2013).

홍립의 왜곡된 형상은 결코 사실이 아니다. 강홍립은 서인정권에 의해 전쟁패배의 책임을 뒤집어썼고, 포로가 된 뒤에는 5,000병사와 함께 철저하게 방치되었고, 망각되었다. 강홍립은 군량부족과 불리한 전쟁 상황 속에서 전쟁패배의 책임을 받아들이고 후금에게 항복함으로써 5,000명 군인의 목숨을 보호하였다. 그는 전쟁포로가 되어 10년 간, 본국의 누구도 돌아보지 않는 상황에서 조선 도원수의 자존심을 잃지 않고 살아남았고, 가장 마지막 차례로 꿈에 그리던 조국으로 귀환하였다. 하지만, 김응하의 영웅화 사업이 국가적으로 행해지고 숭명반청의 이데올로기가 대부분의 사람들을 세뇌시키고 있는 와중에서, 귀환포로 강홍립은 인격살인을 당했다.

전쟁포로에게 살아남아 귀환하는 것만큼 값진 임무수행이 또 무엇이 있겠는가? '장수로서의 명예를 지키고 끝까지 살아남아 마침내 10년 만에 귀환한 전쟁포로, 장군 강홍립!' 이 문장이 내촌(內村) 강홍립 장군에 부합하는 수사(修辭)이다. 심하전투 400주년을 맞이하여 문학 연구자로서 문학에 그려진 진실과 거짓을 분별하며, 강홍립 장군의 신원작업을 이렇게 수행한다.

5. 맺음말

필자는 이 논문에서 『책중일록』과 권칙의 〈강로전〉에 그려진 강홍립의 형상을 비교분석하였다. 이상에서 논한 바를 요약하면 다음과 같다.

『책중일록』은 종사관 이민환이 심하전투의 실상과 강홍립의 이미지를 객관적 시각에서 그린 텍스트이다. 『책중일록』에는 '잊힌 전쟁포로'

로서의 강홍립 형상이 주로 그려져 있다. 구체적으로 전투 직전까지 군량보급을 받지 못해 고심한 도원수, 명군의 리더십이 부재한 상태에서 전투의 패배를 맛보아야 했던 장수의 모습, 투항 이후 조선의 이익을 위해 애쓴 항장의 모습이 사실적으로 그려져 있다.

권칙의 〈강로전〉은 강홍립의 생애에 관해 기록한 거의 유일한 텍스트인데, 강홍립을 '배덕자'의 형상으로 묘사하였다. 권칙은 강홍립을 주요하게, 장수로서의 책임을 망각한 장수, 변절한 항장, 자신의 안위만을 꾀하다 마침내 패가망신하는 모습으로 형상화하였다. 또한 심하 전투의 패배 책임을 강홍립에게 돌리기 위해 사실을 왜곡하여 인물을 형상화하고, 한편으로 좌영장 김응하를 시대의 영웅으로 부각하였다.

〈김장군전〉을 비롯해, 〈임경업전〉, 〈북정일록〉·〈배시황전〉, 〈임진록〉 등에 나타난 숭명배청의식(崇明背淸意識)과 존명의리론(尊明義理論)과 같은 시대의식은 조선후기 전란을 소재로 한 소설에서 문제적 지점이다. 이러한 작품들은 단순한 통속소설이 아니며, 특정한 시대 이데올로기에 편향된 모습을 보여주기도 한다. 존명의리론에 사로잡힌 문인 작가들은 임경업, 김응하, 신류, 배시황 등의 캐릭터를 통해 그들의 이데올로기를 설파하였고, 의외로 강한 문학적 감화력을 보여주기도 하였다. 잊힌 전쟁포로 강홍립의 형상을 부정적으로 그린 〈강로전〉은 전란을 제재로 한 17세기 역사소설에 작용하는 사대이념과 이념적 인물의 형상화 양상을 보여주는 일련의 작품들 중 하나로 평가되어야 할 것이다. 강홍립은 시대 이데올로기에 반하는 부정적 캐릭터로 그려졌고, 김응하는 시대의 영웅으로 존숭되었다.

하지만, 강홍립에 전가되었던 심하전투의 패배 책임과 강홍립의 왜곡된 형상은 결코 사실이 아니다. 강홍립은 군량부족과 불리한 전쟁상황 속에서 전쟁패배의 책임을 받아들이고 후금에게 항복함으로써 5,000명 군인의 목숨을 보호하였다. 그는 전쟁포로가 되어 10년 간, 본국의 누구도 돌아보지 않는 상황에서 조선 도원수의 자존심을 잃지 않고 살아남았고, 가장 마지막 차례로 꿈에 그리던 조국으로 귀환하였다. 필자는 강홍립이 장수로서의 명예를 지키고 끝까지 살아남아 마침내 10년 만에 귀환한 전쟁포로라는 점을 평가하였다.

조선후기에 전란을 소재로 하여 지어진 소설들은 일련의 연관성을 갖는다. 숭명배청의 이데올로기는 대체로 공유되는 듯 하며, 〈임경업전〉의 임경업과 〈강로전〉·『충렬록』의 김응하는 이념형 캐릭터라는 점에서 연관성이 있다. 실기 〈조완벽전〉 및 소설 〈최척전〉에 그려진 '민간인 포로' 조완벽과 옥영의 형상, 『책중일록』에 묘사된 '전쟁포로' 강홍립의 형상과의 연관성을 고찰하는 것도 흥미로울 것이라고 생각한다.

참고문헌

강호보, 『사양재집』 15, 〈췌언(贅言)〉 卷28 '傳', 〈姜弘立傳〉.
국사편찬위원회 역 『중국정사 조선전 역주』 4, 1990.
성대중, 고전번역원 역, 「5권 성언(醒言)」, 『청성잡기』, 올재 클래식스, 2012.
이대형·이미라·박상석·유춘동 역, 『화몽집』, 보고사, 2016.
중세사료강독회 옮김, 『책중일록』, 서해문집, 2014.

계승범, 『조선시대 해외파병과 한중관계』, 푸른역사, 2009.
_____, 『정지된 시간-조선의 대보단과 근대의 문턱』, 서강대출판부, 2011, 63~64쪽.
_____, 「역사소설로 본 조선후기 '역사 만들기'의 일면」, 『한국사학사학보』 38, 한국사학사학회, 2018, 315~339쪽.
고윤수, 「광해군대 조선의 요동정책과 조선군 포로」, 동방학지』 123, 연세대 국학연구원, 2004.

권혁래, 「〈김영철전〉의 작가와 작가의식」, 『고소설연구』 22, 한국고소설학회, 2006, 96~109쪽.

_____, 「〈임경업전〉의 주인공 형상과 이데올로기」, 『고소설연구』 35, 한국고소설학회, 2013.

_____, 「심하전투 서사의 문학지리학적 고찰– 문학지도와 경관, 서사 중심으로–」, 『우리어문연구』 51, 우리어문학회, 2015.

_____, 「심하전투 서사 『김영철전』의 전란과 인생사 서술방식」, 『서강인문논총』 50, 서강대 인문과학연구소, 2017, 31~33쪽.

김강은, 「규창본 〈강로전〉 한역(漢譯)의 의미」, 『반교어문연구』 47, 반교어문학회, 2017.

김만석, 「사양재 강호보 『쵀언』 선역」, 경상대 한문학과 석사논문, 2014.

박양리, 「강홍립에 대한 문학적 형상화 양상 연구」, 『한국문학논총』 58, 한국문학회, 2011.

박희병, 「17세기초 존명배호론과 부정적 소설주인공의 등장」, 『한국고전소설과 서사문학』, 집문당, 1998.

소인호, 「강로전 이본 연구」, 『우리어문연구』 24, 우리어문학회, 2005.

송하준, 「새로 발견된 한문필사본 〈김영철전〉의 자료적 가치」, 『고소설연구』 35, 한국고소설학회, 2013, 247~253쪽.

_____, 『조선후기 역사소설과 민족 정체성의 재구성』, 학자원, 2017, 112~113쪽.

안세현, 「자암 이민환의 「책중일록」과 「건주문견록」에 대하여」, 『동방한문학』 34, 동방한문학회, 2008, 111~143쪽.

유지원, 「사르후전투와 누르하치」, 『명청사연구』 13, 명청사연구회, 2000.

이민희, 「기억과 망각의 서사로서의 만주 배경 17세기 전쟁 소재 역사소설 읽기」, 『만주연구』 11, 만주학회, 2011, 214쪽.

이승수, 「심하 전역과 〈김장군전〉」, 『한국문학연구』 26, 동국대 한국문학연구소, 2003.

임완혁, 「명청 교체기 조선의 대응과 충렬록의 의미」, 『한문학보』 12, 우리한문학회, 2005.

조현우, 「〈강로전〉에 나타난 전쟁의 기억과 욕망의 서사」, 『민족문학사연구』 46, 민족문학사학회·민족문학사연구소, 2011.

한명기, 『임진왜란과 한중관계』, 역사비평사, 2001.

王漢衛, 『淸朝開國60年』, 濟南: 濟魯書社, 2009.

黃斌·劉厚生·黃群, 『后金國史話』, 長春: 吉林人民出版社, 2004.

『김장군유사』 연구

-김응하『충렬록』과의 관계를 중심으로-

이송희

1. 들어가며

심하 전투에서 강홍립과 함께 투항하였다가 포로생활 중에 사망한 것으로 알려진 김경서(金景瑞, 혹은 金應瑞. 1564~1624)는 대표적인 서북 지역의 위인으로 꼽히는 인물이다. 실록의 기록에 따르면 인조조에 이미 평안도 유생들의 요청으로 김경서의 신원이 이루어졌으며,[1] 정조 20년 '양의(襄毅)'라는 시호를 추증받았다.[2] 김경서에 대한 영웅화 작업은 근대에도 계속되어 일제강점기에는 『서북학회월보』에 상당 분량의 김경서전이 실리기도 하였고, 북한에서는 오늘날까지도 김경서가 국가적 영웅으로 받아들여져 2007년에는 을지문덕, 강감찬 등과 함께 기념 우표가 발행되기도 하였다.[3]

---

1 『仁祖實錄』 22, 인조 8년 2월 16일 병인 2번째 기사.

2 『正祖實錄』 44, 정조 20년 4월 8일 계미 3번째 기사.

3 Sun Joo Kim, "Culture of Remembrance in Late Choson Korea: Bringing an Unknown War Hero Back into History", *Journal of Social History* Vol. 44(2), Oxford University Press, 2010, pp.563~564. 일제강점기에 서북학회의 주도로 이루어진 김경서와 계월향에 대한 영웅화 작업에 대해서는 임유경, 「〈김경서전〉 연구 - 문제적 인물의 영웅화

평양 출신의 이시항(李時恒, 1672~1736)이 편찬하였고 1738년 간행된 『김장군유사(金將軍遺事)』는 김경서 현양사업의 과정에서 핵심적인 자료이다. 이 책이 편찬된 때는 아직 김경서가 순절인으로 공인되지 못했을 당시로, 이 책의 간행 자체가 김경서를 현양하기 위한 전략의 일환이었다. 다시 말해, 이 책은 조선후기 충신 표창을 둘러싼 인정투쟁의 과정에서 어떠한 언어 전략과 레토릭이 구사되었는지를 엿볼 수 있는 하나의 주요 사례라 할 수 있다.

지금까지 김경서 내러티브에 대한 연구는 주로 김경서가 시대와 입장에 따라 어떻게 표상되는지를 밝히는데 초점이 맞춰져 왔다. 투항인에서 순절인으로 평가가 뒤바뀐 김경서에 대해 서로 다른 사실이나 입장을 전하는 기록물/서사물을 비교하고 그 차이에 주목한 것이다.[4] 본 연구는 선행연구의 성과 위에서 『김장군유사』를 조선 후기의 충신 정표라는 보다 넓은 맥락 위에서, 특히 심하전역의 대표격인 김응하의 『충렬록』과의 관계 속에 위치시켜놓고 보고자 한다.[5]

과정」(『동방한문학』 45, 동방한문학회, 2010) 참고. 현재 국립중앙박물관 소장의 『김장군유사』에도 속표지에 서북학회의 일원이었던 金亨燮의 기증 사실이 적혀 있다.

4 이러한 연구로 임유경, 앞의 논문; 임유경, 「〈김장군유사〉와 〈김응서실기〉의 서술방식 연구」, 『인문과학연구』 18, 대구가톨릭대학교 인문과학연구소, 2012; 강창규, 「김응서를 기억하는 방식과 그 문학적 형상화」, 『용봉인문논총』 40, 전남대 인문학연구소, 2012. 『임진록』에 구현된 김경서 서사에 대해서는 최문정, 「『임진록』에 나타난 조선 무장상 − 역사계열을 중심으로」, 『일본연구』 16, 한국외국어대학교 일본연구소, 2001를 참고하였다.

5 기존에 서북지역인들의 현양사업이라는 관점에서 김경서 서사를 바라보는 연구로는 Sun Joo Kim, 앞의 논문과 Sun Joo Kim, *Voice from the North : Resurrecting regional identity through the life and work of Yi Sihang*(1672~1736) (Stanford University Press, 2013)이 있었다. 그러나 이 연구는 남호현이 서평에서 적절히 지적하고 있듯 김경서 현양 사업이 서북지역 인물 현양으로서 특수한 성격을 띄기 보다는 조선 후기에

17~18세기는 바야흐로 언어의 전쟁터였다. 공과와 상벌을 논하는 일이 전후에 즉각적인 과제로 떠올랐기 때문이다. 청과의 화친을 주장한 쪽과 반대한 쪽 모두 자신의 행위와 주장이 의리(義理)에 합당함을 밝혀야 했다. 전몰자들과 그들의 죽음에 대한 포폄은 그 후손의 정치적 입지와 직결되었으며, 살아남은 자들 또한 자신의 행위를 정당화하고 설명해야 했다.[6] 이 모든 논쟁들은 정파와 당쟁과도 밀접하게 연관되어 있었다. 숙종 때 황단이 설치된 이후 중화계승의 의식 아래 영정조가 국가적으로 실시한 배신(陪臣) 정표 사업의 혜택을 받기 위해 지방 유생들은 신뢰성을 담보할 수 없는 문적들을 끊임없이 실어 나르기도 했다.[7]

김경서가 포로 생활 중 보냈다고 알려진 가장(家藏) 문서들과, 이들 문서들을 주요 논거로 편찬된 『김장군유사』 역시 이러한 '신뢰성을 담보할 수 없는 문적'의 일부였다. 따라서 본 연구의 목적은 심하전투 당시의 역사적 사실을 밝히는 데 있지 않다. 그보다는 담론장의 패권을 장악하기 위한 여러 목소리들이 경합하던 17~18세기 조선의 언어적 컨텍스트를 더듬으며 당대를 살아가던 행위자들의 목표와 전략을 복원해보고자 한다. 특히 조정이 주도적으로 만들어간 심하전역 내러티브의 중심에 있던 텍스트가 김응하의 『충렬록』이었다면, 『김장군유사』는 그

광범위하게 이루어진 충신 정표 사업의 일환이었다는 사실을 과소평가하고 있다. (남호현, 「이시항의 삶을 통해 본 서북지역 엘리트의 '미시사적' 이해」(『역사와현실』 105, 한국역사연구회, 2017)

6 이와 같은 이유로 형성된 병자호란 담론장에 대한 연구로는 김일환, 「병자호란 체험의 '再話' 양상과 의미 연구」(동국대학교 박사논문, 2010)가 있다. 한편 이송희는 송시열의 인물포폄행위를 당대의 담론장에서 벌어진 '명분과 명분의 싸움'의 수행으로 분석한 바 있다.(이송희, 「송시열의 '춘추필법' 실행 양상」, 『OUGHTOPIA』 33(2), 경희대 인류사회재건연구원, 2018)

7 정옥자, 『조선후기 조선중화사상연구』, 일지사, 1998, 132쪽.

자장에서 성공적으로 구심 운동을 수행해 낸 텍스트라 할 수 있을 것이다.[8] 따라서 『김장군유사』의 언어 전략을 살피는 일은 심하전역 담론의 지형도를 그리는 데에도 좋은 출발지점이 되어 주리라 생각한다.

2. 『김장군유사』의 구성과 체재

조선 후기 국가적으로 이루어진 충신열사 현양사업에서 빼놓을 수 없는 것이 바로 기념문집 편찬이다. 정조는 왕명으로 임경업의 『임충민공실기(林忠愍公實記)』, 김응하의 『중간충렬록(重刊忠烈錄)』, 이순신의 『이충무공전서(李忠武公全書)』 편찬을 명한다. 이들 자료의 구성을 보면

[표 1] 정조 명찬 충렬록류 문집 체재 비교

충민실기 (1791)	충무공전서 (1795)	중간충렬록 (1798)
遺文	敎諭	序
年譜	賜祭文	目錄
賜祭文	圖說	揷圖
傳	世譜	世譜
行狀	年表	遺墨
謚狀	詩, 雜著	賜祭文, 御製詩
神道碑銘	狀啓	旌褒事實
祭文	亂中日記	遺文
忠烈祠請額疏	行錄, 碑文 등	碑文告祝
忠烈祠營建通文		諸家記述
嗣子林重藩上言		傳
		悼詩
		詩文別集

8 김응하 『충렬록』의 정치적 성격에 대해서는 이송희, 「김응하 『충렬록』 판본 변개 과정과 그 의미」, 『유학연구』 46, 충남대학교 유학연구소, 2019 참고.

당대 충렬록류 문집의 전형을 확인할 수 있다.

　세부 목차의 차이는 있으나 [표 1]을 보면 대체로 (삽도)-세보-사제문(어제문)-정포사실-유문-전-비문·도시·행장의 구조를 갖추고 있음을 알 수 있다. 『충민실기』에는 사액소와 충렬사를 세워달라는 통문이 포함되어 있다. 『충무공전서』는 이순신이 남긴 글이 풍부하여 난중일기 및 장계의 분량이 많은 것이 특징적인 반면, 『충민실기』와 『충렬록』에는 짧은 유문 몇 편만이 남아있다. 『충렬록』의 경우 김응하의 행적 및 정표과정에 대한 관찬/사찬 기록과 명사들의 애도시가 상당한 분량으로 구비되어 있다는 점이 눈에 띤다.

　이제 『김장군유사』의 체재를 살피면 다음과 같다.

[표 2] 『김장군유사』의 체재

체재	비고
金將軍遺事目錄	
世系	
年譜	김경서의 출생년도부터 사망 후의 일까지 1년 단위로 기록되어 있다.
遺文	狀啓 4편, 疏 1편, 書札 7편, 絶句 1편 이 가운데 김경서가 포로 생활 중 비밀리에 보냈다는 상소인 「燕獄被拘時密疏」 뒤에는 민진원과 조상경의 발문이 붙어 있다.
天朝箚啟	3 조목
本國狀聞	류성룡이 김경서에 대해 올린 장계 2편
事蹟箚錄	『野言新志』, 『懲毖錄』, 『白沙集』 등에서 27조목 인용
本道儒生康文翼等伸冤疏	평안도 유생들이 김경서의 신원을 위해 올린 상소
助防將金得振陳情辭職疏	김경서의 아들 김득진의 진정소
關西忠烈傳	
跋	이시항의 발문. 1738년 평양에서 간행했다는 기록이 붙어 있다.

　역시　목록-세계-유문-관련관찬문서-관련사찬기록-충렬전-발문
으로 이어지고 있다. 이와 같이 갖추어진 체재는 충렬록류 문집의 형식
이 당대에 정립되어 있었음을 보여주는 한편, 특히 〈세계(世系)〉와 〈연
보(年譜)〉로 시작하여 〈천조차계(天朝箚啟)〉, 〈본국장문(本國狀聞)〉, 〈사
적차록(事蹟箚錄)〉으로 이루어지는 구성은 여러 기록, 특히 (문서의 진위
여부는 별론으로 하고) 명나라 측의 기록을 인용함으로써 『김장군유사』
를 권위적인 텍스트로 만드려는 의도를 보여준다. 아울러 이어지는 평
안도 유생들의 김경서 신원소와 김경서의 아들인 김득진의 진정소의
삽입 역시 『충민실기』와 유사한 형식이면서 김경서 현양에 대한 요청
을 선전하는 효과가 있다.

　특히 심하전투 담론의 핵심 텍스트인 김응하의 『충렬록』과 비교하여
『김장군유사』에서 눈에 띄는 부분은 당대 문인들이 헌정한 애제문이나
만시 등이 부재하다는 점이다. 김응하에 대한 현양은 광해조부터 이미
국가적 사업으로 이루어졌기에 당대의 명사들이 참여하여 화려한 문집
을 꾸밀 수 있던 데 비해, 『김장군유사』 편찬 당시에는 김경서에 대해
투항자라는 비판적 시각 역시 팽배해 있었기 때문으로 보인다. 실록의
기록에 따르면 인조 8년(1630) 평안도 유생 강원립이 김경서를 표창해
줄 것을 상소할 것을 요청하여 이에 김경서가 신원·증직 되었고, 이어
영조 51년(1775) 용강 유생들이 김경서에게 정표할 것을 요청하나 이때
에도 그 충의를 포장할만큼은 아니라 하여 거절당한다. 이후 정조 20년
(1796)에 이르러서야 '양의(襄毅)'라는 시호가 추증되었으니, 김경서 현
양 운동이 매우 오랜 시간 서북인들의 열망으로 이루어졌음을 확인할
수 있는 대목이다. 이시항이 이 책을 편찬했을 당시인 18세기 초는 아직
김경서에 대한 호의적인 시선이 지배적이지 않았을 것으로 짐작된다.

　여기에 『김장군유사』를 편찬한 이시항의 의도가 있다. 이 책의 전반을 통해 이시항이 목표하는 바는 김경서의 억울함을 내세워 그에 대한 신원을 이루어내는 것이다. 때문에 『충렬록』에서 김응하의 충이 어떤 것인가 구구절절 논하는 모습과 대조적으로,[9] 『김장군유사』에는 실상 김경서의 충에 대한 설명이 전무에 가깝게 존재하지 않는다. 김응하의 충은 시간의 흐름에 따라 조선 사직에 대한 것에서 명황실에 대한 것으로 그 성격이 변화하며 해석되지만, 김경서의 충에 대해서는 조선왕을 향한 것이라든지, 혹은 명을 향한 것이라든지 하는 해석이 가미되지 않는다. 대신 서술의 초점은 그의 뛰어남과 그럼에도 불구하고 억울하게 투항자로 매도되게 된 사정을 설명하는데 놓인다. 이어지는 장에서는 이에 대해 살펴보기로 한다.

9　예컨대 『충렬록』 초간본에 실린 이정귀의 서문은 김응하의 죽음이 조선에 대한 충에 해당한다고 주장하기 위해 다음의 논리를 편다. "저 미친 듯 설쳐 대는 적은 중원(中原)도 안중에 없었으니, 그 으르렁거리는 야심이 우리나라를 잠시라도 잊은 적이 있었겠는가. 그러나 지금까지도 감히 우리나라를 침공하지 않은 것은 누구의 힘이겠는가. [夫以賊之狂猘, 目無中原, 其猖然之心, 何嘗忘我國, 而猶至今不敢加兵者, 誰之力耶.]" 그 외 이 시기에 쓰여진 다른 글들도 김응하가 조선 사직에 공이 있음을 말하였다. 반면, 『중간충렬록』에 붙은 민영환의 서문에서 충의 대상은 조선 사직이 아닌 명나라 황제가 된다. "우리 동방의 큰 의는 배신(陪臣)으로서 황조(皇朝)를 위해 죽는 것보다 훌륭한 것이 없다. …… 이보다 앞서 심하(深河) 전투에서 충무(忠武) 김공(金公)이 상황이 급박하고 전세가 뒤바뀌며 진퇴를 거듭하고 생사가 갈리는 전쟁 중에 떨쳐 일어나, 칠 척의 몸을 내던져 만세의 윤강(倫綱)을 부지함으로써 동방의 임금과 백성들이 천하에 할 말이 있게 하였으니, 배신(陪臣)이 황조를 위해 목숨을 바친 절의가 이에 비로소 수립되었다. [我東方大義, 莫盛於以陪臣而爲皇朝死, …… 而前此深河之役, 忠武金公奮發於呼吸逆順進退死生之際, 捐七尺之身而扶萬世之倫綱, 使東土君民, 有辭於天下, 而陪臣死節之義, 於是乎始立.]

3. 김응하 『충렬록』에 대한 대응

조선에서 심하전투는 단순히 패배한 전투일 뿐이 아니었다. 강홍립의 투항은 당대에 명과의 관계에 미묘한 외교적 긴장을 야기했을 뿐만 아니라, 명의 멸망 이후 17세기 말부터 18세기까지 권력을 장악한 송시열을 위시한 노론이 대명의리(對明義理)를 중심으로 하는 '춘추의리(春秋義理)'의 구도로 당대의 언어장을 재편하는 과정에서도 문제적인 부분이었다.[10] 그들은 임진왜란부터 명의 멸망 이후에 이르기까지의 역사를 명에 대한 조선의 충(忠)을 구현하는 서사로 이해하고자 하였으며, 이에 따라 왕 휘하 신료들에 대한 가치판단 역시 그가 배신으로서의 충을 지켰는가의 여부에 따라 이루어졌기 때문이다.[11] 이러한 상황에서 명의 '재조지은(再造之恩)'을 보답하기 위해 파병되었다가 결국 패하여 항복한 조선 장수의 존재는 조선의 대명의리 내러티브를 완성하기 위해 반드시 매끄럽게 다듬어져야 하는 부분이었다.

그리하여 호명된 존재가 김응하(金應河, 1586~1619)였다. 심하 전투에서 끝까지 응전하다 전사한 김응하의 행적을 기리기 위한 『충렬록』은 심하전투 직후인 1621년부터 정조 23년인 1799년까지 네 차례 간행되었으며, 정조는 황단에 제사 지낼 일곱 개의 '충가(忠家)' 가운데 김응하의 가문을 포함 시키기도 하였다. 김응하의 '충렬' 덕분에 조선은 심하

---

10 이송희(2018). 한편, 허태용은 17세기 이후 조선의 중화회복의식이 중화계승의식으로 변화함을 지적하며, 이는 결국 노론이 정치적으로 승리한 것과 밀접한 관계가 있음을 밝힌다. (허태용, 『조선후기 중화론과 역사인식』, 아카넷, 2009.)

11 임진왜란은 본래 일본과의 전쟁이나 17세기 이후로 일본의 명에 대한 침략을 조선이 막았다는 명분으로 대명의리 담론으로 포섭된다. 자세한 내용은 민장원, 「정조의 '충신'·'충가' 현창사업과 이순신에 대한 기억의 재구성」, 고려대 석사논문, 2016 참고.

전투에서의 투항을 일부 군지도부의 배신 정도로 처리할 수 있었고, 때문에 김응하는 대명의리의 상징적 존재로 현양 되었다.

자연 심하전투를 둘러싼 담론 역시 김응하를 중심으로 구성되었다. 권칙의 「강로전」 역시 김응하와 강홍립의 모습을 대비시키고 당대에 널리 알려져 있던 김응하의 전사 장면을 그대로 삽입한다. 심하전투에서 패배하여 포로로 잡힌 측에서는 자신의 행적을 정당화하기 위해 강홍립과의 거리를 필사적으로 설정하고, 어째서 김응하가 이끌던 좌영이 패배하던 당시 구원하러 가지 못했는지를 설명해야 했다. 『김장군유사』는 바로 그 작업을 수행하고자 하는 텍스트이다.

투항 이후 김경서의 실제 행적에 대해서는 설이 분분하다. 우선 『충렬록』에서는 강홍립과 김경서가 수세에 몰린 김응하를 구원하러 오지 않고 나란히 적에게 투항했다고 기록하고 있다. 이민환의 『책중일록』역시 김경서는 강홍립과의 대립 없이 투항에 동의하였다고 기록한다. 반면 김경서 본인이 포로 생활 중에 비밀리에 올렸다고 하는 「연옥에 구금되었을 때 보낸 밀소[燕獄被拘時密疏]」는 이를 완강히 부인한다.

> 홍립이 곧 멈추라 명하고, 통사 황연해(黃連海)를 적중으로 보내어 화친을 맺으려 하였으니, 오랑캐 장수가 이에 응하였습니다. … 홍립이 저에게 묻지도 않고 학관 이장배(李長培)에게 화친 문서를 쓰게 하였는데 문서의 첫 번째 면에 절도사의 직인이 찍혀 있었습니다. 제가 말하기를, "어찌하여 나의 직책으로 문서에 서명하는가?"하고 손을 들어 그것을 빼앗으려 하였으나 손이 닿지 않아 황연해가 먼저 받아서 적중으로 들어가 버렸습니다. … 저는 마땅히 죽을지언정 이러한 일을 볼 수가 없었습니다만 오늘날까지 죽지 못하고 있는 것은 우리 국경의 기미책을 위해서이지 어찌 남은 비천한 날을 아까워하여 죽지 않는 것이겠습니

까. … 제 마음에 있는 바는 머리부터 발끝까지 모두 진달하였으니 숨기고 감추는 바가 전혀 없습니다.[12]

자신의 투항은 강홍립이 도장을 빼앗아 억지로 이루어진 것일 뿐 자신의 뜻이 아니라고 쓰고 있다. 김경서가 실제로 저러한 상소를 올렸는지는 확인할 수 없으나, 김경서에 대한 이러한 옹호는 이후 주류로 자리 잡게 되는 듯하다. 『인조실록』에 전하는 평안 감사의 치계에서 김경서가 1623년 병사하였다고 보고하고 있음에도 불구하고,[13] 이후의 실록 기사들 역시 적의 정세를 조선에 몰래 전하던 김경서가 강홍립의 계략으로 인해 오랑캐의 손에 죽임을 당했다고 이해하고 있으며,[14] 물론 『김장군유사』 역시 그렇게 기록하고 있다.[15] 「강로전」 역시 강홍립

---

12 金景瑞, 「燕獄被拘時密疏」, 『金將軍遺事』. "弘立卽令止之, 使通事黃連海入送賊將處, 欲爲和好云, 則胡將卽應之云. … 姜弘立不問於臣, 使學官李長培書和好, 書而其始面以節度使書塡. 臣曰, '何必以我職名書之乎?' 擧手奪取之際, 卽袖手不給, 先授黃連海, 入送賊將處. … 臣當卽死, 寧不見如此之事, 而不死於今日者, 欲爲我邊上羈縻之計, 豈肯惜裹朽殘年而不死乎. … 臣之赤心所在, 從頭至尾, 一一陳達, 無所隱諱."

13 『仁祖實錄』 卷13, 인조 4년 6월 25일 병신 2번째 기사.

14 『仁祖實錄』 卷22, 인조 8년 2월 16일 병인 2번째 기사. 『英祖實錄』 卷124, 영조 51년 6월 6일 임오 4번째 기사, 『正祖實錄』 卷32, 정조 15년 1월 25일 경자 4번째 기사.

15 『金將軍遺事』, 「年譜」, 〈天啓四年甲子〉 "공이 항상 강홍립이 자신을 판 것이 이 지경에 이른 것을 마음 아파하며, 강홍립을 보면 곧 꾸짖으니, 홍립이 비록 앞에서는 받아들이는 척 했으나 뒤로는 공이 생환하면 반드시 자신의 죄를 고할 것을 염려하여 이에 공을 해치려는 마음을 품었다. 몰래 만주에게 비방하여 말하기를, '경서가 본국과 밀통한 흔적이 있으니 후환이 있을 것 같습니다.' 하였다. 만주가 크게 놀라 사람들을 시켜 공의 소지품을 수색하게 하니, 과연 「적중일기」 초본이 나왔다. 이걸 보고 크게 노하여 오랑캐들에게 명하기를 공을 동문 밖 오리 쯤으로 끌고 나가 죽이게 하였다. [公常憤弘立之賣己至此, 見則輒責, 弘立雖陽受, 而陰嘷之慮公生還則必具告己罪, 乃有害公之心. 潛譖於滿住曰, '景瑞有密通本國之跡, 似有後悔.' 滿住大驚, 卽使人撿搜公橐, 果有「賊情日記」草本, 見而大怒, 命虜■■■公出東門外五里許而殺之.]" 그러나 발문에서 이시항 본인도 김경서의 최후가 어떠했는지는 설이 분분하여 알 수 없다고 쓰고 있다. "공의 최후에

만을 악인으로 묘사하고 주변인들은 모두 피해자로 서술하고 있으며, 이러한 인식은 허구적 창작물인 『임진록』에서도 그대로 이어진다.

이와 같이 김경서의 행적을 옹호하기 위해 강홍립과의 대립관계를 설정하는 경향은 선행 연구에서 충분히 지적되어 온바, 여기서는 『김장군유사』를 『충렬록』에 대한 반론이라는 측면에서 독해하고자 한다. 실제로 『김장군유사』에는 『충렬록』을 다분히 의식하는 서술들이 전반적으로 눈에 띄기 때문이다. 다음은 『김장군유사』의 편찬동기를 밝힌 이시항의 발문이다.

> 나는 어려서부터 항상 장군의 이름을 듣기를 마치 제나라 사람들이 관중과 포숙아를 칭송하고 말하는 것과 같이 하였다. … 고을 사람들이 공의 일을 말하기를 매우 자세하게 하여 공이 밤에 왜장의 성에 들어가 그 머리를 참한 것을 장히 여기고, 또 공이 오랑캐 적중에서 원통히 죽은 것을 슬퍼하며, 성의 북쪽 한 사당을 가리키며 말하기를, '이것이 장군의 신당이다' 하였다. … 그 뒤에 『충렬록』을 보게 되었는데, 공이 오랑캐에게 항복한 장군이라 하여 직설적으로 비판하고 있었다. 나는 책을 덮고 한참 있다 말했다. "장군께서 어찌 이러셨을까. 여기엔 반드시 까닭이 있을 것이다." 이에 공의 사적 가운데 증거가 될 수 있는 것을 모으다 공이 포로 시절에 손수 쓴 상소문을 얻어 읽게 된 즉 본심이 밝혀졌다. 만약 공이 홍립과 같이 오랑캐에 항복했다면 오늘의 행복이 내일의 부귀가 되어 오랑캐의 신임과 사랑을 받았을 것이다. 또한 홍립과 같았다면, 어찌 홀로 신성책에 구금되어 핍박받고 괴롭기가 촉국이 북

대해서는 여러 사람들이 기록한 바가 각기 같지 않으니, 혹자는 오랑캐가 뼈를 발라 죽였다 하고, 혹자는 飛挪에 묶여 굶어 죽었다고 하고, 혹자는 오랑캐가 「적정일기」를 발견하여 책살했다 한다. [公之末後事, 諸人所錄, 各不同, 或云虜捉下剮之, 或云, 縛致飛挪以至餓死, 或云得「賊情日記」而乃磔殺之].

〈양수투항도〉

강홍립과 김경서가 무기를 버리고 투항하는 장면이다. 규장각소장, 『중각충렬록』

해에 당한 것과 같았겠는가.[16]

여기서 이시항은 직접적으로 『충렬록』에 김경서를 비판한 부분이 있
어 『김장군유사』를 편찬하게 되었다고 밝히고 있다.[17] 『충렬록』에 실린

---

16 李時恒, 『金將軍遺事』, "不侫於幼戇時, 習聞將軍名, 有如齊人之誦說管晏. … 邑人道公事
甚詳, 壯公之夜入城斬倭將, 又悲公冤死虜中, 而指城北一祠曰, '此將軍神堂也.' … 其後得
見『忠烈錄』, 則直斥公以降虜將軍. 不侫輟讀良久曰, '將軍豈如是也. 是必有以也.' 於是搜
輯公事蹟之可證者, 得公雪窖手疏而讀之, 則本心皎若, 直使公降於虜如弘立, 則今日降,
明日富貴, 爲虜信愛, 亦如弘立, 豈獨拘囚新城, 扼逼困苦, 有若蜀國之於北海哉."

17 오해를 막기 위해 부연하자면, 『충렬록』 역시 매우 긴 시간에 걸쳐 형성된 텍스트이다.
[표1]에서 언급한 『중간충렬록』은 『충렬록』의 네 번째 간본이자 최종판본에 해당하며,
『충렬록』 초간본은 심하전투 패배 직후인 광해 13년(1621) 박승종의 주도로 훈련도감자

박희현(朴希賢, 1566~?)의 「김장군전」에서는 김응하의 좌영이 위기에 몰렸을 때 강홍립과 김경서가 맡은 중영이 구원하러 오지 않아 김응하가 패배하게 되었다고 전한다. 특히 김경서를 비난하는 문제의 부분은 다음과 같다.

> 이에 앞서 홍립 등이 통역사 하세국을 적중에 보냈었는데 이때에 이르러 오랑캐 군대가 먼저 통역사를 불러도 장군은 응하지 않고 바로 검을 뽑아 적을 쳤다. 크게 강홍립과 김경서의 이름을 부르며 말하기를 '너희들은 나라를 저버리고 투항하려 살려 하는가!' 하였으니, 듣는 이가 슬퍼하고 탄식하지 않음이 없었다.[18]

김경서를 신원하고자 열망하는 이들에게『충렬록』의 서술이 얼마나 위협적이었는지는『김장군유사』에 선택적으로 실린 다음과 같은 글들에서 확인할 수 있다.

> 이때 적이 먼저 좌영을 향하니, 홍립이 저에게 말하였습니다. "적병이 곧장 좌영으로 가니 우영병이 들어가서 합세하는 것이 어떠한가?" 제가 말했습니다. "적병이 이미 들이쳤으니, 가기가 어려울 듯 합니다. 좌영을 퇴각시켜 중영에 결합시키고 형세를 보는 것이 낫겠습니다." 홍립이 답하기를 "내가 이미 별장 박란영을 보내어 그로 하여금 퇴각하여

로 간행되었다. 박희현의「김장군전」은 초간본부터 실려 있으며, 다양한 형태의 판본으로 널리 읽혔던 것으로 보인다.『충렬록』의 판본 사항에 대한 자세한 내용은 이송희 (2019) 참조.

18 朴希賢,「金將軍傳」,『忠烈錄』. "先是弘立等, 送鄕通事河世國于虜中, 至是胡兵, 先呼通事, 將軍不應, 方其拔劒擊賊也. 大聲呼弘立景瑞之名曰, '你輩其可負國偸生乎!' 聞者, 莫不悼惋."

형세를 보전하라 하였다." 이에 김응하가 말하기를 "적병이 이와 같이 쳐들어오니 형세가 진을 옮길 수 없습니다.'라 하니 어쩔 수 없이 들어 가 돕기 위해 속히 우영을 보내라 명령하였으나 과연 진을 합칠 수가 없었습니다. 적병이 우리 군대에 육박전을 벌이니, 다만 한 번 포탄을 쏘았을 뿐 남김없이 피살되었습니다. 우영장 이일원이 그 첫째 동생을 이끌고 간신히 중영을 탈환할 수 있었으나, 군사들은 좌우영이 패배하 는 것을 보고 겁에 질려 질서를 잃어 진형을 이룰 수 없었습니다.[19]

인용 부분은 김경서 등 중영이 김응하를 의도적으로 구원하러 가지 않은 것이 아니라 당시 형세가 급박하여 어쩔 수 없었음을 설명하고 있다. 이는 강홍립이 포로로 잡힌 직후 올린 장계의 설명과도 일치한 다.[20] 그러나 김응하의 좌영에게 후퇴를 권하였으나 그럴 수 없어 구원

---

19 金景瑞, 「燕獄被拘時密疏」, 『金將軍遺事』. "時賊先向左營, 弘立與臣曰, '賊兵直向左營, 右營兵入送合勢如何?' 臣曰, '賊兵已迫, 恐未及去也. 莫如退左營, 合於中營以觀其變.' 弘立答曰, '我已送別將朴蘭英, 使之退保形便之地云.' 則金應河曰, '賊兵如是逼迫, 勢未 及移陣.' 不得已入送爲援. 仍令促送右營, 果未及去合陣. 賊兵搏戰我兵, 只一審放砲, 無 遺被殺, 右營將李一元, 率其尊弟, 僅得脫還中營, 軍兵目見左右營之敗, 怔忡失措, 陣形 不成."

20 『光海朝日記』卷4, 기미년(1619, 광해 11), 4월. "3월 4일에 행군(行軍)하는데, 교 유격(喬 游擊)·강 부총(江副摠)·조 참장(祖參將)이 앞서 가고, 유 도독(劉都督)이 그 다음에 가고, 장 도사(張都司)가 그 다음에 가고, 아군의 좌영(左營)·중영(中營)·우영(右營)이 뒤따라서 부차지(富車地)에 당도하였는데, 호병(胡兵)이 돌진해 오니 명 나라 군사가 크게 무너지자, 오랑캐의 기마병이 진중에 들어와 좌우에서 마구 죽여 잠깐 사이에 좌영 장인 선천 군수(宣川郡守) 김응하(金應河) 천총인 영유 현령(永柔縣令) 이유(李有), 우영 천총인 운산 군수(雲山郡守) 이계종(李繼宗)이 모두 피살되고, 우영장인 순천 군수(順川 郡守) 이일원(李一元)이 탈출하여 중영으로 들어오자 오랑캐 기마병이 뒤따라 와서 중영 을 포위하였습니다. [三月初四日行軍, 喬遊擊江副摠祖參將先行, 劉都督次之, 張都司次 之, 我軍左營中營右營繼之, 前進到富車地, 胡兵衝突, 唐軍盡爲覆沒, 胡騎入陣, 左右厮 殺, 俄頃之間, 左營將宣川郡守金應河, 千摠永柔縣令李有, 右營千摠雲山郡守李繼宗, 皆 被殺. 右營將順川郡守李一元, 脫身走入中營, 胡騎因卽來圍中營, 臣等激勵士卒, 巡督防

하기위해 우영을 보냈음에도 실패하여 모두 패배했다는 전황은『광해
군일기』의 장계 기록에는 남아 있지 않아 다분히 김응하를 의식하는
진술을 하고 있는 서술로 보인다. 이처럼 김응하의『충렬록』에 대응하
여 김경서를 변호하려는 시도는『김장군유사』의 여러 곳에서 보인다.

(가) 나는 저 만력의 심하지역에 김응하 외에는 한 명의 남아도 없던 것
인가 일찍이 괴이하게 여겼다. 계사년에 평안도 관찰사로 있으며 순행
하다 용강현에 이르러 황룡산성에 올랐는데, 용강현 사람이 말하기를
부원수 김경서 장군의 유택(遺宅)이 성 아래 몇 리 밖에 있는데 자손이
대대로 지키고 있으면서, 김경서 장군이 포로 생활을 할 때 손수 쓴 밀
소 한 폭이 남아있는데 지금까지 가보로 지키고 있다 하였다. … 숭정
경오년에 평안도 인사들이 김경서 장군이 강홍립과 함께 투항했다는 무
고를 신원해달라 상소하니 인조께서 바로 그 직위를 회복시켜주셨다.
공의 정충(精忠)과 의열(義烈)이 이에 절로 명백해졌다.[21]

(나) 이것이 그 대략이나, 요동백전(김응하전)을 지난 사람은 오랑캐의
일을 자세히 알 수 없어서 김경서 장군이 전장에서 죽지 않은 것에 죄를
주었다. 강홍립과 함께 오랑캐에 항복했다 쓰여졌으니 저승에서도 눈을
감지 못할 것이 틀림없다. 뒤에 평안도 인사들의 상소로 조정에서 비로소
증직하여 원을 풀어 주었다. 그러나 오랑캐 땅의 일은 알려지지 않아
아는 사람만 알고 있으니, 요동백전은 세상에 널리 유통되나 누가 김경서

備, 則士卒目覩左右營之敗, 無不怲惻, 不可鎭定.]"

21 閔鎭遠,「燕獄被拘時密疏跋」,『金將軍遺事』. "不佞嘗怪, 夫萬曆深河之役, 金將軍應河外
曾無一箇男兒, 歲癸巳忝按西藩, 巡到龍岡縣, 登黃龍山城, 縣人言副元帥金公景瑞遺宅,
在城底數里許, 子孫世守之. 其彼拘時, 手草遺疏一幅, 至今寶藏也. … 崇禎庚午, 西士人
士疏訟公冤請雪與弘立同降之誣, 仁廟亟命復爵, 公之精忠義烈, 於是乎自白矣."

장군이 남긴 빛이 해와 별과 같이 빛난다는 것을 알리고, 드날려 한 시대의 부녀자나 주졸(走卒)들까지도 모두 그 충렬을 칭송하게 할 것인가.[22]

(다) 예전 광해군 때 그 실상을 알지 못하고 김응하전을 지음에 이에 김경서가 오랑캐에 항복했다 운운하는 설이 있었으니 식자들이 이를 애통해하며 눈물을 흘렸습니다. 원통한 혼백도지하에서 눈물 흘릴 것이 분명합니다. … 김응하의 전을 거두어 김경서의 이름을 바로 산삭하게 하십시오.[23]

(가)와 (나)는 각각 김경서의 밀소에 붙인 민진원과 조상경의 발문, (다)는 평안도 유생들의 신원소이다. 모두 김응하, 그리고 그의 행적을 다룬 「김장군전」을 염두에 두고 김경서의 신원에 대해 말하고 있다. 특히 (다)에서는 김응하의 『충렬록』에서 김경서를 비판한 부분을 산삭해야 한다고 주장하고 있다. 이상의 자료들을 살펴보면 『김장군유사』의 주요 편찬 목적 중 하나는 김응하의 『충렬록』에 대하여 김경서를 변호하기 위함이라 판단해도 될 듯하다. 그리고 이러한 시도는 상당 부분 성공을 거두었다. 정조는 1799년 황단에서 망배례를 거행한 후 다음과 같이 전교한다.

22 趙尙慶, 「燕獄被拘時密疏跋」, 『金將軍遺事』. "此其大略, 而爲遼東伯立傳者, 不能詳虜中事, 罪將軍不死於陣上, 與弘立混書降虜, 想九原之下, 必不能瞑目也. 後因西土人疏卞, 朝廷始贈秩雪冤. 然虜中事隱, 而知者知, 遼東伯傳大行于世, 誰能秉華而■將軍遺光與日星昭, 揭使一世之婦孺走卒咸誦其遺烈也耶."

23 「本道儒生康文翼等伸冤疏」, 『金將軍遺事』. "頃在昏朝莫曉其實, 作金將軍應河之傳, 乃有景瑞降虜云云之說, 識者痛惜而淚下. 冤魄必泣於泉壤. … 收取應河之傳, 亟削景瑞之名."

부원수 겸 평안도 절도사 원임 포도 대장으로 우의정에 증직되고 시호가 양의공(襄毅公)인 용강현(龍岡縣) 사람 김경서(金景瑞)가 요동 백(遼東伯)과 함께 요동으로 건너간 이후의 사적 가운데는 그냥 묻혀지게 할 수 없는 것이 있다. 처음에는 한(漢)나라 이릉(李陵)처럼 적에게 투항한 것으로 전해졌으나, 나중에는 송(宋)나라 왕륜(王倫)이 금(金)나라에 사신으로 갔다가 그들에게 굴하지 않고 죽은 것처럼 절의를 지켰음을 알게 되었다. 6, 7년 동안이나 그 사실을 전혀 몰랐다가, 이 밝은 천지에 그의 지극한 충성이 결국 드러나게 된 것은 실로 이확(李廓)·나덕헌(羅德憲) 등의 일과 같은데, 그 죽음을 각오한 자취를 상고해 보면 종용한데다 비분 강개함을 겸하였던바, 원통하고 억울함을 격렬하고도 절실하게 표현한 그의 유서(遺書)와 밀소(密疏)는 사람으로 하여금 읽을 때마다 눈물을 흘리게 한다.[24]

그러나 바로 전해에 왕명으로 출간된 『중각충렬록』에서는 김경서와 관련된 부분에 어떠한 수정이나 첨언도 가해지지 않았다.[25]

<hr>

[24] 『正祖實錄』 卷51, 정조 23년 2월 30일 무오 4번째 기사. "副元帥兼平安道節度使原任捕盜大將贈右議政謚襄毅公 龍岡縣人金景瑞與遼東伯, 渡遼以後, 事蹟有不可泯沒者, 始傳李陵之投降, 終知王倫之不拜. 亂昧六七年, 乃獲彰暴其丹忠赤腔於太陽中天之時者, 實與李廓, 羅德憲諸人同, 而考其辦死之跡, 以從容兼慷慨, 遺書密疏之激切冤鬱, 使人一讀一涕." 원문 및 번역은 국사편찬위원회의 『조선왕조실록』 온라인판을 인용하였다. (http://sillok.history.go.kr)

[25] 실상 17~18세기에 이루어진 정표작업에서는 상호모순되는 진술들이 모두 승인되는 양상이 심심찮게 보인다. 대표적인 것이 『충렬록』에 실려 있는 「증요동백조」의 위작 여부를 둘러싸고 벌어진 김응하의 요동백 증직 사실에 관한 논쟁이다. 정조는 1799년 『중간충렬록』의 편찬을 명하며 왕명으로 김응하의 요동백 추증을 공인하지만, 같은 시기에 편찬되고 있던 어제인 『존주휘편』의 「의례」에서는 관련 사료가 존재하지 않음을 들어 김응하의 요동백 추증 사실을 부인하고 있다. 해당 조문에 대해서는 최근 최혜미 역시 위조되었을 가능성이 크다고 밝힌 바 있다. (최혜미, 「『忠烈錄』 소재 「贈遼東伯詔」의 위작 여부에 대한 일고찰」, 2019년도 우리한문학회 동계학술대회, 2019. 02. 22.) 아울러 『존주휘편』 「의례」에서는 김경서의 항복 사실이 여러 문헌에 등장한다는 점을 근거로 김경서를

252 강홍립 장군 연구

4. 인정투쟁의 수사적 전략들

『김장군유사』를 투항인에서 충신으로 당대의 담론장에 김경서의 위치를 반전시켜 기입하기 위한 시도라고 이해하고『충렬록』과 나란히 읽으면, 눈에 띄는 언어 전략이 있다. 바로 김응하에 대한 레토릭을 차용하여 김경서에 대한 평가를 바꾸는 전략이다.

『충렬록』초간본부터『중간충렬록』까지, 김응하는 주로 악비(岳飛)와 허원(許遠), 장순(張巡), 그리고 문천상(文天祥)에 비유되고 있다.

(가) 전횡이 그것(忠)을 얻어 오백 명의 의사(義士)가 같은 날 죽었으며, 장순과 허원이 그것을 얻어 피를 마시고 창칼에 찔려도 당나라를 위해 죽었으며, 악비가 그것을 얻어 '정충보국(精忠報國)' 네 글자를 새기고 송나라에 충성하였고, 유도독과 교유격과 우리 김응하 공이 그것을 얻어 왕사를 위해 함께 죽어 세 충신이 되었으니, 일월과 빛을 다투어 가히 천지에 통한다 할 만하다.[26]

(나) 장순·허원이 죽지 않았더라면   巡遠不死
당나라에는 인물이 없었을 것이오,   唐室無人
문천상이 죽지 않았더라면   天祥不死
송나라에는 신하가 없었을 것이다.[27]   屬猪無臣

현창에서 제외하였음을 밝히고 있다. 정옥자, 앞의 책, 147~148쪽.

26 韓纘男,「忠烈錄跋」,『忠烈錄』. "田橫得之, 五百義士同日而死, 張巡許遠得之, 飲血裏瘡而死於唐, 武穆得之, 背湟四字而忠於宋, 劉喬我公得之, 同死王事列爲三忠, 而與日月爭光, 可謂通天地."

27 鄭羽良,「宣川義烈祠 賜額致祭文」,『重刊忠烈錄』.

특히 초기부터 가장 많이 보이는 것은 악비에 대한 비유로, 악비는
남송 초 금나라와 싸우며 주화파들과 대립했던 무장이기 때문에 조선
인들이 현양하고자 했던 김응하의 형상에 부합했을 것이다. 허원과 장
순 역시 가장 많이 보이는 비유 중 하나이다. 반면 강홍립과 김경서는
다음과 같이 이릉(李陵)과 위율(衛律)에 비유된다.[28]

헤아려 보건데 김응하 공이 부월을 받지 않았다면
어찌 이릉과 위율이 투항한 줄 알랴.[29]

料事不以公授鉞,
豈知陵與律投降.

28 고전문학/한문학 분과에서 위와 같은 비유의 사용은 흔히 "전거/고사의 인용"으로 일컬어
    졌다. 그러나 이러한 전거의 사용 기전을 살피면 당대의 행위자들이 자신이 속한 담론장에
    서 각 역사인물들이 상징하고 있는 가치평가적 의미를 자신의 목적에 부합하게 재배치하
    여 사용하고 있음을 볼 수 있다. 때문에 본고는 이를 일종의 정치적 레토릭으로 해석한다.
    캠브리지안 학파의 대표적 지성사가인 퀜틴 스키너는 가치평가적 용어들의 수행성에
    대해 다음과 같이 설명한다. "한 사회가 자신의 도덕적 정체를 확립하거나 변경하는
    것은 기본적으로 이러한 범주의 용어들을 조작함으로써 가능하다. 우리는 어떤 유형의
    행위를 (예를 들어) 용기있고 정직하다고 표현함으로써 이를 권면하고, 다른 행위는 배신
    적이고 불성실하다고 표현함으로써 이를 비난한다. 이렇게 해서 우리는 배척하거나 정당
    화하고자 하는 행위와 상황에 대한 우리의 관념을 보존해 나가는 것이다. …… 일반적
    결론은 어떤 유형의 행위가 가능하려면 이를 반드시 정당화할 수 있어야 한다는 사실에서
    비롯된다. 이는 다시 어떤 유형의 행위를 정당화하는 원칙은 이 행위를 가능하게 하는
    조건의 하나일 수밖에 없다는 결론으로 이어진다." (퀜틴 스키너, 「정치사상과 정치행위
    분석에서의 몇 가지 문제(1974)」, 『의미와 컨텍스트(1988)』 1999, 아르케, 227~234쪽)
    언어장 속에서 행위자는 당대의 가치평가적 용어들에 구속받기도 하지만, 동시에 정치텍
    스트를 저술함에 있어 규범적 언어들을 재배치하거나 조작함으로써 당대의 언어·담론장
    을 재구성할 수 있기도 하다. 이런 점에서 가치판단적 레토릭을 구사하는 것은 정치
    행위이다. (Hamilton-Bleakley, "Linguistic philosophy and *The Foundations*"
    Rethinking the Foundations of Modern Political Thought, Cambridge University
    Press, 2006, p.30)
29 車天輅, 「悼詩」, 『重刊忠烈錄』.

　　김경서를 현양하려는 행위자들 역시 이러한 레토릭을 자신의 편으로 가져오고자 했다. 그렇지 않으면 계속해서 북방민족에 투항한 이릉·위율로 호명될 것이었기 때문이다. 이에 『김장군유사』에서는 다음과 같은 수사적 표현들이 동원되었다.

　　　비록 요동백이 힘껏 싸우다 적에게 죽음을 맞은 것과 같지는 못하더라도, 육 년 간 연나라 감옥에서 한결같은 마음으로 다른 뜻이 없어 결국 신성책(新城柵)에서 화를 당하였으니 그 의리와 절개가 또한 어찌 작겠는가. 허원과 장순의 죽음과 더불어 보아도 선후의 차이가 있을 뿐 같도다.[30]

　　특히 김경서와 관련하여 주로 이용된 전거는 문천상이다. 문천상은 남송의 말엽 원나라에 남송 회복 운동을 하다 연경(燕京)에 유배되어 죽은 인물로, 연옥(燕獄)은 곧 문천상의 고사를 의미한다. 위의 인용문에서 볼 수 있듯 김경서의 신성책 포로생활은 '연옥'으로 비유되었으며, 김경서가 포로 생활 중 보냈다는 밀소의 제목은 『김장군유사』에 「연옥에 구금되었을 때 보낸 밀소[燕獄被拘時密疏]」라고 되어 있다. 평안도 유생들의 신원소에도 역시 같은 레토릭이 사용되고 있다.

　　　십 년 간 북방에서 포로 생활을 하면서도 소무(蘇武)는 한나라에 대한 절의를 지켰고, 육 년간 연옥에 유배되어서도 문천상은 송나라를 위해 곡했습니다. 지금 우리 동방에서 오랑캐 땅에서 죽어서도 절개를 지킨 것은 김경서입니다.[31]

---

30 李時恒, 「關西忠烈傳」附, 『金將軍遺事』. "雖不如遼東伯之力戰死賊, 而六載燕獄一心靡他, 畢竟遭新城之禍, 則其義節又曷可小耶, 政與巡遠之死, 有先後類耳."

　여기서도 연옥과 문천상의 레토릭이 사용되고 더하여 한나라때 흉노에 사신 갔다 억류생활을 했던 소무의 이미지를 김경서에 결합시키려는 시도 또한 보인다. 그러나 소무에 대한 비유는 널리 사용된 것 같지는 않다. 『김장군유사』에서는 이 신원소에서만 두 차례 등장할 뿐이다.

　이와 같은 시도도 상당히 성공한 것으로 보인다. 위에 인용한 1799년의 전교에서 정조는 김경서가 "처음에는 한나라 이릉처럼 적에게 투항한 것으로 전해졌으나, 나중에는 송나라 왕륜이 금나라에 사신으로 갔다가 그들에게 굴하지 않고 죽은 것처럼 절의를 지켰음을 알게 되었다"[32] 고 천명함으로써 김경서에게서 이릉의 이미지를 벗겨 내준다.

　또 한 가지 흥미로운 부분은 『김장군유사』가 보여주는 김경서 서사의 강조점이다. 앞서도 언급했지만 김응하는 광해군 당시부터 조선 후기까지 대명의리의 화신으로서 굳건하게 존재했기 때문에 그가 충신이라는 것은 자명한 사실로 받아들여졌고, 다만 그가 '어떠한' 충신이었는지에 대한 설명이 김응하 내러티브의 중요한 부분을 차지한다. 가령 송시열은 김응하의 묘정비에서 다음과 같이 묘사한다.

　　우리 조정이 황조를 섬겨온 지 3백 년인데, 신종황제에 이르러서는 우리나라를 다시 만들어 주었으니, 의(義)는 비록 군신이지만 은혜는 실상 부자간과 같아, 우리나라의 한 포기 풀과 한 그루의 나무도 그 무엇이 황제의 덕택에 젖은 것이 아니겠는가. 그런데 저 두 소인(강홍립과

31 「本道儒生康文翼等伸寃疏」, 『金將軍遺事』. "十年雪窖, 蘇武節漢, 六載燕獄, 天祥哭宋. 今我東國則虜中死節, 臣金景瑞是也."
32 각주 22번 참고.

김경서)은 감히 밀지가 있다고 칭하고, 순리를 버리고 역리를 따라서 예의의 국가인 우리나라를 온통 금수의 지경에 빠지게 하였으니, 혹 장군의 한 번 죽음이 없었다면 장차 무엇으로써 천하 후세에 변명하겠는가. 그렇다면 장군의 죽음은 천하의 대의를 밝히고 천하의 대경(大經)을 세운 것으로서, 해와 달이 떨어지기 전에는 그 기운이 없어지지 않고, 산악이 무너지기 전에는 그 절의가 없어지지 않고, 하해가 마르기 전에는 그 공이 이지러지지 않을 것이다. 그렇다면 하늘이 장군을 낸 것은 우리나라만을 위한 것이 아니라, 장차 천하 만세를 위함이요, 『춘추』의 존주양이(尊周攘夷)의 대의를 위한 것이다. 하늘이 이미 유의한 바 있어 그를 내었다면, 또한 유의한 바가 있어 그를 죽였을 것이다. 어떤 이는 홍립이 그를 구원하지 않아서 그가 죽게 되었다고 홍립을 나무라지만, 어찌 장군을 안다 하겠는가.[33]

광해 당시에는 김응하의 충이 조선의 사직을 위해 목숨을 바친 충으로 이해된 데에 비해 송시열은 춘추의리라는 대의를 위한 것이라고 주장하고 있다.[34] 반면 『김장군유사』는 김경서가 배신자가 아니라는 변명에 더 초점을 맞추고 있으며, 이를 위해 김경서는 본래 뛰어난 인물이

---

33 宋時烈, 「詔贈遼東伯金將軍廟碑」, 『宋子大全』 卷171. "我朝歷事皇朝三百年矣, 而及至神宗皇帝再造土宇, 則義雖君臣, 而恩實父子, 環東土一草一木, 誰非帝德之所濡, 而彼二竪者, 乃敢稱有密旨, 去順效逆, 使我禮義之邦, 擧淪於禽獸之域, 儻無將軍之一死, 則將何以有辭於天下後世哉, 然則將軍之死, 所以明天下之大義, 立天下之大經, 日月不墜則其氣不滅, 山岳不頹則其節不泯, 河海不竭則其功不虧. 然則天之所以生將軍者, 不但爲我東也, 將爲天下萬世也. 爲『春秋』尊周攘夷之義也. 天旣有所爲而生之, 則亦有所爲而殺之也. 或者乃咎弘立不救而致其死, 烏足以知將軍哉."

34 "주장"이라 한 것은 송시열의 당대에는 이러한 논리가 당연하게 받아들여졌다고 보기 어려운 정황들이 존재하기 때문이다. 송시열 역시 담론장의 헤게모니를 장악하기 위한 한 명의 행위자로서 자신의 의도대로 담론장을 재배치하기 위해 인물을 포폄하는 묘도문자를 맹렬하게 창작했다. 이에 대한 자세한 논의는 이송희(2018) 참고.

기에 배신할 사람됨이 아니라는 내러티브를 채택하고 있다. 다음은 김경서의 출생에 관한 기록이다.

  (가) 세상에 전하기를 용강현 북쪽에 조석산이 있는데, 어느 날 신이한 구름 한 줄기 산머리에서 나와서 공의 집안으로 날아들었다. 공의 어머니인 정부인이 이에 잉태하여 공을 낳았다. 공의 골격이 보통 사람과 달라 겨드랑이 아래에 새의 날개 같은 이상한 뼈가 있었으니, 기운이 일어나면 나왔다가 기운이 가라앉으면 들어갔다. 부모가 항상 비밀에 붙여 누설되지 않게 하였다.[35]

  (나) 김경서는 용강 사람이다. 어려서부터 책을 읽고 칼을 휘두르기를 좋아했다. 겨드랑이 아래에는 이상한 뼈가 있어, 기운이 일어나면 그 뼈 또한 따라 일어나 몸을 공중에 띄웠으니 마치 날아다니는 새의 모습과 같았다. 혹은 나뭇가지 사이를 왔다 갔다 하기도 하였고, 혹은 산에서 처마끝으로 내려오기도 하니 보는 자가 두려워하지 않음이 없었다. 자라서는 힘이 더욱 절륜해졌다.[36]

  (가)는 김경서의 연보에, (나)는 「관서충렬전」의 첫머리에 실린 내용이다. 첫눈에 아기장수 설화를 떠올리게 하는 이러한 삽화는 김경서를 영웅화하겠다는 『김장군유사』의 욕망을 투명하게 보여준다. 아울러

---

35 「年譜」, 『金將軍遺事』. "世傳縣北有鳥石山, 一日有異雲一條出於山巓, 飛來入公家, 母鄭夫人, 仍有娠而生公. 公骨格非常, 腋下有異骨如鳥翅, 氣發則出, 氣止則入. 父母常秘而不泄."

36 李時恒, 「關西忠烈傳」, 『金將軍遺事』. "金景瑞龍岡人也. 自少好讀書擊釖. 腋下有異骨, 氣發則骨亦隨發, 聳身空中, 有若飛鳥狀, 或往來樹梢, 或岳下屋簷, 見者莫不惝惝, 及長勇力尤絕倫."

아기장수 모티프를 차용함으로써 김경서의 생애를 영웅적이지만 비극적인 운명으로 서사화하고 있다.

이뿐 아니라 「천조차계(天朝箚啟)」부분에서는 심하전투 당시의 명나라 차자에 "金都元帥准此"라는 기록이 남아있다며 이를 근거로 비록 관직은 강홍립이 도원수, 김경서가 부원수였으나 명에서는 실질적으로 김경서를 도원수로 여겼다는 주장을 하기도 한다. 물론 해당 문서는 김경서 집안의 가장(家藏)으로 전한다고 하여 그 신빙성은 매우 낮으나, 역시 김경서가 뛰어난 자질로 명에게 신임을 받고 있었다는 점을 주장하려 한 것으로 보인다.

5. 나가며

서북인들의 노력으로 김경서는 오늘날까지 북한 지역의 영웅으로 남아있다. 물론 여기에는 본고에서 다루지 못했으나 임진왜란 당시 김경서의 활약이나 계월향과의 전승 또한 중요한 역할을 했을 것이다. 그럼에도 투항인으로 생을 마감한 김경서를 충신으로 탈바꿈시키기 위해서 이시항을 위시한 김경서 현양 세력은 무엇보다 심하전역을 둘러싼 언어장에 적극적으로 참가하지 않을 수 없었다.

심하전역은 명에게나 조선에게나 대패한 전투이며, 특히 조선의 경우 도원수 강홍립이 금군에 투항했기 때문에 이에 대한 알리바이가 절실히 필요했다. 조선은 장렬히 전사한 김응하를 내세움으로써 투항한 강홍립을 배신자로 만들 수 있었고, 그 덕에 명에 대해서도 그리고 자신의 역사에 대해서도 변명할 수 있었다. 때문에 김응하의 『충렬록』은 국가적 노력을 통해 심하전투 담론의 중심축으로 세워졌다. 『김장군유사』 역시 애초부터 『충렬록』과의 관계를 의식하고 편찬되었다. 『김장군유사』는 『충렬록』에서 김경서에 비판적인 서술에 대해 설명하고 방어하며 또한 김응하를 수식하는 레토릭들을 빌리기도 하면서 김경서를 충신으로 만들어갔으며, 상당 부분 성공을 거두었다.

『김장군유사』뿐 아니라 『충렬록』을 둘러싼 여러 텍스트들의 관계망을 들여다보고 그 언어들이 어떻게 서로 대화를 주고받는지 밝혀내는 작업은 심하전투뿐 아니라 대명의리와 소중화론으로 대표되는 조선 후기 언어장에 대한 우리의 이해를 더욱 두텁게 해주리라 믿는다. 심하전역 관련 기록물들을 연구하는 의의 가운데 하나는 그 지점에 있을 것이다.

참고문헌

『光海朝日記』
『仁祖實錄』
『正祖實錄』
『忠烈錄』
李時恒, 『金將軍遺事』

강창규, 「김응서를 기억하는 방식과 그 문학적 형상화」, 『용봉인문논총』 40, 전남대 인문학연구소, 2012, 105~129쪽.
김일환, 「병자호란 체험의 '再話' 양상과 의미 연구」, 동국대학교 박사학위논문, 2010.
남호현, 「이시항의 삶을 통해 본 서북지역 엘리트의 '미시사적' 이해」, 『역사와현실』 105, 한국역사연구회, 2017, 353~378쪽.
민장원, 「정조의 '충신'·'충가' 현창사업과 이순신에 대한 기억의 재구성」, 고려대 석사학위논문, 2016.
이송희, 「송시열의 '춘추필법' 실행 양상」, 『OUGHTOPIA』 33(2), 경희대 인류사회재건연구원, 2018, 151~186쪽.

이송희, 「김응하『충렬록』판본 변개 과정과 그 의미」, 『유학연구』46, 충남대학교 유학연구소, 2019, 129~159쪽.

임유경, 「〈김경서전〉 연구 - 문제적 인물의 영웅화 과정」, 『동방한문학』45, 동방한문학회, 2010, 265~290쪽.

_____, 「〈김장군유사〉와 〈김응서실기〉의 서술방식 연구」, 『인문과학연구』18, 대구가톨릭대학교 인문과학연구소, 2012, 143~164쪽.

정옥자, 『조선후기 조선중화사상연구』, 일지사, 1998.

최문정, 「『임진록』에 나타난 조선 무장상 - 역사계열을 중심으로」, 『일본연구』16, 한국외국어대학교 일본연구소, 2001, 159~175쪽.

최혜미, 「『忠烈錄』 소재 「贈遼東伯詔」의 위작 여부에 대한 일고찰」, 2019년도 우리한문학회 동계학술대회, 2019.2.22.

퀜틴 스키너, 『의미와 컨텍스트(1988)』, 1999, 아르케.

허태용, 『조선후기 중화론과 역사인식』, 아카넷, 2009.

Hamilton-Bleakley, "Linguistic philosophy and The Foundations" *Rethinking the Foundations of Modern Political Thought*, Cambridge University Press, 2006, pp.20~33.

Sun Joo Kim, "Culture of Remembrance in Late Choson Korea: Bringing an Unknown War Hero Back into History", *Journal of Social History* Vol. 44(2), Oxford University Press, 2010, pp.563~585.

Sun Joo Kim, *Voice from the North : Resurrecting regional identity through the life and work of Yi Sihang(1672~1736)*, Stanford University Press, 2013.

역사소설로 본 조선후기 '역사 만들기'의 일면

계승범

1. 머리말

1990년대부터 역사학계에서는 역사적 사건(경험)이 후대에 어떻게 기억되는가에 초점을 둔 연구들을 연이어 내놓고 있다. 역사적 사건에 대한 이해 차원을 넘어, 그 사건이 어떤 기억으로 후대 및 현재와 연결되는지 살피는 연구방법론이 학계에서 널리 유행한 결과이다. 특히 문학작품·음악·풍습·의례·집단기억(collective memory) 등과 같이 과거에는 역사학에서 등한시하던 유무형의 다양한 자료를 통해 역사를 재구성하려는 현대 역사학의 영향을 무시할 수 없다. 학계의 이런 동향은 역사의 기억이라는 담론을 통해 역사 연구의 시각을 넓힌 점에서 큰 의의가 있으며, 그동안 역사 연구에서 소외되었던 '보통사람들'을 역사의 중앙무대에 올리는 데에도 기여했다. 요즘 학계에서는 다양한 기억의 양상 자체가 곧 또 다른 역사라는 인식을 상식처럼 공유한다.

그런데 역사의 기억은 그 기억의 대상이 되는 사건의 실체와 유리되는 경향이 강하다. 기억의 대상은 과거의 사건(경험)이지만 기억 자체는 현재의 행위이므로, 기억의 대상이 되는 사건과 그 사건을 기억하는 행위 사이에는 일정한 차이가 존재할 수밖에 없다. 특히, 어떤 역사적 사건에 대한 집단적 기억이 형성되는 과정에서, 현실의 필요에 따라 기억을 변조하거나 아예 창작(날조)하는 일은 인류 역사에서 끊이지 않았다.[1] 따라서 해당 사건의 실체와 그 기억 사이의 차이를 밝히고, 그 이유를 당시의 시대상과 관련하여 설명하는 일은 역사학의 주요 연구 장르로 계속 유효할 것이다.

한국사도 이런 기억조작 문제에서 자유롭지 않다. 집단기억의 조작은 현실과 이념(추구하는 가치)이 괴리된 사회에서 강하게 나타나는 경향이 있는데, 한국사에서는 주로 외침에 따른 국가위기상황이 지속되는 환경에서 두드러지는 패턴을 보인다. 몽골의 위세에 눌린 고려에서 檀君을 시조로 삼아 동류의식을 생성한 『三國遺事』의 유포 현상이나,[2] 근대의 문턱에서 위기 극복을 위해 단군을 다시 불러낸 '배달민족'의식은[3] 그 좋은 사례이다.

조선후기(17~19세기)도 예외가 아니다. 임진왜란(1592~1598)과 병자호란(1637)의 전쟁 경험을 계기로 어렴풋하나마 '민족정체성' 의식이 형성되던[4] 조선후기 약 250년간은 현실과 이념 사이의 괴리가 극심한 시기였다. 특히, 위기에 처한 中華國[明]의 천자 곧 君父를 극력 돕기는커

---

1 홉스봄(Hobsbawm) 등이 사용한 '전통 만들어내기'(inventing tradition)라는 표현은 적극적인 역사 왜곡현상을 구체적으로 지적한다. Eric Hobsbawm and Terrence Ranger, eds., 1983, *The Invention of Tradition*(Cambridge: Cambridge University Press)에 실린 논문들 및 특히 홉스봄이 쓴 서문("Introduction: Inventing Tradition", pp.1~14) 참조.

2 Michael Rogers, 1983, "Medieval National Consciousness in Korea," in Morris Rosabi ed., *China among Equals*(Berkeley: University of California Press).

3 이문영, 2010, 『만들어진 한국사』, 파란미디어, 417~423쪽.

4 JaHyun Kim Haboush, 2016, *The Great East Asian War and the Birth of the Korean Nation*(New York: Columbia University Press).

녕, 오히려 그 군부를 죽이려는 夷狄의 칸 앞에 나아가 항복함으로써 목숨을 부지한 1637년 이후 조선 조야의 모든 지식인은 심각한 패닉에 빠졌다. 충효를 彝倫으로 절대시 한 조선에서 명나라[군부]에 대한 배신은 조선 스스로 인간이기를 포기한 패륜행위에 다름 아니었기 때문이다. 조선의 지배엘리트들에게는 그야말로 하늘이 무너진 어둠의 터널과도 같았다. 이런 암울한 상황을 정신적으로 극복하기 위한 기억의 조작도 집중적으로 발생하였다.[5]

이를 염두에 두고, 본고에서는 삼전도항복(1637) 이후 조선 사람들이 극도의 정신적 공황 상태를 벗어나려 한 다양한 몸부림 가운데 역사소설에 주목하려 한다. 이광수의 『단종애사』나 박종화의 『금삼의 피』처럼, 대중에게 역사를 각인시키는 데에는 소설이 역사서보다 더 주효할 수 있기 때문이다. 이에, 조선후기에 등장한 역사소설 두 개를 역사의 기억 및 조작 문제와 관련해 살피고자 한다.

먼저, 2절에서는 『姜虜傳』을 살필 것이다. 『강로전』은 명나라를 도와 후금과 싸우기 위해 출정했다가 오히려 적에게 항복해버린 姜弘立(1560~1627)을 주인공으로 삼되, 패전과 굴욕의 원인을 모조리 그에게 돌리며 맘껏 비난한 작품이다. 3절에서는 『北征日錄』을 다룬다. 『북정일록』은 청나라를 쳐서 원수를 갚자는 '북벌운동'이 절정에 달하던 효종 때(1649~1659) 북벌은커녕 오히려 청의 징병 요구에 따라 병력을 파견하여 그 지휘를 받음으로써 필연적으로 발생한 정신적 공황을 소설 형식을 통해 해소한 작품이다. 또한 『강로전』이 '역사 만들기'(사실의 왜곡·날조·유통·확산)에 그다지 성공적이지 못한 데 비해 『북정일록』은

---

5 계승범, 2009, 『조선시대 해외파병과 한중관계』, 푸른역사, 215~221쪽 및 241~244쪽.

상대적으로 매우 성공적이었던 점에 주목하여, 그 이유를 時點(타이밍)
곧 시대분위기와 관련하여 분석할 것이다. 이런 작업을 통해, '역사적
기억의 문학적 조작'이라는 설명 틀로 조선후기 지식인들이 품었던 고
민의 본질에 한 발 더 다가가고자 한다.

2. 『姜虜傳』

저자 權忕(1599~1667)은 深河원정(1619)에 종군하여 강홍립과 함께
포로가 되었다가 탈출하여 천신만고 끝에 귀환한 인물이다. 신분이 서
얼이기는 했지만, 그런 신분의 벽보다는 오랑캐에게 항복하고 살아남
았다는 전력 때문에 평생 이렇다 할 벼슬길에는 오르지 못하였다. 이런
그가 정묘호란(1627)이 끝난 지 3년 째 되던 1630년, 31세 때 지은 소설
이 바로 『강로전』이다.[6]

1618년 봄에 명나라는 약 10만의 병력으로 후금 원정에 나섰는데,
조선에도 칙서를 보내 병력을 요구하였다. 당시 조선 조정의 의견은
출병 찬성과 반대로 나뉘어 6개월 가까이 시끄러웠다. 전체 신료가 이
구동성으로 즉각 출병을 외친 데 비해, 국왕 광해군(r. 1608~1623)만 홀
로 출병에 반대하였다. 그렇지만 당색을 초월한 신료들의 전방위 압력
에 밀린 광해군은 끝내 12,000여 병력을 요동으로 출정시킬 수밖에 없
었다.[7] 그 원정군 지휘관이 바로 강홍립이었다.

---

6 본고에서는 이대형 외 역주, 『華夢集』, 보고사, 2016 수록 「姜虜傳」을 참고하였다.
7 파병 여부를 둘러싼 논쟁구도에 대해서는 계승범, 『조선시대 해외파병과 한중관계』,
   165~175쪽에 상세하다.

그런데 강홍립을 제목에서 아예 姜虜로 칭한 데서 알 수 있듯이, 『강로전』에서는 주인공 강홍립을 胡虜로 취급하며 매우 부정적으로 묘사하였다. 국왕의 密旨를 핑계로 애초부터 싸우려는 의지가 없었던 점, 궁지에 몰리자 부관들의 반대에도 불구하고 목숨을 구걸하며 비굴하게 항복한 점, 고국을 배반하고 이적 오랑캐에게 부단히 아부하며 부귀영화를 누린 점, 누르하치와 홍타이지를 계속 부추겨 후금으로 하여금 조선을 침공하게 만든 점, 후금군의 선봉에 서서 조선 백성에 대한 무차별 살육을 자행한 점, 장차 후금을 등에 업고 조선의 왕위를 차지하려 한 점 등이 바로 강홍립을 패역무도한 자로 묘사하는 데 사용한 내용이자 장치였다.

강홍립을 그토록 부정적으로 그린 이유는 명나라를 돕기는커녕 오히려 후금에게 항복함으로써 명나라에 대한 사대의리를 저버리고 조선을 금수의 나라로 타락시켰다는 인식이 조야에 편만했기 때문이자, 저자 또한 그런 인식을 공유하였기 때문이다. 특히 광해군을 축출한 직후 仁穆大妃의 이름으로 전국에 반포한 反正敎書에서 광해군의 죄악 가운데 명나라에 대한 배신행위에 가장 많은 지면을 할애했을 정도로,[8] 강홍립의 투항은 당시 조선 조야에 크나큰 충격이었다. 더 나아가, 그런 강홍립이 조선을 침공하는 후금군의 향도 역할을 한 사실은 이제 조선에서 강홍립에 대한 인식은 필설로 표현하기 힘들 정도로 극한까지 떨어졌음을 의미하였다. 따라서 정묘호란 후 얼마 지나지 않은 시점에 권칙이 「강로전」을 지었을 때, 사람들은 그 제목만 보고도 姜虜가 바로

---

8 계승범, 2008, 「계해정변(인조반정)의 명분과 그 인식의 변화」, 『남명학연구』 26, 경상대학교 남명학연구소.

강홍립임을 즉각 알아챌 수 있었다. 이렇듯, 「강로전」이라는 소설은 정묘호란 이후 분노와 허탈에 빠진 조선 사람들의 마음을 파고들기에 적합하였다.

그런데 「강로전」은 생각보다는 성공적이지 않았다. 나라가 위기에 처한 원인을 강홍립에게 돌림으로써 그를 희생양 삼아 민심을 수습할 필요가 절실하였음에도 불구하고, 시의 적절하게 때맞춰 등장한 「강로전」이 그다지 성공적이지 못했던 이유는 무엇일까? 다른 말로, 소설이 아닌 史料의 반열에 오르지 못한 이유는 무엇일까? 역사 만들기의 성공 여부는 사람들이 그 내용을 사실로 믿는가 여부와 직결되며, 사실로 받아들이지 않는다면 아무리 유행할지라도 그것은 허구 곧 소설일 수밖에 없다.

역사 만들기 작업은 인류 역사에서 흔한 일이지만, 작업이 성공하기 위해서는 몇 가지 조건이 유기적으로 작동할 필요가 있다. 이를테면, 해당 사건을 직접 경험한 동시대 사람들이 많이 살아있을수록 작업은 쉽지 않다. 직접 경험자들의 인식과 배치되는 허구 내용을 사실인 것처럼 퍼트리는 일은 녹록치 않기 때문이다. 이는 역사 만들기 작업에는 時點(타이밍)과 시대분위기가 매우 중요함을 의미한다. 다른 말로, 역사 만들기 작업에는 상당한 시간이 필요하며, 그런 충분한 시간이 흐르면서 자연스레 변한 새로운 시대분위기에 적절히 부합할 수 있는 '숙성 과정'이 필요하다. 이에 더하여, 역사 만들기 작업의 주체가 어느 정도 권력을 쥐고 있거나 적어도 권력의 기호와 맞물려야 더 유리하다. 이른바 정치선전(propaganda)이라는 것도 정치권력에 의한 조작이나 조종(manipulation)이듯이, 역사 조작물의 유통과 확산 과정에서 어떤 식으로든 권력의 역할을 완전히 배제할 수는 없기 때문이다.

　이런 점을 고려할 때, 강홍립이 후금에 투항한 지(1619) 11년째이자 정묘호란(1627) 발생 3년 만인 1630년에 「강로전」이 출현한 시점은 중요하다. 두 사건을 직접 목도하거나 실시간으로 전해들은 사람들이 상당 수 살아있던 시기였기 때문이다. 이는 「강로전」의 내용에 대한 '팩트 체크'가 당시 사람들 사이에서 비교적 용이하였고, 『강로전』의 성공 또한 녹록치 않았음을 의미한다. 그럼에도 불구하고 작업이 성공하기 위해서는 정치권력의 개입이 필요한데, 『강로전』은 이점에서도 불리하였다. 이런 시각에서 볼 때, 「강로전」은 시기적으로 숙성되기는커녕 너무 설익은 이른 타이밍이 문제였다. 마침 1630년을 전후한 당시 시대분위기와도 제대로 부합하지 않은, 그래서 한 개인이 너무 앞서나간 역사 만들기 시도였고, 그래서 당시부터 이미 소설일 수밖에 없었다.

　정묘호란을 겪은 지 3년밖에 지나지 않은 시점의 조선 사람들은, 특히 국가정책을 결정하는 위치에 있던 국왕과 신료들은 정묘호란의 실상에 대하여 상당히 정확하게 인지하고 있었다. 또한 정묘호란은 평안도부터 황해도 일대에 직접적인 영향을 끼쳤고, 조정조차 한양을 버리고 강화도로 파천한 큰 사건이었다. 따라서 西路 지역의 일반 백성도 정묘호란을 피부로 겪었고, 정묘호란의 실상을 제한적이나마 꽤 정확히 알고 있었다. 그런데 강홍립이 조선 백성을 무차별적으로 잔인하게 살육했다거나, 스스로 왕위에 오르려는 역심을 품었다는 식의 「강로전」 내용은 정묘호란의 실상과는 너무 배치되는 내용이기에, 호란을 직접 겪은 동시대 사람들이 사실로 받아들이기는 어려웠다.

　실제로, 당시 평안도 지역의 민심은 광해군이 추구한 후금과의 대화 정책에 긍정적이었다. 그 이유는 후금이 조선을 침공할 경우에 우선적으로 평안도 지역의 피해가 명약관화하였기 때문이다. 또한 서북면 방

어를 위한 군사를 대체로 평안도 지역에서 징집한[9] 데 따른 불만도 주
요 요인이었다. 「강로전」에서는 강홍립의 조선 백성 살육행위를 강조
함으로써 강홍립의 반역과 악행을 부각시켰지만, 정작 정묘호란 당시
평안도 백성들의 강홍립 인식은 오히려 우호적이었다. 당시 상황의 파
편을 기록한 『逸史記聞』에 따르면, 후금이 갑자기 침공하자 평안도의
민심은 급격히 흉흉해졌는데, 강홍립이 후금 군대를 이끈다는 소문을
듣자 바로 안심하여 저항하지 않은 채 투항하였다.[10] 이 내용은 『일사
기문』의 저자[未詳]가 강홍립을 비난하기 위한 의도로 채록하였지만,
역설적이게도 당시 평안도 지역 민심의 동향이 강홍립에 대해 전혀 부
정적이지 않았던 상황도 동시에 전해준다.

　이뿐 아니라, 정묘호란 당시 상황을 가장 구체적이고도 종합적으로
전하는 『인조실록』 어디를 보아도 강홍립의 살육행위를 직접 언급한
기사를 찾기는 쉽지 않다. 겨우 하나를 확인할 수 있는데,[11] 그마저도
강홍립을 당장 처단하라는 상소에 보일 뿐이지 조정에서 무게 있게 논
의한 흔적은 찾을 수 없다. 오히려 후금의 침공 과정에서 조선 민병과
毛文龍 군사가 적에게 패하여 도륙당했다는 기록은 어렵지 않게 확인할
수 있다.[12] 그렇다면 주로 병사들[民兵·軍兵·兵民]이 전쟁 초기 연패하는

9　후금과의 전쟁에 대비한 군사 징발이 주로 평안도 지역을 중심으로 이루어졌음은 이태
　진, 1985, 『조선후기의 정치와 군영제 변천』, 한국연구원, 111쪽 참조.

10　『逸史記聞』(『大東野乘』 권58) "丁卯丁月 奴賊八萬餘騎 夜襲義州 姜弘立爲之向導也 …
　弘立前爲元帥時 頗得民心 西路之民 聞弘立之爲先鋒 不戰自降 …" 본고에서는 경희문화
　사에서 1969년에 출간한 인쇄본을 참고하였다. 해당 내용은 이 자료의 Ⅳ권 254쪽에
　나온다.

11　『인조실록』 16권 5년 4월 25일 신유 4번째 기사. "持平趙綱上疏曰 … 姜弘立身降虜賊
　罪不容誅 至於今日 引賊犯我 屠戮人民 及其約和之日 身先入來 盛張賊勢 其心爲虜 非爲
　國也 …"

과정에서 후금군에게 도륙당한 사실을 순수 민간인들[人人·小兒·老少男
丁·婦女]이 강홍립에게 거듭하여 학살당했다고 전하는 『강로전』은[13] 매
우 교묘한 왜곡이다. 또한 조선군의 도륙을 강홍립이 진두지휘했다는
기록도 찾을 수 없다. 강홍립의 만행이 정녕 사실이었다면, 효종 대 실
록청에서는 그것을 침소봉대해서라도 『인조실록』에 적극적으로 남겼
을 것이다. 그런데도 언급이 없는 것은 강홍립의 살육행위를 극단적으
로 강조한 「강로전」이 동시대 사람들에게 史料로 다가오지 못했음을,
다른 말로 역사적 사실로 인정받지 못했음을 강력하게 시사한다.

　또한 「강로전」에서는 강홍립이 스스로 보위에 앉으려 했음을 강조하
여 강홍립의 逆心을 크게 부각시켰다. 하지만 이것도 개연성에 따른
소문이었을 뿐이지, 동시대 조선 사람들은 '팩트 체크'를 통하여 그 허
구성을 손쉽게 알아챌 수 있는 사안이었다. 『인조실록』에서 확인할 수
있는 강홍립의 역심 문제는 그가 病死하자 인조가 그의 관작을 회복하
라고 하명한 데 대하여 승정원에서 반대하는 의견을 올릴 때 한 번 등
장한다.[14] 그나마도 인조는 강홍립의 역심 사안에 대해서는 대꾸조차
하지 않았으며, 조정에서 이 문제를 중요하게 논의한 흔적 역시 찾을
수 없다. 왕조국가 조선에서 왕조교체 우려보다 더 중요한 사안이 과연

12 한 예로, 『인조실록』16권 5년 4월 1일 정유 6번째 기사 참조. "… 奴賊三萬餘騎 猝掣義州
… 大小將官 數萬民兵 屠戮無遺 … 是日夕 前鋒已至定州 … 將蛇浦所住遼民及毛鎭軍兵
盡行斯殺 … 二十日 賊渡淸川江 急攻安州 … 守城兵民數萬口 屠戮殆盡 …"
13 『姜虜傳』"… 白刃萬舞 赤血噴飛 人人痛毒 箇箇呼咷 又令驅雍小兒 倒車空瓮 … 是日 城中老
少男丁 靡有孑遺 婦女財帛 搶掠無餘 …"(이대형 외, 『화몽집』, 보고사, 2016, 568~569쪽).
14 『인조실록』16권 5년 7월 27일 신묘 1번째 기사. "姜弘立病死 上命復其官爵 且令該曹題給
喪需 政院啓曰 臣等竊念 弘立受脹出境 甘心降虜 引賊犯國 意在非望 罪浮逆豫 惡甚賊潤
實天下亂賊之甚者也 … 答曰 議大臣施行 且所謂引賊之說 似非弘立之本情也 …"

있었을까? 그런데도 당시 국왕을 비롯하여 조정 중신들은 이 문제에 왜 주의를 기울이지 않았을까? 그 이유는 강홍립의 역심이 한갓 소문에 불과하다는 사실이 당시에도 상당히 분명했기 때문으로 보는 것이 합리적일 것이다.

물론, 당시 조선 조야에 실제로 그런 소문(강홍립에 의한 왕조교체)이 어느 정도 퍼져 있었을 가능성은 인정할 수 있다. 다만, 일부 개연성에 기초한 장삼이사의 입방아였을 뿐이지, 사실은 전혀 아니었다. 저자 권칙은 정묘호란 직후 항간에 나돌던 이런 애매한 소문을 듣고 그것을 과장하여 「강로전」에 기술하되, 강홍립의 역심을 강홍립의 입을 통해 기정사실화하여 직접증거를 날조해 낸 것이다. 이런 점들을 고려할 때, 「강로전」의 내용은 당시에 이미 '팩트 체크'에 취약했음을 어렵지 않게 알 수 있다.

이에 더하여, 강홍립의 투항 과정에 대한 사실적 자료가 「강로전」에 앞서 존재한 사실에도 주목할 필요가 있다. 「강로전」을 구성하는 주요 플롯(구성) 가운데 하나가 바로 深河 원정(1619)에서 강홍립이 적과 싸워보지도 않고 비굴하게 항복했다는 것인데, 바로 그 현장을 함께 한 이가 남긴 기록이 당시에 이미 엄연하였다. 강홍립의 종사관으로서 출정부터 포로생활까지 강홍립 측근에서 보고 들은 바를 매우 사실적으로 기록한 『柵中日記』가[15] 바로 그것이다. 저자 李民宬(1573~1649)은 張顯光(1554~1637)의 문하생으로, 당색은 남인이었다. 1619년 강홍립과 함께 포로가 되어 17개월 동안 후금에 억류되었다가, 1620년 가을 조선에 우호적이던 누르하치가 조선 국왕에게 친서를 보내면서 우호의

---

15 『紫巖集』 5권 「柵中日記」 (『標點影印 한국문집총간』 82권).

표시로 조선군 포로 가운데 10명을 석방시켜 보냈는데, 이민환도 그때 귀환하였다.

그렇지만 적에게 항복하여 의리를 배반한 자들을 압록강 강변에서 참수하여 명나라의 의심을 풀어야 한다는 대간의 요구가 거센 바람에, 이민환은 귀국한 후에도 4년 정도 평안도에 머물 뿐, 한양으로는 들어오지 못했다. 이때 이민환은 출정 당시부터 석방될 때까지 작성한 일기를 정리하여 『柵中日記』로 엮었다.[16] 그 내용은 날짜별로 매우 상세할 뿐 아니라, 소설적 허구장치도 전혀 없다. 특히 『滿洲實錄』이나 『大淸高皇帝實錄』 같은 청 자료 및 『조선왕조실록』의 관련 기사와 대조해 볼 때 그 사실성이 매우 뛰어나다. 특히 강홍립의 투항 및 그런 결정에 이르기까지의 과정에 대한 기술은 현존하는 어떤 자료보다도 상세하며 상식적이고 합리적이다. 조선군의 패몰 상황을 전하는 부분에서도 『책중일기』의 내용은 매우 상세할 뿐 아니라, 현대인이 읽어도 지극히 상식적이다. 「강로전」이 전하는 내용, 곧 아무런 전투도 없이 스스로 먼저 비굴하게 항복을 청했다는 내용과는 사뭇 다르다.

구체적으로 보면, 조선군은 1619년 3월 2일 적과 처음으로 조우하여 승리하였다. 적 600여 騎兵을 격파하고 사기가 올라 계속 진군하였다. 그러나 3월 4일에 적의 기습을 받아, 명나라 군대뿐 아니라 조선군의 左右營도 차례로 궤멸되었다. 이 패전으로 조선군 8,000여 병력이 그대로 패몰하였고, 강홍립의 직속 휘하부대인 中營 소속 4,000여 병력은 주변 언덕에 급히 올라 방어진을 구축한 상태에서 속수무책으로 적에게 완전 포위당하였다. 이후 강화를 위한 협상이 여러 차례 오고간

---

16 이민환 지음, 중세사료강독회 옮김, 『책중일기』, 서해문집, 2014, 20~21쪽 참조.

끝에 강홍립의 조선군은 결국 후금에 투항하였고, 무장을 해제당한 채 후금의 도성인 퍼투알라로 이동하여 억류당하였다.[17] 후금군과 첫 전투에서 승리한 점이나, 패몰 및 투항하는 과정에서 강홍립의 中軍이 처한 상황을 이보다 더 생생하게 전하는 기록은 현재도 없고, 당시에도 없었다. 따라서 이런 실상을 강홍립의 서신을 비롯해 여러 경로를 통해 익히 알고 있던 조선 조정 신료들에게 「강로전」의 내용은 말 그대로 소설에 지나지 않았을 뿐, 역사를 제대로 파악할 만한 사료로는 다가설 수 없었던 것이다.

또한 『강로전』의 내용은 정묘호란의 후유증이 여전한 당시 시대분위기와도 제대로 부합하기 어려웠다. 1627년에 후금과 강화한 사건이 갖는 충격과 폭발력은 지대하였다. 가장 심각한 문제는 명나라에 대한 배신행위를 문제 삼아 前王 광해군을 축출하였는데, 정묘호란에 따른 강화는 인조정권 스스로 광해군보다 훨씬 더 심각하게 사대의리를 저버렸다는 비난에 대해 사실상 속수무책이었다는 것이다.

李仁居의 난(1627)이나 尹煌(1571~1639)의 격렬한 비난 상소 및 대간의 성토분위기는 그 좋은 예이다. 특히 후금의 누르하치와 명나라 몰래 우호적인 대화를 지속함으로써 변란을 미연에 방지하고자 한 광해군에 대해 君父에 대한 배신이라는 패륜의 낙인을 찍어 축출한 지 불과 5년 만에, 인조 자신은 정묘호란을 맞아 후금의 홍타이지와 형제관계를 맺고 하늘에 함께 맹약까지 하였다. 이는 말로만 강화였을 뿐이지 사실상 항복이라는 인식이 조야에 편만하는 결과로 이어졌다. 특히 廢主 광해군보다도 더 심각하게 사대의리를 저버렸다는 비난으로부터 결코 자유

---

17 「책중일기」, 3월 2~4일.

로울 수 없었다. 인조정권이 양반사족의 인심을 얻고 정권을 안정시킨 명분은 크게 광해군의 두 가지 죄악 곧 廢母[불효]와 背明[불충] 두 가지였다. 다른 말로, 인조정권이 안정을 취할 수 있었던 명분은 바로 충과 효의 회복이라는 이념적 양 날개가 잘 작동하였기 때문이었다. 그런데 정묘화약(1627)으로 인하여 이제 사대의리라는 한쪽 날개가 완전히 꺾이는 위기에 직면했던 것이다.[18]

따라서 1627년 이래 정국의 최대 사안은 후금과 강화를 맺은 것은 항복이 아니라 權道라는 점을 선전하는 한편, 후금이 요구하는 歲幣 문제 및 후금의 위용과 간섭을 어떻게 거부할지에 달려 있었다. 그런데 이런 정치선전(propaganda)을 주관하기에 權伏이라는 저자 개인의 힘은 턱없이 약하였다. 실제로, 『강로전』의 경우에, 역사 만들기의 주체가 국가나 정권 차원이 아니라 한 개인에 지나지 않았음에 주목할 필요가 있다. 국가권력의 적극적인 지원 없이 일반 개인이 시도한 역사 만들기 작업이 녹록치 않았던 것이다. 개인이 주도하더라도, 그 역사 만들기의 취지가 당시 국가권력의 이해관계와 꽤 일치해야 성공의 가능성이 있는데, 『강로전』은 이점에서도 불리하였다.

국문학계에서는 『강로전』의 집필 동기가 崇明排淸과 反正으로 대표되는 당시 정서와 필요성에 잘 부합했다는 설명이 지배적이지만,[19] 그

---

18 계승범, 「계해정변(인조반정)의 명분과 그 인식의 변화」.

19 『강로전』을 다룬 거의 모든 연구가 비슷한 입장을 취했는데, 박희병, 「17세기 숭명배호론과 부정적 소설주인공의 등장」, 한국 고전소설과 서사문학』 상, 집문당, 1998; 신해진, 『권칙과 한문소설』, 보고사, 2008, 57쪽; 조현우, 「〈강로전〉에 나타난 전쟁의 기억과 욕망의 서사」, 『민족문학사연구』 46, 민족문학사학회, 2011; 박양리, 「강홍립에 대한 문학적 형상화 양상 연구 -〈책중일록〉과 〈강로전〉을 중심으로-」, 『한국문학논총』 58, 한국문학회, 2011; 송하준, 『조선후기 역사소설과 민족정체성의 재구성』, 학자원, 2015,

렇게 단순하게 볼 일은 아니다. 1630~40년대라는 시대 상황을 표피적으로만 이해한 안일한 해석이기 때문이다. 당시 인조정권 핵심인물들은 후금과의 강화를 항복으로 간주하는 재야 분위기에 유난히 병적으로 격노하곤 하였다. 정묘화약을 항복으로 간주하고 그 주동자 처벌을 외친 李仁居의 난(1627)만 보아도, 솔직히 亂이라 부르기에도 어색할 정도의 미미한 사건이자, 지방 유생이 격정을 누르지 못하고 일으킨 '해프닝'에 지나지 않았다. 이 사건을 접한 강원감사도 이를 중앙에 보고하지도 않고 묵살할 정도로 미미한 사안이었다.[20] 그런데 이를 무슨 엄청난 반란인 것처럼 침소봉대하고, 또한 그 진압에 공을 세운 사람들에게 공신첩을 줄줄이 내리는 등 호들갑을 떤 주체는 바로 중앙 조정이었다. 이는 광해군보다 더 심각하게 天倫을 저버린 자신들의 和約 행위에 대한 방어본능이자 필사적인 정당화 몸부림이었다.

따라서 정묘호란의 책임을 전적으로 강홍립에게 돌리는 구도에 대해서는 그런대로 우호적일 수 있었으나, 그렇다고 해서 「강로전」의 모든 내용을 무조건 수용하고 적극 홍보하기에는 부메랑으로 돌아올 판도라의 상자 같은 사안이 워낙 많은 탓에, 오히려 무시했다고 보는 것이 사실에 훨씬 더 부합하는 해석일 것이다. 강홍립의 항복을 부정적으로 강조하면 할수록, 그것은 정묘화약을 체결한 장본인인 국왕 인조에 대한 치명적 부메랑으로 얼마든지 돌아올 수 있는, 그래서 당시 정국에

123~132쪽; 백지민, 「17세기 전계소설의 창작 동인과 서사 전략 -〈유연전〉과 〈강로전〉을 중심으로-」, 『한국고전연구』 34, 한국고전연구학회, 2016; 이종필, 『조선중기의 전쟁과 고소설의 기억』, 소명출판, 2017, 110~111쪽 등을 참조할 수 있다.

20 이인거 역모사건의 전말에 대해서는 한성주, 「정묘호란 직후 '이인거의 난' 연구」, 『서울과 역사』 96, 서울역사편찬원, 2017 참조.

서 휘발성이 매우 강했던 것이다.[21] 1630년에 등장한 「강로전」이 호란 관련 주요 자료로 유통되지 못한[22] 이유는 바로 여기에 있다고 할 수 있다.

실제로, 17~18세기에 「강로전」이 일부 지식인 사이에서 소설로 읽히기는 했으나, 사료로는 인정받지 못하였다. 그럴 수밖에 없는 것은 당시부터 이미 강홍립의 처신을 객관적으로 보는 시각이 엄존하였기 때문이다. 한 예로, 정묘호란 전후 조선조정에서는 포로가 된 이후 강홍립의 처신을 꽤 정확하게 파악하고 있었다. 그가 여전히 변발하지 않은 점이나[23] 최고의결기구인 비변사에서 오히려 강홍립의 절개를 가상히 여긴 점은[24] 그 좋은 예이다. 다만 당시 비변사는 반정공신세력이 장악하고 있었고 그들은 되도록 화친을 원했으므로, 이 사료의 편파성 문제가 제기될 수 있다. 그렇지만 권력의 핵심세력인 비변사가 강홍립

---

21 「강로전」에서 강조한 내용 가운데 후대에 계속 회자된 것은 광해군의 '密旨' 문제뿐이다. 다른 사안들과는 달리 유독 밀지 문제가 이후로도 계속 논란이 된 것은 이미 당시부터 조야에 걸쳐 밀지의 존재를 사실로 믿는 경향이 상당하였기 때문이다. 심지어 이 밀지 문제는 해방 후 현대 역사학자들 사이에서까지 논란이 될 정도였다. 그렇지만 그 진실을 규명할 길이 없을 뿐만 아니라, 밀지 논란 자체는 강홍립이 아니라 광해군의 배신행위에 초점을 맞춰 전개되었음을 간과하면 안 된다.

22 『강로전』이 세간에 별로 유행하지 못한 상황은 『看羊錄』과 『강로전』의 유통 상황을 대조한 成大中(1732~1809)의 글을 통해 어느 정도 확인할 수 있다. 『靑城雜記』 권5. "姜睡隱 沆"으로 시작하는 글. "… 然沆以尹童土舜擧之師 故看羊錄著於世 姜虜傳 則無稱焉 氣節 同 事迹同 著述同 而其亦有幸之異耶" 이 자료는 워낙 유명한 『간양록』과 비교한 상대적 상황을 전달하므로, 이것만으로 『강로전』이 유행하지 않았다고 단정할 수는 없다. 그래도 『강로전』의 유통이 『간양록』에 견주기에 턱없이 부족했음은 분명하다.

23 『인조실록』 13권 4년 6월 25일 병신 2번째 기사. "平安監司尹暄馳啓曰 … 都元帥姜弘立 尙不剃頭 故不給婢女 嫁以漢女生男 …"

24 『인조실록』 5년 2월 1일 무술 3번째 기사. "… 且姜弘立朴蘭英等 陷賊十年 不失臣節 今又 力主和事 不忘宗國之心 據此可知 和事旣完 自當生還 …"

의 행적을 긍정적으로 변호하고 국왕 인조가 그런 견해를 선택한 이상, 한 필부가 쓴『강로전』이 당시 주류사회에 어필하기는 태생적으로 어려웠음을 쉽게 알 수 있다.

이런 추세가 조정 내의 기류만은 아니었다. 강홍립을 일방적으로 매도하기 어렵다는 인식은 재야의 지식인 사이에서도 마찬가지였다. 한 예로, 18세기 전반 辨證으로 유명한 석학 李瀷(1681~1763)은 강홍립이 끝내 변발하지 않은 점을 들어 그를 객관적으로 보고자 했으며, 포로 생활 중에도 후금의 정세를 고국에 꾸준히 알려준 점과 함께 그의 절개를 국왕 인조의 입을 통해 인정하였다.[25]

더 중요한 점은 李肯翊(1736~1806)이『燃藜室記述』에서 강홍립과 정묘호란 관련 주제를 다루면서『春坡日月錄』,『朝野記聞』,『谿谷漫筆』,『丙子錄』등을 비롯해 무려 30여 개에 달하는 다양한 자료를 사료로 활용하였음에도,『강로전』은 포함시키지 않았다는 것이다. 이긍익 같은 독서광이 당시『강로전』의 존재를 몰랐을 리는 없다. 그런데 전혀 자료로 활용하지 않은 것이다. 더 나아가, 강홍립이 출정한 심하의 전투를 기술할 때는 이민환의『柵中日記』를 가장 중요한 자료로 적극 참고하고 인용한 데 비해,『강로전』은 언급조차 하지 않았다. 이런 자료 선택이야말로, 이긍익이『강로전』을 사료로 취급하지 않았음을 여실히 보여준다.

---

25 『星湖僿說』(『국역 성호사설』, 민족문화추진회, 1966) "姜弘立宰臣也 … 降則必剃頭 必有爵名之可聞 蓋無是矣 … 上曰 卿先祖舊臣 命上殿 乃納其印符節鉞 上曰 蘇武節 不能過也 蓋癸亥以前 連以蠟丸 因逃歸人報聞 …"조선후기 내내 이어진 강홍립 관련 악의적 소문에 대한 의심과 고증에 대해서는 송하준,『조선후기 역사소설과 민족정체성의 재구성』, 112~113쪽에 상세하다.

소설로건 사료로건 『강로전』의 유통이 썩 활발하지 않았던 근본 이
유는 「강로전」이 등장한 1630년 전후 상황 및 그 이후 17세기의 시대분
위기에 부합하기 어려웠기 때문이다. 1630년 이래 적어도 1659년 효종
대까지 조선은 청나라에 대하여 뭘 어떻게 해 볼 수 있는 처지가 아니
었다. 재야에서는 청나라를 금수의 나라로 여기며 멸시하는 분위기가
우세하였지만, 국가로서의 조선은 청나라가 주도하는 국제질서라는
현실에 순응할 수밖에 없는 형편이었다. 이는 효종 대(1649~1659) 청나
라의 징병칙서를 받자마자 바로 순응하여 두 차례 출병을 단행한 점
만[26] 보아도 쉽게 알 수 있다. 청나라의 국력이 더욱 강성해지고, 삼전
도의 항복이라는 극한의 수모까지 겪었고, 청나라가 북경을 점령하여
새로운 '天命'을 온 세상에 천명하고, 청나라가 중원은 물론이고 南明
까지 모두 장악하는 시대분위기에서는 강홍립을 희생양으로 삼은 「강
로전」이 큰 힘을 발휘하기 어려웠던 것이다. 시대분위기에 편승하기에
는 현실의 무게가 워낙 장기적으로(1630~1690) 무거웠기 때문이다.

요컨대 저자의 의도와는 달리, 「강로전」을 통한 역사 만들기 작업은
녹록치 않았다. 강홍립의 출정(1619)과 정묘호란(1627) 등 해당 사건을
직접 경험한 동시대 사람들이 워낙 많이 살아있었을 뿐만 아니라, 청나
라가 동아시아 전체를 위압적으로 짓누르던 시대 상황도 더욱 강고해
지던 시기였기 때문이다. 특히 『강로전』의 내용을 사실로 인정하면 할
수록 정묘화약과 삼전도항복의 치욕을 감수한 인조정권의 정통성에 오
히려 부메랑이 되는 시대분위기의 제약이 컸던 것이다.

---

26 이 원정은 흔히 나선정벌(흑룡강원정)로 불리는데, 그 전말에 대해서는 계승범, 「17세기
중반 나선정벌의 추이와 그 동아시아적 의미」, 『사학연구』 110, 한국사학회, 2013 참조.

3. 『北征日錄』

시기상조에다가 청나라가 조선을 압도하던 시대분위기와도 조응하지 못한 「강로전」과는 달리, 「북정일록」은 시기적으로도 숙성이 이루어질 만큼 시간이 지난 후에 등장하였다. 청나라의 노골적인 내정간섭이 사라졌을 뿐만 아니라, 청나라가 주도하는 천하에서 조선이 유지해야 할 국가정체성 문제에 대한 고민이 깊어지던 시대분위기와도 잘 조응하여, 역사 만들기 차원에서 큰 성공을 거둘 수 있었다.

『북정일록』은 청나라의 징병에 따라 1658년 조선군이 참전한 제2차 흑룡강원정(나선정벌)의 무용담을 기록한 작품이다. 『북정일록』을 소설로 다룬 국문학계의 연구는 별로 없는데, 최근 한 연구에서는『북정일록』에 소설적 장치가 많음을 지적하였다.[27] 실제로,『북정일록』은 역사적 배경지식이 없는 사람이 읽더라도 비현실적 과장과 허구적 장치가 허다하므로, 분명하게 소설로 분류하는 것이 옳다.

『북정일록』의 저자는 미상이며, 집필 시기도 정확히 알 수 없다. 다만 원정군 사령관 申瀏(1619~1680)의 증손 申功이 항간에 떠도는 北征 관련 일기의 내용에 대해 심기가 불편하여[28] 1760년에『北征日記』를 직접 집필하면서『북정일록』의 내용을 참조한 점을 감안할 때, 그 하한은 1760년 이후로는 내려올 수 없다. 다양한 가능성을 종합적으로 살핀 최근 한 연구에 따르면, 상한을 아무리 올려 잡아도 17세기까지 올

---

27 권혁래, 「나선정벌기의 허구화 과정에서 〈북정일기〉의 소설적 성취」, 『고소설연구』 37, 한국고소설학회, 2014.

28 『統相申公實記』 1:34左右, 『北征日記』 跋文 "謹按 我曾祖考北征日記 行于世上者多 而其設機取勝之策 抗義免誅之事 略記而不備 及見在彼中時 親筆所錄 然後 乃知吾曾祖之本意也 蓋不欲功其功 於天下後世 故故略之 …"

라가기는 어렵다.[29] 그렇다면『북정일록』은 대략 18세기 전반(숙종~경종~영조) 어느 시점에 등장했음이 거의 분명하다.

　2차 흑룡강원정(나선정벌)의 조선군 사령관은 申瀏(1619~1680)이지만, 그 무용담을 전하는『북정일록』에서 주인공은 부장 裵是滉이라는 가공인물이다.『북정일록』의 내용을 허구적 장치에 중점을 두어 개괄하면 다음과 같다. 먼저, 원정군 규모는 12만 명이 넘는 대군이었는데, 조선군만 해도 5,000명이었고, 그 모두를 배시황이 직접 모집하였다. 러시아군과의 전투는 보름 동안 치열하게 이어졌고, 배시황의 기발한 작전 건의와 맹활약에 힘입어 끝내 대승을 거두었다. 아군 피해는 淸軍 전사자가 약 4만 명인 데 비해, 조선군은 8명이 전사하였다. 승전 후 총사령관인 淸將은 조선군 사령관 신류를 배제한 채 그 부장 배시황만 특별히 자신의 저택으로 초대하였고, 첩들로 하여금 배시황 시중을 들게 하는 큰 잔치를 베풀면서 승전의 모든 공로를 배시황에게 돌렸다.

　그런데 이들 내용의 사실 여부를 대조해 확인할 수 있는 자료가 당시에 이미 존재하였다. 원정군 사령관 신류가 직접 작성한 진중일기인『北征錄』이 바로 그것이다. 특히『북정록』의 내용은 당시 원정상황을 전하는『효종실록』등 조선의 다양한 자료뿐 아니라 상대방 러시아 자료와도 거의 일치하므로, 그 사료적 신빙성은 매우 높으며, 원정상황을 전하는 최고의 1차 사료이다.[30] 따라서『북정록』을 통해『북정일록』의 내용을 검토하면, 그 허구성을 쉽게 파악할 수 있다. 사소한 것까지

---

29 계승범,「위서와 소설 사이: 17세기 北征錄을 통해 본 北征日錄」,『서강인문논총』50, 서강대학교 인문과학연구소, 2017.

30 계승범,「위서와 소설 사이: 17세기 北征錄을 통해 본 北征日錄」.

합치면 거의 무한정 찾아낼 수 있지만, 몇 가지만 대표 사례로 소개하면 다음과 같다.

2차 흑룡강원정(나선정벌)에 나선 연합군 규모는 청군 약 2,000명과 조선군 261명이었다. 조선군은 함경도 일대의 포수를 지역별로 고르게 징발하여 구성하였다. 러시아군과의 전투도 보름이 아니라 하루 만에 연합군의 승리로 끝났으며, 아군 피해는 청군 전사자가 110명, 조선군 전사자는 8명이었다. 승리 후 승전을 자축하는 잔치도 없었다. 오히려 청군 사령관이 조선군을 별다른 이유 없이 寧古塔에 계속 주둔하도록 고집을 피움에 따라, 시일을 지체하며 큰 곤혹을 치른 후에야 어렵게 귀환할 수 있었다. 이 밖에도 조선군은 청군에 합류하자마자 八旗制에 따라 청군에 분산·배속되었으며, 아무런 작전·지휘권을 갖지 못하였다. 사령관 신류조차도 총사령관을 면대하기 힘들 지경이었다.

이런 점들만 얼추 보아도, 『북정일록』의 내용이 얼마나 허구적 과장과 날조로 가득한지 쉽게 간파할 수 있다.[31] 앞에서 검토한 『강로전』보다도 그 허구성은 더 적나라하게 드러난다. 그럼에도 불구하고, 19세기에 이르기까지 2차 흑룡강원정(나선정벌)의 전말을 조선 사람들에게 각인시킨 것은 사료 『북정록』이 아니라 소설 『북정일록』이었다. 심지어 『북정일록』은 『裵是愰傳』이라는 諺文本까지 나와 널리 읽혔다. 인물을 주인공으로 삼은 같은 역사소설인데, 『북정일록』이 『강로전』과는 전혀 다른 결과를 낳은 이유는 무엇일까?

단적으로 말하자면, 『북정록』은 家藏으로만 남았을 뿐, 외부에 알려

---

31 『북정록』과 『북정일록』의 내용에 대한 대조는 계승범, 「위서와 소설 사이: 17세기 北征錄을 통해 본 北征日錄」에 상세하다.

지지 않았기 때문이다. 역사학자 朴泰根이 1977년에 찾아낸 李仁哉 소장본이 현재 유일하니, 1977년 이전에는 그 존재조차 몰랐다. 이뿐 아니라, 종합적이고도 정확한 자료라 할 수 있는 실록은 비공개 자료였으므로 민간에서 그 내용을 알기는 거의 불가능하였다. 정도의 차이는 있을지언정 다른 관찬서의 사정도 대체로 비슷하였다. 이런 상황이었으므로, 18세기 전반 어느 시점에 나온 『북정일록』이 원정 이야기를 민간에 알린 사실상 거의 유일한 자료로서 입지를 굳힐 수 있었던 것이다. 심지어, 원정에 대하여 알고 싶을 때 꼭 참고해야 할 자료 곧 사료로까지 인정받기에 이르렀다. 이 논문에서 정의한 '역사 만들기'에 성공한 것이다.

앞서 다룬 『강로전』과의 대조를 극대화하기 위해, 『북정일록』에 대한 李瀷(1681~1763)의 평가를 살펴보자. 『강로전』의 내용에 문제가 많음을 합리적 변증으로 피력한 바 있는 이익이 흥미롭게도 『북정일록』은 史料로 취급하였기 때문이다. 이익은 흑룡강에 대한 변증의 말미에서

> "… 그 (흑룡강의) 近海지역은 옛날 室韋(國)의 땅이었으며, 日介와 車漢 등 諸國이 그곳에 거한다. 차한국은 곧 申瀏가 가서 정벌한 곳이다. (이에 대해서는) 그 부장 裵是愰의 일기에 상세하게 있다. …"[32]

라고 적었는데, "其副將裵是愰日記"가 바로 『북정일록』임은 의심의 여지가 없다. 배시황이라는 이름 자체가 처음 등장한 자료가 『북정일록』이기 때문이다. 이는 18세기 조선의 대학자 이익이 『북정일록』을 흑룡

---

32 『星湖僿說』 권1, 「天地門」 내 「黑龍江源」 "… 其…近海處是古室韋之壚 而日介車漢諸國居之 車漢卽申瀏往征者是也 詳在其副將裵是愰日記 …"

강 관련 변증을 위한 자료 곧 사료로 취급했음을 잘 보여준다.

이뿐만 아니라, 이익은 흑룡강원정(나선정벌) 이야기를 담은 「車漢日記」에서도 『북정일록』의 내용을 대거 참조하였다.[33] 1720년에 나온 『通文館志』를 얻어 읽은 이익은 「차한일기」에서 『북정일록』의 오류를 일부 바로잡았다. 조선군 병력을 5,000명으로 적은 『북정일록』의 내용을 『통문관지』에[34] 따라 260명으로 고친 것은 그 좋은 예이다. 그렇지만 이 밖의 내용은 거의 다 『북정일록』의 내용을 축약한 것으로, 「차한일기」는 『북정일록』의 축약판이라 해도 과언이 아니다. 이 또한 이익이 『북정일록』의 사료적 가치를 거의 전적으로 인정했음을 의미한다.

그런데 문제는 여기서 그치지 않았다. 이익의 「차한일기」를 후대 학자들이 연이어 사료로 받아들였기 때문이다. 예를 들어, 申景濬(1712~1781)이나 成海應(1760~1839) 같은 학자들도 흑룡강원정(나선정벌)에 대하여 글을 남길 때는 본인의 토를 덧붙이지 않은 채, 이익의 「차한일기」 내용을 그대로 전재하였다.[35] 이런 추세로 볼 때, 19세기에 활동한 대학자 李圭景(1788~1863)의 「羅禪辨證說」은 주목할 만하다. 변증에 뛰어난 학자로 알려진 이규경은 나선(러시아)에 대해서도 변증했는데, 19세기 중반 자신이 인지하던 거의 모든 관련 자료를 전재하거나 참조하였다. 배시황의 『북정일록』을 전재하였고, 이익의 「차한일기」는 참조하였다. 그런데 「배시황전」 같은 소설은 언급조차 하지 않았다. 이런

---

33 이는 박태근이 이미 오래 전에 지적하였다.(박태근, 1980, 『국역 북정일기』, 한국정신문화연구원, 32쪽).

34 『通文館志』9:25左 "… 差北虜侯申瀏爲領將 率哨官二員 鳥槍手二百名 及標下旗鼓手火丁 共六十名 帶三月糧 往待境上 …"

35 박태근, 『국역 북정일기』 해제, 33쪽.

취사선택은 변증에 뛰어난 이규경조차도 『북정일록』을 소설이 아닌 사료로 보았음을 강하게 시사한다.

요컨대, 처음부터 사료가 아닌 소설로 취급받은 『강로전』과는 달리, 『북정일록』은 그 내용이 허구적 장치로 가득함에도 불구하고 처음부터 사료로 유통된 것이다. 그렇다면 1658년의 軍談을 다룬 『북정일록』이 18세기 전반 어느 시점에 등장하자마자 민간에 널리 유통될 수 있었던 이유는 무엇일까?

그 이유는 1650년대 흑룡강원정(나선정벌)에 대한 인식이 처음에는 매우 부정적이었다가 1690년대 이후로 매우 긍정적으로 바뀐 시대분위기의 전환에서 찾을 수 있다. 두 차례 흑룡강원정(나선정벌)은 효종 때(1649~1659) 있었는데, 효종 재위 시기는 復讐雪恥를 위한 北伐論이 조정 안팎에서 뜨겁게 달아오르던 때였다. 하지만 청과 맺은 盟約에 따라 청의 간섭과 규제가 워낙 엄혹했고 築城조차 마음대로 할 수 없던 상황이었다.[36] 따라서 북벌이라는 구호가 비록 조야에 편만하기는 했지만, 청의 감시를 피해 은밀하게 논의할 수밖에 없었다.[37] 그래도 효종의 정통성을 받쳐준 큰 논리가 바로 북벌이었는데, 북벌을 실행에 옮기기는커녕, 오히려 북벌의 대상인 청의 징병에 따라 마지못해 출정한 흑룡

---

36 김근하, 「丁丑約條로 본 현종~숙종 대 조청관계: 安秋元 사건과 북한산성 축조 논의를 중심으로」, 서강대학교 석사학위논문, 2014; 남호현, 「조청관계의 초기 형성단계에서 '盟約'의 역할: 정묘호란기 조선과 후금의 강화과정을 중심으로」, 『조선시대사학보』 78, 조선시대사학회, 2016.

37 북벌론은 실제로 북벌을 감행하겠다기보다는, 삼전도항복(1637)과 明의 몰락(1644)으로 조선왕조의 국가정체성이 심각하게 타격을 받은 상황에서, 흩어진 민심을 규합하기 위한 국내용 정치선전이었다. 이는 북벌론을 강력하게 선도한 국왕 효종도 예외가 아니었다. 이에 대해서는 계승범, 2011, 『정지된 시간: 조선의 대보단과 근대의 문턱』, 서강대학교 출판부, 87~90쪽 참조.

강원정(나선정벌)은 당시 조야에 큰 충격이자 아픈 상처로 다가올 수밖에 없었다.

개선하는 길에 신류가 쓴 시가 개선장군의 자부심은커녕 장탄식으로 가득한 점 및 庚申換局(1680)으로 남인이 대거 축출되기 두 달 전에 남인계열 신류가 병사했을 때 고위직의 지인들이 輓詞에서 한 결 같이 원정의 공훈에는 침묵한 채 북벌의 웅지를 못 이루고 죽은 것만 크게 안타까워 한 점은 1680년까지만 해도 흑룡강원정(나선정벌)에 대한 동시대 사람들의 인식이 지극히 부정적이었음을 잘 보여준다.[38] 청군에 합류하여 러시아군을 격파한 공적에 대해서는 함구하면서, 못 이룬 북벌의 꿈을 개탄하는 것이 망자에 대한 예의라고 생각한 고관들이 신류 주위에 절대 다수였던 것이다. 이런 특별한 기류를 고려할 때, 신류의 『북정록』이 家藏으로 머물 뿐 외부에 제대로 알려지지 않은 이유를 쉽게 이해할 수 있다. 오랑캐 청나라의 징병에 따라 어쩔 수 없이 출정한 경력 자체가 쉬쉬해야 할 사안이었던 것이다.

이런 우울한 시대분위기는 신류의 10주기를 맞은 1690년 국왕 숙종(r. 1674~1720)이 신류를 새롭게 기린 賜祭文을 계기로 180도 바뀌었다. 己巳換局(1689)으로 서인이 실권하고 남인이 재집권한 바로 1년 후에 숙종은 친히 신류의 제문을 써서 그의 공적을 기렸는데, 이전과는 달리, 북쪽 오랑캐를 쳐부순 일을 크게 강조해 치하하였다. 이는 흑룡강원정에 대한 부정적 인식을 긍정적 기억으로 바꾸는 대전환이었는데, 그 방법은 매우 간단하였다. 흑룡강원정(나선정벌) 경험이 '트라우마'가 된 근본 이유는 청나라의 징병에 따라 어쩔 수 없이 끌려 나갔기 때문

---

38 이에 대해서는 계승범, 『조선시대 해외파병과 한중관계』, 259~267쪽에 상세하다.

이었는데, 숙종은 청나라의 존재를 지운 채, 처음부터 조선의 필요에 따라 조선 스스로 북쪽 오랑캐를 치러 나가 승리한, 그래서 결국 북벌을 성공했다는 내용으로 제문을 작성한 것이다. 비록 청을 정벌한 것은 아니지만, 청도 제압하기 힘들던 또 다른 '북쪽 오랑캐' 러시아를 조선의 힘으로 정토했다는 심리적 전이를 국왕의 이름으로 공언한 셈이었다. 이제 흑룡강원정은 처음부터 조선이 조선의 필요에 의해 일으킨 북벌원정으로 둔갑했으며, 그것은 숙종이 '북벌의 시대'를 마무리하는 데 있어서 흑룡강원정(나선정벌)이야말로 북벌의 가시적 성과물로 포장되어 새로운 기억으로 되살아난 것이다.[39]

그런데 1차 사료인 『북정록』의 내용은 매우 침울하였다. 북벌은커녕 북벌의 대상인 청나라의 지휘를 받은 실정이 적나라한 기록이었기 때문이다. 그런가 하면, 1694년 甲申換局으로 남인이 다시 몰락하고 서인이 재집권한 점도 남인의 대표적 무장 신류의 『북정록』이 계속해서 집안에만 머물 수밖에 없었던 데 일조하였을 것이다. 바로 이런 상황에서 18세기 전반 어느 시점에 원정의 주인공을 실존인물 신류에서 가공인물 배시황으로 뒤바꾼 『북정일록』이 원정 관련 거의 유일한 자료로 세간에 널리 회자하였던 것이다. 이익이나 이규경 같은 조선후기 대학자들조차도 『북정일록』의 내용을 사료로 취급한 사실은 이를 잘 보여준다.

요컨대, 같은 소설임에도 불구하고, 『강로전』이 처음부터 사료로 취급받지 못한 데 비해 『북정일록』은 나오자마자 사료로 널리 유통되었다. 그 이유는 바로 시점(타이밍)과 시대분위기 문제와 불가분의 관계에

39 계승범, 『조선시대 해외파병과 한중관계』, 270~273쪽.

있었던 것이다. 1630년에 나온『강로전』이 얼마 안 가 언문본이 나오고 그것을 李健(1614~1662)이 다시 한문으로 번역하는[40] 등 어느 정도 읽혔음에도 불구하고 사료로 취급받지 못한 채 소설로만 머문 점을 고려할 때, 허구성이 더 심한 소설『북정일록』이 사료로 널리 유통된 사실은 역사 만들기에서 타이밍과 시대분위기가 매우 중요함을 여실히 보여준다.

4. 맺음말

역사기억은 그 기억의 대상이 되는 사건의 실상과 유리되는 경향이 강하다. 시간의 흐름에 따라 사람의 기억이 자연스레 변하기 때문이기도 하지만, 과거의 우울한 기억을 자랑스러운 기억으로 바꾸는 의도적 조작 행위가 인간사에서 비일비재한 것도 주요 요인이다. 이런 점을 염두에 두고, 본고에서는 조선후기에 등장한『강로전』(1630)과『북정일록』(18세기 전반)이 시도한 역사 만들기 작업의 결과가 상이하였음에 주목하되, 시점(타이밍)과 시대분위기의 차이라는 관점에서 비교·분석하였다.

『강로전』은 사료로 인정받지 못하였다. 소설로도 크게 유행하지는 못하였다. 특히 역사적 사실을 기록한 자료로 인정받지 못했다는 것은 역사 만들기 작업에 성공적이지 못했음을 의미한다. 정묘호란(1627) 발생 3년 만에 등장한『강로전』은 그 등장 시점이 너무 일렀던 탓에 동시

---

40 소인호,「〈강로전〉 이본 연구」,『우리어문연구』24, 우리어문학회, 2005, 104쪽 ;『葵窓 遺稿』권12,「姜虜傳」“姜虜傳 有諺文傳世者 公譯之”(『影印標點 韓國文集叢刊』122, 민족문화추진회, 1994, 199쪽)

대 사람들의 '팩트 체크'를 피하기 어려웠다. 국왕과 조정 중신들은 물론이고 재야의 학자들조차도 『강로전』의 허구성을 간파하였기 때문에 사료로는 인정하지 않았다. 이뿐 아니라, 강홍립의 항복행위를 극단적으로 비난한 『강로전』의 내용은 광해군보다 더 심하게 명나라를 배신하고 후금에 항복했다는 비난으로부터 자유로울 수밖에 없었던 인조 시기(1623~1649)는 물론이고 17세기가 저물도록 국가 권력의 호응을 얻어내지도 못하였다. 강홍립의 항복행위를 심하게 비난하면 할수록 국왕 인조의 丁卯和盟(1627)과 삼전도항복(1637) 행위에도 치명적 부메랑이 될 수밖에 없었기 때문이다. 이점이 바로 『강로전』의 유통과 확산에 결정적 걸림돌로 작용하였던 것이다.

이에 비해, 2차 흑룡강원정(나선정벌, 1658)을 다룬 『북정일록』은 18세기 전반 무렵에 나오자마자 민간에서 크게 유행하였으며, 특히 당시 유명한 학자들로부터 사료로 취급받았다. 역사 만들기 작업이 대성공을 거둔 것이다. 이렇게 된 데에는 원정군 사령관 신류가 남긴 1차 사료 『북정록』이 집안에만 머문 채 외부로 알려지지 않은 상태에서 소설 『북정일록』이 원정의 전말을 세간에 알린 사실상 유일한 자료였기 때문이다. 신류 본인은 물론이고 그 집안사람들이 『북정록』을 감춘 이유는 흑룡강원정 참전을 자부심이 아니라 수치심으로 여기던 시대분위기가 워낙 강고했기 때문이다. 북벌을 외치던 효종 대에 북벌을 실행에 옮기기는커녕 오히려 북벌의 대상인 청나라의 징병에 따라 출정하여 그 지휘를 받은 일은 형언하기 힘든 치욕스런 경험이었다. 1690년에 숙종이 흑룡강원정(나선정벌)에서 청나라의 존재를 지움으로써 그것을 조선이 단행한 북벌의 성공적 완수로 기억을 조작한 후에도, 『북정록』은 여전히 집안에만 머물렀다. 북벌의 대상인 청나라의 지휘를 받은 침울한 내용이 적나라했기 때문이다. 바로 이런 상황에서 18세기 전반 어느 시점에 원정의 주인공을 실존인물 신류에서 가공인물 배시황으로 뒤바꾼『북정일록』이 원정 관련 거의 유일한 자료로 세간에 널리 회자하였던 것이다. 이익이나 이규경 같은 조선후기 대학자들조차도『북정일록』의 내용을 사료로 취급한 사실은 이를 잘 보여준다. 요컨대,『강로전』이 처음부터 사료로 취급받지 못한 데 비해『북정일록』은 나오자마자 사료로 널리 유통·확산되었는데, 이는 바로 시점(타이밍)과 시대상황이 서로 달랐기 때문이었던 것이다.

참고문헌

『姜虜傳』 (이대형 외 역주,『華夢集』, 보고사, 2016)
『姜虜傳』 (『葵窓遺稿』,『影印標點 韓國文集叢刊』 122, 민족문화추진회, 1994)
『北征錄』 (박태근,『국역 북정일기』, 한국정신문화연구원, 1980)
『북정록』 (계승범 옮김, 서해문집, 2018)
『北征日錄』 (박태근,『국역 북정일기』, 한국정신문화연구원, 1980)
『星湖僿說』 (『국역 성호사설』, 민족문화추진회, 1966)
『仁祖實錄』 (국사편찬위원회 온라인자료)
『逸史記聞』 (『大東野乘』 권58, 경희문화사, 1969)
「柵中日記」 (『紫巖集』 5권,『標點影印 한국문집총간』 82권)
『책중일기』 (이민환 지음, 중세사료강독회 옮김, 서해문집, 2014)
『靑城雜記』 (『국역 청성잡기』, 김종태 옮김, 민족문화추진회, 2006)
『通文館志』 (세종대왕기념사업회, 1998)
『統相申公實記』 (박태근,『국역 북정일기』, 한국정신문화연구원, 1980)

계승범, 「계해정변(인조반정)의 명분과 그 인식의 변화」,『남명학연구』 26, 경상대학
      교 남명학연구소, 2008.
_____,『조선시대 해외파병과 한중관계』, 푸른역사, 2009.
_____,『정지된 시간: 조선의 대보단과 근대의 문턱』, 서강대학교출판부, 2011.

계승범, 「17세기 중반 나선정벌의 추이와 그 동아시아적 의미」, 『사학연구』 110, 한국사학회, 2013.

_____, 「위서와 소설 사이: 17세기 北征錄을 통해 본 北征日錄」, 『서강인문논총』 50, 서강대학교 인문과학연구소, 2017.

권혁래, 「나선정벌기의 허구화 과정에서 〈북정일기〉의 소설적 성취」, 『고소설연구』 37, 한국고소설학회, 2014.

김근하, 「丁丑約條로 본 현종~숙종 대 조청관계: 安秋元 사건과 북한산성 축조 논의를 중심으로」, 서강대학교 석사학위논문, 2014.

남호현, 「조청관계의 초기 형성단계에서 '盟約'의 역할: 정묘호란기 조선과 후금의 강화과정을 중심으로」, 『조선시대사학보』 78, 조선시대사학회, 2016.

박양리, 「강홍립에 대한 문학적 형상화 양상 연구 -〈책중일록〉과 〈강로전〉을 중심으로-」, 『한국문학논총』 58, 한국문학회, 2011.

박태근, 『國譯 北征日記』, 한국정신문화연구원, 1980.

박희병, 「17세기 숭명배호론과 부정적 소설주인공의 등장」, 한국 고전소설과 서사문학』 상, 집문당, 1998.

백지민, 「17세기 전계소설의 창작 동인과 서사 전략 -〈유연전〉과 〈강로전〉을 중심으로-」, 『한국고전연구』 34, 한국고전연구학회, 2016.

소인호, 「〈강로전〉 이본 연구」, 『우리어문연구』 24, 우리어문학회, 2005.

송하준, 『조선후기 역사소설과 민족정체성의 재구성』, 학자원, 2015.

신해진, 『권칙과 한문소설』, 보고사, 2008.

이문영, 『만들어진 한국사』, 파란미디어, 2010.

이종필, 『조선중기의 전쟁과 고소설의 기억』, 소명출판, 2017.

이태진, 『조선후기의 정치와 군영제 변천』, 한국연구원, 1985.

조현우, 「〈강로전〉에 나타난 전쟁의 기억과 욕망의 서사」, 『민족문학사연구』 46, 민족문학사학회, 2011.

한성주, 「정묘호란 직후 '이인거의 난' 연구」, 『서울과 역사』 96, 서울역사편찬원, 2017.

Haboush, JaHyun Kim, *The Great East Asian War and the Birth of the Korean Nation*(New York: Columbia University Press), 2016.

Hobsbawm, Eric & Ranger Terrence, eds., *The Invention of Tradition*, (Cambridge: Cambridge University Press), 1983.

Rogers, Michael, "Medieval National Consciousness in Korea," in Morris Rosabi ed., *China among Equals*(Berkeley: University of California Press), 1983.

인사의 말씀

강희설

　오늘 '심하전역 400주년기념 학술대회'를 마련해 주신 허경진 열상
고전연구회 회장님!

　소중한 연구논문을 발표해 주신 교수님들과 관계자 여러분!

　그리고 이 자리에 함께 해주신 방청객 여러분!

　먼저 진주강문의 후손으로서 깊은 경의와 감사의 인사를 드립니다.

　역사란 반복되고 과거·현재·미래로 이어지는 유기체라 했습니다.
그래서 과거사를 바로 알고 이해하여 오늘을 보다 풍요롭게 가꾸고 후
손들에게는 희망찬 내일을 창조하도록 교육하는 것이 바로 우리의 의무
요 책임이라 하겠습니다. 하지만 우리의 역사교육은 과연 어떻습니까?

　'인구는 적고 땅도 작은 이스라엘의 유대인들'이 세계를 제패한 힘의
원천은 수천 년을 이어오는 '탈무드'란 전통적 전인교육 덕분이었으니,
우리도 이를 타산지석으로 삼아야겠습니다.

　존경하는 방청객 여러분!

　오늘 심하전역(深河戰役)의 중심인물인 강홍립 장군에 대한 교수님들
의 재평가를 경청하셨으니… 과연 강홍립 장군이 역신인가요? 아니면
충신인가요?

　이 같은 역사왜곡과 적폐들이 오늘도 반복되고 있다는 사실을 우리

는 경계해야 되겠습니다.

후금(後金)이 요동을 침략(1618)하자 이에 당황한 명(明)은 우리나라에 원병을 요청했고, 광해군도 고심 끝에 임진왜란 때 원군에 대한 보답으로 파병을 결심하여 무관장수(武官將帥)가 아닌, 지모 있는 문관(文官) 강홍립(姜弘字立字)을 도원수(都元帥)로 삼아 전쟁에 파견하며 "체면상 보내니 향배를 봐가며 적당하게 처신하라"는 밀지(密旨)를 내린 것에 우리는 주목해야겠습니다.

이어지는 배청정책(排淸政策)으로 유발된 정묘호란(丁卯胡亂—1627·인조 5년) 때 포로생활 8년 만에 후금군(後金軍)의 선도자로 입국한 강 장군은 강화에서 화의(和議)를 주선하여 전쟁이 끝나자 그대로 머물렀는데, 득세한 친명파(親明派)가 역신으로 몰아 삭탈관직 시켜 투옥하자 울분을 참지 못한 강 장군은 불식자결(不食自決·1627)하니 향년 68세였습니다.

이렇듯 나라를 위해 고군분투한 강 장군의 고민과 충정(衷情)은 과연 어떠했을까요?

그 후에도 일관된 친명배청(親明排淸)정책이 끝내 병자호란(丙子胡亂, 1636)이란 망국적 굴욕과 엄청난 피해를 입었지만, 반면교사(反面敎師)는커녕 망해버린 명(明)만 계속 숭배하다 한일합병(韓日合倂, 1910)을 자초하여 나라는 망했고 강 장군은 역신(逆臣)으로 낙인찍혔습니다.

지금 강 장군의 묘는 서울 난곡동 진주강씨 대사간[강형(姜詗)]종중 선영에 『都元帥姜弘立墓(도원수강홍립묘)』란 초라한 상석(床石)만이 애련(哀憐)의 역사를 대변하고 있으며, 슬하에 삼형제도 폐족(廢族)으로 몰려 전전긍긍하다 지금은 후손을 찾기조차 어렵게 된 현실을 생각하니 방손(傍孫)인 저도 가슴이 쓰리고 부끄러움을 금할 바 없습니다.

이렇듯 400년 전 있었던 역사적 비극이 오늘에서야 여러 교수님들에 의해 재평가를 받게 되니 명명(冥冥) 중의 강 장군님도 기뻐하실 것만 같아, 저의 아픈 가슴도 다소 풀립니다.

앞으로 이 논문들이 국민들에게도 두루 전파되고, 왜곡된 역사가 바로 잡혀지길 고대하면서, 우리 진주강문(晉州姜門)에서도 소중한 문중 기록으로 삼아 조상님을 현창하고 기리는데 총력을 다해가겠습니다.

끝으로 이 자리에 함께 해주신 여러분들께 재삼 감사인사로 갈음합니다.

2019년 4월 12일
진주 강씨 문중을 대신하여
역사의 눈 편찬위원장 강희설 올림

▌집필진 (가나다 순)

강희설	진주 강씨 『역사의 눈』 편찬위원장
계승범	서강대학교 사학과 교수
권대광	공주대학교 국어교육과 교수
권혁래	용인대학교 교양교육원 교수
김일환	광운대학교 국어국문학과 겸임교수
김재웅	경북대학교 교양교육센터 초빙교수
신춘호	방송대학TV(OUN) 촬영감독, 문학박사
안세현	강원대 한문교육과 교수
이덕일	신한대학교 대학원 교수
이송희	고려대학교 국어국문학과 박사수료
허경진	연세대 객원교수

진주강씨연구총서 1
강홍립 장군 연구

2019년 12월 13일 초판 1쇄 펴냄

펴낸이 권혁래·허경진
발행인 김흥국
발행처 보고사

책임편집 이경민
표지디자인 손정자

등록 1990년 12월 13일 제6-0429호
주소 경기도 파주시 회동길 337-15 보고사 2층
전화 031-955-9797(대표), 02-922-5120~1(편집), 02-922-2246(영업)
팩스 02-922-6990
메일 kanapub3@naver.com / bogosabooks@naver.com
http://www.bogosabooks.co.kr

ISBN 979-11-5516-958-2
　　　 979-11-5516-957-5　94080 (세트)
ⓒ 권혁래·허경진

정가 20,000원